本教材承湖北文理学院协同育人专项经费资助

商法学总论

张　锋　编著

知识产权出版社
全国百佳图书出版单位
—北京—

图书在版编目（CIP）数据

商法学总论 / 张锋编著 . —北京：知识产权出版社，2020.2
ISBN 978-7-5130-6758-4

Ⅰ. ①商… Ⅱ. ①张… Ⅲ. ①商法—法的理论—中国 Ⅳ. ①D923.991

中国版本图书馆 CIP 数据核字（2020）第 006929 号

责任编辑：刘 睿 刘 江　　　　责任校对：王 岩
封面设计：博华创意　　　　　　责任印制：刘译文

商法学总论
张　锋　编著

出版发行：知识产权出版社 有限责任公司	网　址：http://www.ipph.cn
社　址：北京市海淀区气象路 50 号院	邮　编：100081
责编电话：010-82000860 转 8344	责编邮箱：liujiang@cnipr.com
发行电话：010-82000860 转 8101/8102	发行传真：010-82000893/82005070/82000270
印　刷：三河市国英印务有限公司	经　销：各大网上书店、新华书店及相关专业书店
开　本：720mm×960mm　1/16	印　张：17.5
版　次：2020 年 2 月第 1 版	印　次：2020 年 2 月第 1 次印刷
字　数：309 千字	定　价：75.00 元
ISBN 978-7-5130-6758-4	

出版权专有　侵权必究
如有印装质量问题，本社负责调换。

前　　言

我国实行的是社会主义市场经济体制。它是一个综合统一的体系，制度体系是其重要的组成部分，而商法的制度构造在其中尤其重要，因为它就是保证民法的基本价值理念得以顺利实现的环境法，同时又与现代行政法的基本价值理念相衔接，从而为市场经济的运行提供一个完整的引导和保护链条。市场经济就是法治经济。在我国社会主义市场经济法律体系中，民法是前置性法律，经济法是保障性法律，而商法是市场运行法。中国商法是在中国特色社会主义市场经济环境下形成的，并且直接服务于我国的市场经济。两者的关系是相互依存、不可分割的，商法以效益为契合点，通过反映市场经济内在要求的技术性规范，保障市场主体营业自由，进而促进社会财富的增加，能够使效率和公平达到平衡，让市场运作充满效率，同时还能够保证交易的公平。现代市场经济立法主要表现为商事立法，没有健全的商法制度，就没有完备的社会主义市场经济法律体系。

当然，我们既要认清商法在市场经济法律体系中的作用和重要性，同时也要认清其局限性，如何更好地使商法服务于社会主义市场经济，认真研究商法的各项制度就成为当务之急，也是商法学的重要任务。商法学是高等院校法学专业的一门必修课，是法学专业16门核心课程之一。商法学体系包括公司法学、破产法学、票据法学、证券法学、保险法学、海商法学等。它们在市场经济中发挥了重要的作用。因此，学好这些商法学理论，对于法学专业的学生将来能否服务于社会、服务于市场经济是非常重要的。而《商法学总论》就是为法学专业的学生学好各门商法部门法学做铺垫的。高校法学专业的人才培养方案单独开设了公司法学、破产法学、票据法学、证券法学、保险法学、海商法学等选修课，而《商法学总论》成为上述商法学选修课程的先行课程。为了更好地搞好商法学总论的教学，笔者现将在长期教学实践中形成的商法学总论讲稿予以出版，作为高等院校法学专业《商法学总论》教材和其他商法学爱好者学习参考书。

本书结构如下：

第一章商法概述，主要阐述商法的概念、特征、基本原则、体系、渊源以及商法与其他法律部门的关系。

第二章商事登记，主要阐述商事登记的概念、法律特征、作用、种类、程序和效力以及监督管理。

第三章固有商事主体，主要阐述直接媒介财货交易的商事主体，研究商事主体的概念、法律特征、构成要件、分类、商事能力，重点探讨商个人、商法人、商事合伙的概念、法律特征、类型及财产责任。

第四章辅助商事主体，主要阐述间接媒介财货交易的商事主体（商事中间人和商事辅助人），重点探讨商事中间人的概念、类型、权利与义务以及我国商法中的经纪人。

第五章商事名称，主要阐述商事名称的概念、法律意义、法律特征、分类以及与其他商事标记的区别；商事名称的取得、转让与废止；商事名称权的概念、性质、法律特征和对商事名称权的保护。

第六章基本商事行为，主要阐述直接媒介财货交易的商事行为，研究商事行为的概念、法律特征、分类、与民事行为的区别；重点探讨基本商事行为的概念、法律特征和类型。

第七章辅助商事行为，主要阐述间接媒介财货交易的商事行为，研究辅助商事行为的概念、法律特征、种类及其相互之间的区分。

第八章商事账簿，主要阐述商事账簿的概念、法律特征、种类；商事账簿法律关系以及商事账簿的置备、审计、披露和保存。

之所以做这样的编排，主要是基于以下考虑。

商事主体与民事主体最大的区别在于，民事主体的资格基于出生的事实而自然取得，而商事主体的资格和商事能力要通过商事登记才能取得。商事登记是商事主体的设立人依法进行登记注册的法定行为，是商事主体合法化的必经阶段，是商事主体开展商事行为的前置程序。未经合法登记程序，商事主体无法产生，当然不得以商事主体的名义进行商事行为。商事登记既不属于商事主体制度，也不属于商事行为制度，而是属于商事主体合法和商事行为合法的前置程序。在商事登记之前，谈商事主体和商事行为，就成为无本之木、无源之水。只有在商事登记之后，商事主体才是受法律保护的主体，商事行为才是合法的经营行为。所以，本书把商事登记作为第二章的内容，放在商法概述（第一章）之后，商事主体（第三章）之前。

商法的内容不外乎两大块：商事主体制度和商事行为制度。因此，本书较大的篇幅集中于这两块。其中，商事主体制度主要包括 3 章内容：固有商事主体（第三章）、辅助商事主体（第四章）、商事名称（第五章）。商事名称对商事主体，如同姓名对自然人一样重要，它是商事主体人格利益的表征，彰显商事主体独特的法律地位。因此，它成为商事主体制度密不可分的内容。商事行为制度主要包括 3 章内容：

基本商事行为（第六章）、辅助商事行为（第七章）、商事账簿（第八章）。商事主体经过商事登记，就能名正言顺地以商事主体的名义进行各种商事行为；在经营过程中，依法置备商事账簿，其种类、置备、审计、披露和保存均要符合法律的规定。依法置备商事账簿反映商事主体的财产状况和经营状况，以便调整经营决策，也是商事主体的典型的商事行为。

本书的特色是，体系完善，逻辑严密，全书的结构为：商法概述+商事登记+商事主体制度+商事行为制度；图文并茂，通俗易懂，本书在阐述商法基本理论知识的基础上，配有相关图表，有助于读者理解和记忆，提升他们驾驭知识的能力；资料新，本书根据最新的法律法规从商法学的角度进行解读，增加了以往商法学教材没有涉及或很少涉及的内容（如在"固有商事主体"一章，增加"农民专业合作社""外商投资法人企业""外商投资合伙企业"和"隐名合伙"；在"辅助商事主体"一章，增加了我国的11种"经纪人"；在"基本商事行为"一章，增加了"连锁经营行为""特许经营行为"和"电子商务"）；便于自学，每章附有参考书目、最新必读法律法规和思考题，力求做到理论联系实际，着力提高学习者运用商法原理解决商事法律问题的能力。

在本书的编写过程中，参阅了大量专家学者的大作，吸收了他们宝贵的研究成果，如商法学编写组编写的马克思主义理论研究和建设工程教材《商法学》、范健教授主编的《商法》、赵万一教授主编的《商法》、覃有土教授主编的《商法学》、张璎教授主编的《商法总论》、朱羿锟教授主编的《商法学》等，就不再一一列举。在此一并表示感谢。站在这些巨人的肩膀上，让我开阔了视野，看得更远。

张　锋

2019年5月于湖北襄阳隆中

目　　录

第一章　商法概述 …………………………………………………（1）
第一节　商法的概念和特征 ………………………………………（1）
第二节　商法的体系和渊源 ………………………………………（7）
第三节　商法的基本原则 …………………………………………（12）
第四节　商法与邻近法律部门的关系 ……………………………（19）
【重点阅读书目】 …………………………………………………（22）
【必读法律法规】 …………………………………………………（22）
【思考题】 …………………………………………………………（23）

第二章　商事登记 …………………………………………………（24）
第一节　商事登记概述 ……………………………………………（24）
第二节　商事登记的原则 …………………………………………（26）
第三节　商事登记的种类 …………………………………………（28）
第四节　商事登记的程序 …………………………………………（40）
第五节　商事登记的效力与监督管理 ……………………………（42）
【重点阅读书目】 …………………………………………………（53）
【必读法律法规】 …………………………………………………（53）
【思考题】 …………………………………………………………（54）

第三章　固有商事主体 ……………………………………………（55）
第一节　商事主体概述 ……………………………………………（55）
第二节　商个人 ……………………………………………………（64）
第三节　商法人 ……………………………………………………（71）
第四节　商事合伙 …………………………………………………（85）
【重点阅读书目】 …………………………………………………（106）
【必读法律法规】 …………………………………………………（106）
【思考题】 …………………………………………………………（107）

1

第四章　辅助商事主体 (108)
第一节　商事中间人 (108)
第二节　商事辅助人 (136)
【重点阅读书目】 (139)
【必读法律法规】 (140)
【思考题】 (140)

第五章　商事名称 (141)
第一节　商事名称概述 (141)
第二节　商事名称的取得、转让与废止 (147)
第三节　商事名称权 (152)
【重点阅读书目】 (155)
【必读法律法规】 (155)
【思考题】 (156)

第六章　基本商事行为 (157)
第一节　商事行为概述 (157)
第二节　基本商事行为 (162)
【重点阅读书目】 (194)
【必读法律法规】 (195)
【思考题】 (195)

第七章　辅助商事行为 (196)
第一节　辅助商事行为概述 (196)
第二节　辅助商事行为的种类 (196)
【重点阅读书目】 (237)
【必读法律法规】 (238)
【思考题】 (238)

第八章　商事账簿 (239)
第一节　商事账簿概述 (239)
第二节　商事账簿的构成 (242)
第三节　商事账簿的运作 (259)
【重点阅读书目】 (267)
【必读法律法规】 (267)
【思考题】 (268)

第一章 商法概述

第一节 商法的概念和特征

一、商法的概念

(一) 商的概念

在古代汉语中,商是一种计时单位,"一刻"称为"一商","商,刻也"。商,还有"估量""推测"之义,"商,从外知内也"。后来,商与量合用,称为"商量",进而引申为"协商"之义。❶ 在古代中国,商已经在经济生活中被使用,其含义是指商品交易活动,或从事商品交易活动的人即商人。《汉书·食货志(上)》载:"士农工商,四民有业。学以居位曰士,辟土殖谷曰农,作巧成器曰工,通财鬻货曰商。"《周礼·天官冢宰》有"六曰商贾,阜通货贿",汉代学者郑玄注"行曰商,处曰贾"。

经济学意义上的商是指以营利为目的、直接媒介财货交易的行为,即介于生产者(农业、工业等)与消费者之间直接媒介财货交易,调剂供需,而从中获取利润的行为。❷

法学意义上的商或商事概念是在对商事习惯和不同时期商事实践不断进行法律概括的基础上逐步形成的。现代商法上所称的商或商事是指营利性主体以营利为目的所从事的一切营业活动和事业之总称。

其包括四种意义的商。

第一种商,即买卖商或固定商,是指以营利为目的、直接媒介财货交易的行为,也就是传统经济学意义上的商。主要包括证券交易、票据交易、海商交

---

❶ 范健,王建文. 商法的价值、源流及本体 [M]. 北京:中国人民大学出版社,2004:159-160.

❷ 张国键. 商事法论 [M]. 台北:三民书局,1980:4.

易等行为。

货币──→购买货物──→获得更多的货币……

第二种商，即辅助商，是指间接媒介财货交易的营业活动。实际上是某种辅助固有商营业得以实现的商事行为，如货物运送、仓储保管、居间、代理、行纪、包装、装卸等行为。

第三种商，是指不具有直接或间接媒介财货交易之目的，但行为性质与固有商或辅助商有密切联系或者为他们提供商业条件的营业活动，如银行、融资、信托、承揽、制造、加工、出版、印刷等活动。

第四种商，是指仅与辅助商或第三种商有牵连关系的营业活动，如广告宣传、人身与财产保险、旅馆营业、饭店酒楼、娱乐营业、信息咨询、旅游服务等。

（二）商法的概念

商法，即商事法，是指调整商事交易主体在其商事行为中所形成的法律关系即商事关系的法律规范的总称。

二、商法的调整对象

（一）关于商法的调整对象的诸种观点

商法调整的对象是指商法作为特殊的法律规范体系对现实生活发生作用的范围。什么是商法的调整对象？不同法系国家的商法学者所持的观点表述很不一致。有代表性的提法主要有四种。❶（1）主张商法调整的对象应是商人和企业。持此类观点的主要有德国等奉行商人中心主义立法原则的国家。（2）主张商法调整的对象应是商事行为。持此种观点的主要有法国等奉行商事行为中心主义立法原则的国家。（3）认为商法调整的对象应是商事主体和商事行为。（4）主张商法调整的对象应是商事法律关系。我国多数学者持此类观点。

这些观点着眼点不同，但落脚点殊途同归，最终都是以商事主体实施了商事行为而形成的商事法律关系为商法的调整对象。

（二）商法以商事法律关系为自己的调整对象

1. 这是由商事法律关系的自身特性所决定的

商事法律关系之所以能构成独立的调整对象，是由商事法律关系作为特殊

---

❶ 徐学鹿. 论商法的调整对象 [J]. 法学评论, 1992 (6): 35.

的社会关系的自身特性所决定的。❶ 商事法律关系是一种经营性关系，即由经营主体所从事的经营性行为而形成的特殊社会关系，是实施了经营行为的经营主体及其之间的对内对外法律关系。

以商事法律关系作为商法调整的对象，其内涵包括以下几个方面：（1）商法调整在法律上处于平等地位的营利主体的行为。商法只调整营利主体的行为，而不调整非营利主体的行为。商法对民事主体、行政主体等的行为都不予以调整，即使对于非营利主体偶尔从事营利行为，商法也不作调整。（2）商法只调整营利主体的营利行为，不调整营利主体的非营利行为（如企业开展文体活动、企业对慈善事业的捐赠等）。商法所调整的营利主体在经营活动中所形成的关系，既包括企业的对外关系，也包括企业的对内关系；既包括国家对企业行为监管所形成的关系（如工商登记），也包括企业之间在交易过程中所形成的经济关系，还包括企业与权利人（如出资股东）以及企业与员工之间所形成的权利和财产关系。（3）商法所调整的营利组织的活动必须发生在持续的营业之中。偶尔发生的营利行为不是商法调整的对象。

2. 商事法律关系与民事法律关系的区别

商法所调整的商事法律关系与民法所调整的民事法律关系既有密切联系，又有明显的差别。联系表现在：都是调整平等主体之间的法律关系；都调整财产关系；都体现平等原则、意思自治原则、等价交换原则、诚实信用原则等。区别主要表现在以下几个方面。

（1）性质不同。民事法律关系是平等主体的公民、法人、非法人的组织之间基于民事行为而形成的具有非营利性的社会关系。商事关系仅仅是商事主体实施商事行为所形成的具有营利性的社会关系。商事主体是不含有自然人特征的抽象的经营单位，商事行为仅仅是经营活动，不包括非经营活动。

（2）范围不同。民事法律关系不仅包括财产关系，而且包括人身关系（如婚姻关系、家庭关系）。而商事法律关系主要涉及财产关系，不涉及与自然人相关的人身关系。

（3）权利的内容不同。民事关系中的财产关系主要是财产的支配权。而商事交易中的财产关系包含商品的生产、经营与交换，不仅包括财产的支配权，更多的是财产的管理权、经营权。

（4）着眼点不同。民事法律关系重点强调的是主体的平等权利，即私法上的权利。而商事法律关系不仅强调这种私法上的平等权，而且强调公法上的国

---

❶ 范健. 商法［M］. 北京：高等教育出版社、北京大学出版社，2000：11.

家主体对商事主体的管理权，强调因国家管理所形成的各种关系（如商事登记管理、特种标的物经营许可的管理等）。

三、商法的性质

1. 商法是私法

民法和商法在各种学说中始终作为私法的重要组成部分，主要原因在于，商法的活动主体主要为私人，作为调整平等私人之间关系的法律，客观上要求排除政治国家作为第三者利用行政权力恣意干预和介入。商法在本质上与民法是一致的，都是市民社会的法律表现，因此，都属于私法范畴。可以说，没有私法观念，就没有以公平、自由、意思自治为核心的商事法律制度。

2. 商法是权利法

商法不仅是私法，而且从最本质层次上说，商法还是一种以权利为本位的法。商法体系的组成部分是由权利派生出来的，并受权利的决定和影响。商法主要是规定商事权利内容的法律规范，在立法形式上主要表现为授权性规范，因而属于"权利法"或"权利保障法"。有别于以限制性或禁止性为特征的刑法规范、行政法规范。商法的立足点在于，确认和保护商事主体的自主意志，赋予其经营行为以法律上的依据，使商事主体能够按照正常的经济关系实现自己的独立利益。商法的权利法特质既是对个人权利与意志的承认与尊重，也是促进社会经济发展的内在因素。❶

四、商法的法律特征

和其他部门法相比，商法具有以下几个方面的特征。

1. 调整对象的特定性

商法作为一个特殊的法律部门，其调整对象是商事主体，而不是一般人；其适用的法律规则也是特殊的规则，或者仅适用于履行了商事登记而具有商事主体资格的人，或者仅适用于商事行为。

2. 复合性或兼容性

商法兼具私法和公法的双重性质。随着自由资本主义向垄断资本主义的过渡，国家不仅加强了对经济关系的直接干预，也加强了对私权的干预，开始在商法领域实行公法干预政策，传统商法被输入了一些行政法、社会法等与经济活动有关的强制性规范，当事人的自由意志受到限制，使商法自身具有公法的

---

❶ 赵万一. 商法 [M]. 北京：中国人民大学出版社，2003：4.

特征。如公司法中对公司注册与公告的规定、票据法中对签发空头支票的刑事处罚条款、证券交易中对证券欺诈犯罪的规定等，均具有强烈的公法性，出现所谓的"商法的公法化"。但"商法的公法化"，并不意味着"商法已经完全公法化"，而只是表明商法是一个渗透着公法因素的私法领域。❶ 商法仍然属于私法范畴，受私法原则和精神所支配。

3. 较强的技术性

从社会学角度观察，法律条款无非包括伦理性条款和技术性条款。一般而言，民法规范为商品经济和市场经济提供了一般的行为规则，是对整个市民社会及其经济基础的抽象和概括，是人们理性思维的结果，一般较为合理、稳定。基于调整对象的性质和特征以及调整手段的特点，民法条款绝大多数属于伦理性条款，即凭社会主体的简单常识和伦理判断就可确定其行为性质，而并不需要当事人必须具有丰富的法律专业知识和专业判断能力。而商法则是将市场经济的基本内容、基本规则及基本运作方式翻译成法律语言而构成的法律规则。因此，市场经济的一些基本要求和基本内容都和商法规范具有直接的联系，由此决定了商法规范必然具有很强的操作性、技术性，即商法规范中必然包含大量的技术性规范，并且这些技术性规范并不能简单地凭伦理道德常识就能判断其行为效果。

4. 明显的营利性

营利乃是商的本质。商事主体从事商事活动，其中直接和主要目的就在营利。这是为各国商法所确认的一项基本原则。商法就是"营利法"，或者说，商法是保护正当营利性活动的法律。营利是商人据以从事经营活动的终极目的，是商人根本的价值追求，是商法调整的市场经济的价值基础，也是评判市场主体经营活动是否合乎市场经济本质要求的标准。在这个意义上，一切商法制度的设计都必须考虑商事行为的营利性要求，尽可能减少市场运作过程中的交易成本和制度成本。因此，商法整个制度的设计都是为了满足商事主体的营利性要求。更进一步说，商法上有关维护社会交易安全之宗旨、诚实信用和公平交易原则之适用、维护交易迅捷之规定，实质上均是商法营利性特征的反映。

5. 显著的国际性

从历史渊源方面来看，早期商法在西欧中世纪商人习惯法时代就具有一定的国际性。商法本属于国内法，它所调整的对象主要是国内商事关系。但是随着科技的进步、国际交往的加强和国际贸易的发展，许多商事关系都涉及国外主体或具有其他涉外因素。而国内商法不适宜调整涉外因素的商事关系。不仅

---

❶ 赵万一. 商法 [M]. 北京：中国人民大学出版社，2003：5.

如此，商法所调整的市场经济本身就具有良好的成长性和显著的跨地域性，一国国内经济的发展离不开它国经济的发展。特别是在全球一体化日趋明显的今天，国与国之间的经济交往越来越密切，任何一国要想采取闭关锁国的政策，不依赖其他国家而独立发展几乎是不可能的。因此，国内商法也就不能再局限于本国的领域内，而要顾及有关的国际公约和国际惯例。一方面，与其他法律制度相比，商法的国际统一性要求有着较好的客观基础。商法的内容（如关于商事名称、公司、票据、保险等方面的规定），都源于中世纪的商人自治法，这些自治法主要来源于在商事活动中所形成的各种商事惯例，而这些惯例在各国制定成文商事法时，都曾被广泛地借鉴，即各国商法就其主要内容而言具有同源性。因此，商法的每一个部门法在具体操作上都具有易于统一性。

五、商法的分类

1. 形式意义上的商法和实质意义上的商法

根据商法表现形式的不同，商法可分为形式意义上的商法和实质意义上的商法。

形式意义上的商法是指民商分立的国家所制定的并冠以"商法典"之名的商法。它只存在于民商分立的国家。

实质意义上的商法，则指以商事关系为其规范对象所制定的各种法律规范，既包括以"商事"命名的、也包括不以"商事"命名的一切调整商事法律规范的总称。它存在民商分立、民商合一的国家。

商法的分类见图1-1。

```
         ┌─ 形式意义上的商法 ── 民商分立国家
商法 ─────┤                    ┌─ 民商分立国家
         └─ 实质意义上的商法 ──┤
                              └─ 民商合一的国家
```

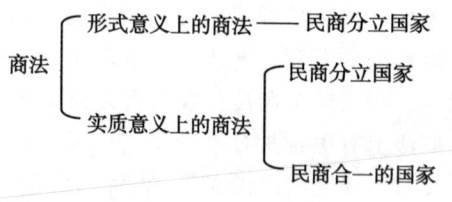

图1-1 商法的分类

2. 广义的商法和狭义的商法

实质意义上的商法可分为广义的商法和狭义的商法。

广义的商法泛指所有的商事法律法规，包括国际商法和国内商法。

狭义的商法，则专指商法中的商事私法。

3. 国际商法和国内商法

根据商法的制定机构与适用范围的不同，可将其划分为国内商法和国际商法。

国内商法是指一国的有权机关制定的关于调整商事关系的法律规范的总和。它包括商事公法和商事私法，通常仅在该国地域范围内发生效力。

国际商法是指国际法上有关商事的规定、协议等法律规范，包括国家之间的商事条约、国际商事惯例等。

4. 商事公法和商事私法

商事公法是指公法上调整商事关系的法律规范。其本身没有形成一个完整的体系，相关规范散见于宪法、行政法、刑法等公法中，或者存在于公司法等商事单行法中。如刑法中关于公司犯罪的规定，公司法中关于公司登记管理的有关规定。它们都属于商事公法。

商事私法是指私法上调整商事关系的法律规范。

5. 商事组织法和商事行为法

就各国的立法实际来看，商法的内容不外乎商事组织法和商事行为法两大部分。

商事组织法是关于商业交易基础条件和手段、确保交易安全与高效的基本法律制度。它是商法中的最基本内容，包括商事主体制度、公司制度、商号制度等内容。

商事行为法是规定商业交易本身的法律，包括商业登记法、商事代理法、商事账簿法、票据法、保险法、海商法、证券法等内容。

商法逻辑结构见图 1-2。

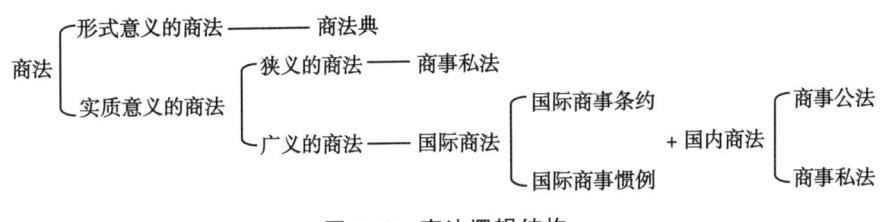

图 1-2 商法逻辑结构

第二节　商法的体系和渊源

一、商法的体系

商法的体系是指商法作为一个独立的法律部门，其内部具有逻辑联系的各项商事法律制度所组成的系统结构。❶ 我国的商法体系见图1-3。

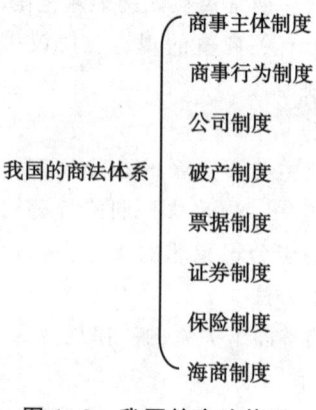

我国的商法体系 ⎰ 商事主体制度
　　　　　　　 ⎮ 商事行为制度
　　　　　　　 ⎮ 公司制度
　　　　　　　 ⎨ 破产制度
　　　　　　　 ⎮ 票据制度
　　　　　　　 ⎮ 证券制度
　　　　　　　 ⎮ 保险制度
　　　　　　　 ⎱ 海商制度

图1-3　我国的商法体系

二、商法的渊源

商法的渊源是指商法规范借以表现和存在的形式。在我国，商法的渊源主要包括如下方面。

（一）商事制定法

1. 宪法

宪法是国家的根本大法，只在极少情况下直接适用于商事活动。但宪法的规定是我国其他法律的统帅，因此对商法也有重要影响。宪法中有关商事法律关系的规定，是我国商法的渊源，是商事根本法，我国的一般商事立法都不得违背宪法的规定。

2. 商事法律

商事法律即全国人民代表大会及其常务委员会制定、颁布的调整商事法律关系的规范性文件，是我国商法最主要的渊源。包括两大类：（1）商事一般法。即对商法基本问题进行规范的法律，对商法的宗旨、概念、调整范围、地位和作用、商事主体制度、商事行为制度等进行的规定。这部分内容在民商分立的国家主要规定在商法典中，在民商合一的国家则主要规定在民法典中。我国当前既没有商法典，也没有民法典，关于商法的这部分规定，有些散见于单行立法中，有些则可在《民法总则》《民法通则》《合同法》《民事诉讼法》等法律中找到依据。（2）商事特别法。它是对特定商事领域进行规范的法律，即

---

❶ 范健. 商法［M］. 北京：高等教育出版社、北京大学出版社，2011：15.

各种商事特别法或商法的部门法。它包括《公司法》《票据法》《证券法》《保险法》《海商法》《合伙企业法》《商业银行法》《外商投资法》等。

3. 行政法规和部门规章

行政法规是国务院为领导和管理国家各项行政工作，根据宪法和法律制定的有关行使行政权力，履行行政职责的规范性文件的总称。它一般以条例、办法、实施细则、规定等形式出现。发布行政法规需要国务院总理签署国务院令。它的效力次于法律、高于部门规章和地方性法规。其内容涉及政治、经济、教育、科技、文化、外事等方面。其中涉及商事法律关系的行政法规成为我国商法的重要渊源，如《公司登记管理条例》《企业法人登记管理条例》《国有企业财产监督管理条例》等。部门规章是国务院各部门、各委员会、审计署等根据法律、行政法规的规定或国务院的决定，在本部门的权限范围内制定和发布的调整本部门范围内的行政管理关系、不与宪法、法律和行政法规相抵触的规范性文件，其主要形式是命令、指示、规定等，如《企业名称登记管理规定》《发票管理办法》《股份有限公司境外上市外资股的规定》《股份有限公司国有股股东行使股权行为规范意见》《银行结算方法》《关于禁止侵犯商业秘密行为的若干规定》等。行政规章虽不是由国家权力机关直接制定的，但是制定行政规章的主体都是经过我国宪法、组织法明文授权的准立法机关，在当今各国已被公认为委任立法的产物，都是商法的重要渊源。

4. 立法解释

立法解释即全国人大常委会关于商事法律的解释，也是我国商法的渊源。

5. 司法解释

司法解释即最高人民法院对商事立法的解释，也是我国商法的渊源。如最高人民法院关于适用《中华人民共和国公司法》若干问题的规定（一）、（二）、（三）、（四）；最高人民法院关于适用《中华人民共和国保险法》若干问题的解释（一）、（二）、（三）；最高人民法院关于适用《中华人民共和国企业破产法》若干问题的规定（一）、（二）等。

6. 地方性法规和地方行政规章

地方性法规是指法定的地方国家权力机关依照法定的权限，在不同宪法、法律和行政法规相抵触的前提下，制定和颁布的在本行政区域范围内实施的规范性文件。地方行政规章是指省级人民政府、设区的市人民政府和四个不设区的市人民政府❶根据宪法、法律和行政法规制定和发布的规范性文件。它们也是我国商法的渊源，仅在制定机关的辖区内有效，如《深圳经济特区商事条例》等。

7. 国际商事条约

国际商事条约是国家间缔结的、规定缔约国私人当事人在国际商事交易关系中权利义务的书面协议。按照条约的参加国数，可将其分为双边条约（两个国际法主体间缔结的协议）和多边条约（两个以上国际法主体间缔结的协议和国际公约）。国际商事条约的缔约国通过并入或转化的方法使国际商事条约成为国内法的一部分，从而由本国法院或仲裁庭在具体的案件中适用。这些条约对于缔约国有确定的约束力，缔约国法院在解决相关商事争议时应优先适用。因此，我国参加的国际商事条约也是我国商法的渊源。我国参加的国际商事公约包括1883年《保护工业产权巴黎公约》、1972年《国际海上避碰规则公约》、1979年《海上搜寻救助公约》、1980年《联合国国际货物销售合同公约》、1996年《国际船舶载重线公约》等。最高人民法院在"美国联合企业有限公司诉山东省对外贸易总公司烟台公司购销合同纠纷案"中，支持了山东省高级人民法院关于中美当事人之间的货物买卖案件应直接适用《联合国国际货物销售合同公约》的观点，驳回了上诉人认为该案应适用美国法的主张。

（二）商事认可法

1. 国际商事惯例

国际商事惯例是在长期的商业或贸易实践基础上发展起来的用于解决国际商事问题的实体法性质的国际惯例。包括：（1）在贸易术语方面，主要有国际商会制定的《国际贸易术语解释通则》（2010年修订本）、国际法协会制定的《1932年华沙—牛津规则》和美国商会、美国进口协会及美国全国对外贸易协会所组成的联合委员会通过的《1941年美国对外贸易定义修正本》。（2）在支付方面，主要有国际商会制定的《跟单信用证统一惯例》（1993年修订本）和《托收统一规则》（1995年修订本）。（3）在运输和保险方面，有国际商会制定的《联合运输单证统一规则》（1975年修订本），1974年国际海事委员会制定的《约克—安特卫普规则》以及英国伦敦保险协会制定的《伦敦保险协会货物保险条款》。（4）在担保方面，有国际商会制定的《合同担保统一规则》（1978年）和《支付请求担保统一规则》（1992年）。

国际商事惯例具有如下基本特征：（1）国际贸易惯例是在长期的国际贸易

---

❶ 广东省东莞市和中山市、甘肃省嘉峪关市、海南省三沙市。

实践中自发形成的，其形成的过程不受政府机关的控制和制约，它的成文化一般也是由商业自治团体自发地编纂而成的，这使它有别于依靠国家立法机关制定的国内法以及依靠各国之间的相互谈判、妥协而达成的国际条约。正是这种非主权性大大增强了国际贸易惯例的普遍适用性。(2) 国际贸易惯例是为某一地区、某一行业的人们所普遍遵守和接受的，偶然的实践不能成为国际贸易惯例，这是国际贸易惯例的客观特征。这里的普遍遵守和接受并不要求人人都已经理解和接受，而只要从事这一行业的大多数人都已经知道和接受即可，就可以推定其他人理应知道这种惯例的存在。早期的国际贸易惯例一般形成于一些比较大的港口、码头，他们的一些合理的做法慢慢地就为同行业的其他人所接受，就成了同业者之间的国际贸易惯例。(3) 国际贸易惯例必须能使人们产生必须遵照此惯例办理的义务感和责任感，这是国际贸易惯例的主观特征。心理因素对于判断惯例的存在与否至关重要，单纯的经常性做法而没有相应的心理确信是不能构成国际贸易惯例的。在实践中是否存在这种心理上的确信是由主张方加以举证证明的，当然这可能会是非常困难的。(4) 国际贸易惯例具有任意性，没有强制适用力。只有在当事人明示或者默示同意采用时，才对当事人具有法律效力。如果当事人明示或者默示地加以排除，则不能将国际贸易惯例强加给当事人。

　　根据长期的国际贸易实践中逐步形成的某些通用的习惯做法而制定的规则，即国际商事惯例虽然不是国家立法，也不是国际条约，不具有当然的法律效力，要取得法律效力必须经过国家的认可，包括间接和直接两种途径。(1) 间接途径是指国际商事惯例通过当事人的协议选择而间接取得法律拘束力即契约性效力，它是国际商事惯例取得法律效力的最主要途径。在国际合同领域，"当事人意思自治"原则已为世界各国普遍承认。这样，特定国际商事惯例就因法院地国或仲裁地国承认当事人的选择而被间接地赋予法律效力。这一途径已为一些国际条约所规定。根据各国的法律规定，在国际贸易中都允许当事人有选择适用国际贸易惯例的自由，一旦当事人在合同中采用了某项惯例，它对双方当事人就具有法律拘束力。有些国家的法律还规定，法院有权按照有关的贸易惯例来解释双方当事人的合同。(2) 直接途径不以当事人协议为条件而是直接通过国内立法或国际条约赋予国际商事惯例以法律约束力，即强制性效力。①国内法对国际商事惯例的认可。如《日本商法典》第1条规定："关于商事，本法无规定者，适用商习惯法，无商习惯法，适用民法。"《瑞士民法典》第1条规定："本法无相应规定时，法官应依据惯例。"我国《民法通则》第142条第3款以及《海商法》第268条都规定，中国法律和中国缔结或参加的国际条约没有规定的,可以适用国际惯例。此外,《美国统一商法典》明确规定采用国际贸易中普遍承认的原则和惯例。特别是,西班牙和伊拉克已将《国际贸易术语解释通则》全盘移植到其国内法中,赋予其国内法上的普遍约束力。②国际条约对国际商事惯例的认可。如 1964 年《国际货物买卖统一法》第 9 条第 2 款撇开当事人的协议,直接认可惯例的约束力:"当事人还须受一般人在同样情况下认为应适用于契约的惯例的约束。"1980 年《联合国国际货物销售合同公约》第 8 条第 3 款规定:"在确定一方当事人的意旨或一个通情达理的人应有的理解时,应适当地考虑到……当事人之间确立的任何习惯做法、惯例和当事人其后的任何行为",从而直接认可了国际商事惯例的效力。

2. 商事自治规则

商事自治规则即商事主体就其组织、运作、成员的权利义务、相对人权利义务等内容自主制定的,不与国家法律和行政规章相冲突的规则。❶ 其具体形式主要有:公司章程、合伙协议、交易习惯、交易所业务规则、商业行会规约、商事主体预先制作的定型合同条款等。这些也成为商法的重要渊源。

第三节 商法的基本原则

商法的基本原则是指集中体现商法的性质和宗旨,调整商事法律关系必须遵守的基本准则。它是制定商法典的根本出发点,是适用商法的指导原则。❷

商法的基本原则包括以下几项。

一、商事主体法定原则

现代各国一般都制定有大量的强制性法规对商事主体的资格予以严格控制,形成商事主体严格法定原则。

(一) 商事主体法定原则的含义

商事主体法定原则是指商事主体的类型、资格和设立程序均由法律明确规定,符合规定的主体得以实施以商人身份进行交易行为的市场准入的原则。也就是进行经营活动的商事主体的组织形式、组织关系和财产关系由法律予以明确设定,其成立必须按照法定程序予以公示的原则。

(二) 商事主体法定原则的内容

商事主体法定原则的内容主要包括商事主体类型法定、商事主体内容法定

---

❶ 范健. 商法 [M]. 北京:高等教育出版社、北京大学出版社,2011:19.
❷ 范健. 商法 [M]. 北京:高等教育出版社、北京大学出版社,2011:10.

和商事主体公示法定三个方面。

1. 商事主体类型法定

商事主体类型法定是指在确保商事主体形态多样性的基础上，对进行经营活动的商事主体在组织形式上由法律以强行法予以明确设定和控制，非经法律设定者不得享有商事主体资格；投资者不得创设或自行变更法定类型之外的非典型或过渡型的商事主体形式。

禁止不符合法律要求的商事主体存在。这就意味着，当事人关于创设或者变更商事主体，仅具有在法定范围内自由选择的可能性。超出法律规定的商事主体的类型，则不会得到法律的承认和市场准入。在多数西方国家，无限责任公司、两合公司、股份两合公司等都是商事主体。而在我国，这类经济组织至今还不是商事主体。同样，我国长期以来作为商事主体存在的集体企业、个体工商户、农村承包经营户，在西方国家商事主体的概念中却从未存在。这种差异就是商事主体类型法定的结果。

2. 商事主体内容法定

商事主体内容法定，即商事能力法定或实质性标准法定，是指可以进行经营活动的商事主体的财产关系、组织关系、活动规制和责任形式等由法律加以强行法规范，并禁止当事人创设非规范性的商事法律关系。按照世界各国的商事法规定，同一类型的商事主体经合法形成后，依法将具有相同性质的注册资产规模、财产归属关系、利润分配关系、商业税收标准以及内部组织关系等。如有限责任公司、股份有限公司、合伙企业、独资企业、外商投资企业等这样一些不同的商事主体，其投资者与被创始企业之间的财产关系、企业自身的组织结构等，彼此之间存在重大差异。如根据我国法律规定，公司的股东对公司债务承担有限责任；合伙企业的合伙人对合伙企业的债务承担无限连带责任或有限责任；个人独资企业的投资人对合伙企业的债务承担无限责任。又如，有限责任公司与股份有限公司是两类较为典型的商事主体，其设立方式、注册资本、内部治理机构等很多方面都存在较大的差异。之所以存在这种差异，就在于法律对不同主体的上述关系设定了不同的规则，设定了不同商事主体在内容上的不同构成要件。商事主体内容法定在确保商事主体的统一性、独立性、稳定性与持续性方面以及为交易相对人提供便利和保护，维护商事安全秩序等方面都具有非常重要的意义。商事主体内容法定之后，不同商事主体在内容上就具备了不同的实质性构成标准。

3. 商事主体公示法定

商事主体公示法定是指商法对于商事组织的公示方式和公示内容加以强行

法规制，并禁止当事人作引人误解的表示。即商事主体设立、变更、注销等事项必须依法定程序向有关机关登记，以登记为法定公示方式，以便交易第三人知晓；未经法定公示者，不得以其对抗善意第三人。多数大陆法和英美法国家的法律要求，商事主体依法登记注册的事项及其文件不仅应设置于登记机关，而且应设置于其注册营业所，以备交易当事人查阅。正是商事主体公示法定原则构成了商事登记制度，构成商事交易合法性的主体要件制度。一方面有利于国家对商事组织的宏观控制和管理；另一方面也有利于保证商事组织自身的健康发展。

商事主体法定原则是传统商事交易行为之自由主义向现代商事活动之国家干预转变的结果，是现代商事管理制度的核心，是商事登记制度的基础。它充分反映了作为私法的商法含有的公法性成分。

二、促进交易便捷原则

（一）促进交易便捷原则的含义

促进交易便捷原则是指商事主体创制的便捷和交易行为的便捷，即商法通过商事登记的准则主义、形式审查制度、市场准入的简便制度、商事登记的电子数据化、交易的定型化、权利的证券化、行为的要式性、短期消灭时效主义等方法来促进交易的迅速完成，提高交易效率的原则。

（二）促进交易便捷原则的内容

促进交易便捷原则是商法的重要原则，也是商法营利性的明显表现。商法对交易便捷之促进，主要表现在以下几个方面。

1. 商事主体创制的便捷

商法通过商事登记的准则主义、形式审查制度、市场准入的简便制度、商事登记的电子数据化等方面体现了商事主体创制的便捷。在市场准入方面，我国已实现从早期的审批制、审批制与准则制并存向准则制的转变，适应了市场经济体制的要求，并已有较为完备的法律体系，建立了统一、规范、健全的执法体系，体现了国家在一般市场准入方面放松规制的发展趋势。形式审查、统一登记、注册官制是市场经济国家商事登记的制度安排，登记审查是市场准入的程序性审查，登记机关是程序性服务的机构；推行注册官制，实行一审一核制的内部程序改革，建立以主办注册官制为中心的独立核准机制。

2. 商事交易行为的便捷

商事交易行为的便捷表现为：交易的定型化、权利的证券化、行为的要式性、短期消灭时效主义四个方面。

（1）交易的定型化。这是保障交易便捷的前提。交易定型化包括交易形态定型化和交易客体定型化两个方面。交易形态定型化是指商法通过强行法规则预先规定若干类型的典型交易方式。《国际贸易术语解释通则》（2010年修订本）将贸易术语分为两大类，共11种。第一类包括适用于任何运输方式的7种贸易术语，即EXW——工厂交货（……指定地点），FCA——货交承运人（……指定地点），CPT——运费付至（……指定目的港），CIP——运费和保险费付至（……指定目的地），DAT——终点站交货（……指定目的港或目的地），DAP——目的地交货（……指定目的地），DDP——完税后交货（……指定目的地）。第二类包含仅适用于海运或内河运输的传统的4种术语。FAS——船边交货（……指定装运港）、FOB——船上交货（……指定装运港）、CFR——成本加运费付至（……指定目的港）、CIF——成本、保险加运费付至（……指定目的港）。它们是交易形态定型化的突出表现。交易客体的定型化就是交易客体的商品化，即当交易之客体属于有形物品，则给予其统一的规格和特定的标记，使交易者易于识别商品，从而使其交易迅捷。如在股票期货市场，买卖股票1手就是100股；交易强筋小麦1手就是50吨；交易螺纹钢1手就是10吨，这些就是交易客体定型化的表现。交易的定型化使得任何商事主体无论何时从事该类交易行为，均可以快速完成交易，获得同样的法律效果。

（2）权利的证券化。为了加速商品的流转和权利的让渡，商法采取了权利证券化制度。即当交易的客体为无形的权利时，则通过一定方式将权利证券化，证券的流通实现权利的转移，从而简化权利转让程序。如公司法上的股票和公司债券、票据法上的各种票据、保险法上的保险单、海商法上的载货证券（如仓单、提单等）均为权利证券化的典型，都是以有价证券的形式表现了法律上的权利。不仅如此，法律还通过建立证券交易所和证券交易制度，适应大量的证券买卖及证券权利的迅速交易。

（3）行为的要式性。在商法领域，对于合同性商事行为在很多情况下采取要式主义的要求。其原因在于，虽然契约自由有利于契约迅速完成，但在商事活动领域，商事行为具有大量性、反复性和同一性的特点。在这种场合下，如果商事契约无固定款式而完全由当事人自由协商，不但不符合经济原则，而且易生分歧，有碍于交易的迅捷。故商法对商事契约及有价证券的款式，多实行定型化的要求，如保险契约的定型化、有价证券的款式化等。尤其是对于各种票据和有价证券，商法上均采取严格的要式主义，以利于行为当事人迅速辨认，实现交易的迅捷。

（4）短期消灭时效主义。消灭时效，又称诉讼时效，是指权利人在法定期间内不行使请求权,其权利即归于消灭的一种法律时效制度。民法和商法上都存在消灭时效制度。不过,商法上的消灭时效比民法上的消灭时效要短。商事交易的短期消灭时效主义,是指法律对于基于商事交易行为所生之债的法律保护期间特别予以缩短,从而迅速确定其行为之效果,以促成交易之迅捷。如各国商法对于商事契约的违约求偿权多适用2年以内的短期消灭时效;对于票据请求权多适用6个月、4个月,甚至2个月的短期消灭时效;海商法上对于船舶债权人的求偿权多适用1年以内的短期消灭时效;保险法上对于保险金请求权通常适用短于民事时效的短期时效。

三、维护交易安全原则

(一)维护交易安全原则的含义

维护交易安全原则是指商事主体在移转财产权利和履行财产义务时,其交易行为所具有的合法性与确定性的原则。

(二)维护交易安全原则的内容

商事交易行为不仅要简便迅速,而且要注重安全。基于此,各国商法对商事行为法律控制往往采取强制主义、公示主义、外观主义及严格责任主义。

1. 强制主义

强制主义,又称"干预主义""要式主义",是指国家采用公法手段对商事关系施以强行法规则。这一规则主要表现在以下几个方面:(1)现代各国商法都通过商业登记、消费者保护、不正当竞争之禁止、商业垄断之限制等一系列规则,实行国家干预和宏观调控职能。(2)现代各国的商法中日益偏重于使用强行法规则对商事活动加以控制。如各国商法中对公司设立条件的强制性规定,对于公司章程内容的强行法和任意法推定;对于票据、提单、保函、证券越来越广泛的文义性要求和要式性规定;对于标准合同和商事契约条款的强制法限制等。(3)通过强行性法律条文对某些商事行为予以严格规范,任何交易当事人都不得任意加以变更。

2. 公示主义

商事公示主义是指商事活动的交易当事人,对于涉及利害关系人利益的所有营业上的事实须进行登记,并负有公示告知义务的一种法律要求。❶这一规定的主要目的在于保护交易相对人或不特定第三人的合法权益。公示原则主要通过以下具体制度加以落实:(1)登记制度,包括商事主体的设立登记、变更

---

❶ 赵万一. 商法 [M]. 北京:中国人民大学出版社,2003:9.

登记、注销登记、车辆登记、船舶登记等。（2）公告制度，包括登记公告、债券募集办法的公告等。实行公告制度，可以使社会了解企业情况，把握商事主体财务真相，以保证交易的安全。（3）上市公司信息披露制度。股份公司中的上市公司，应当将有可能涉及公司股东利益的所有事项进行公告，主要包括招股说明书的公告、股票上市报告的公告、定期财务报告的公告和重大事项的公告等。

3. 外观主义

外观主义是指以交易当事人行为的外观为标准，确定其行为所产生的法律效果。即公示于外表的事实与事实真实的情形不符时，对于依该外表事实所进行的商事行为，也须加以保护，以维护交易的安全。法国学界称其为外观法理，英美法系学界则称其为禁反言。如公司法规定，当设立登记后有应登记之事项而未登记或已登记之事项有变更而不为变更登记者，不得以其事项对抗第三人；隐名合伙人如参与合伙事务的执行或为参与执行的表示，纵有相反的约定，对于第三人仍应负出名营业人的责任。又如，票据上所载的发票地和发票日，即使与真实的发票地和发票日不符时，也不影响票据行为的效力。同样，对于有价证券，法律强调的是该证券的文义而非取得该证券的非文义的原因。另外，各国商事法关于不实登记的责任、表见经理人、表见代表董事、自称股东或类似股东者责任、票据的文义性和要式性、背书连续的证明力等规定，都体现了外观主义的要求，赋予行为外观以优越效果，以保护交易之安全。

4. 严格责任主义

实行严格责任主义是保障交易安全的一个重要举措。严格责任主义是指对从事商事交易的人设定更为严格的责任即加重责任的制度的法律规则。

严格责任主义表现在以下几个方面。

（1）普遍实行连带责任。连带责任系连带之债的一种责任承担方式，在民法中是作为一种个例而存在的。而在商法中连带责任普遍适用。如在公司法中，无限公司的股东及两合公司的无限责任股东对于公司债务负连带责任。不仅如此，无限责任股东如果退出公司或将出资转让于他人，对退股或转让前公司的债务，于登记后一定时间内仍应负连带责任。公司负责人在执行业务时违反法律规定造成他人损害的，公司负责人与公司对受害人负连带责任。公司设立未能成立者，发起人对于公司设立所为之行为所需的费用，均应负连带责任。至于票据法，不仅两个以上共同签名者须对票据负连带责任，发票人、承兑人、背书人及其他票据债务人对于持票人亦须负连带责任。

（2）广泛采用无过错责任。在商法上，严格责任被广泛适用于许多具体的

17

法律规定中，即在商事交易中，债务人无论是否有过错均应对债权人负责。如保险法上保险人对投保人或被保险人的责任即便是不可抗力所致，亦应负责。❶

四、保障公平交易原则

公平原则是民法的基本原则之一，商法作为民法的特别法，将民法的公平原则在商法中具体体现为公平交易原则。

（一）保障公平交易原则的含义

保障公平交易原则是指商事主体应本着公平的观念从事商事行为，正当行使权利和履行义务，平等交易；在商事交易中，应当诚实信用，兼顾他人利益和社会公共利益。

（二）保障公平交易原则的内容

保障公平交易原则的内容主要体现在以下两个方面。

1. 平等交易

平等交易，即商事交易主体地位平等，在交易过程中，任何一方不得享有法律上的特权。地位平等是实现交易公平的前提，是现代商品经济客观规律的反映。如各国公司法中关于股权平等的规定，商业登记法中关于准则主义的规定，商事契约法中关于不当免责的禁止、非适当影响限制的规定，消费者权益保护法中对于消费者权益的维护，以及对于附合同的限制的规定等，都体现了平等交易的要求。离开商事主体之间的地位平等，商事活动中的公平、公正、等价有偿将化为乌有。

2. 诚实信用

诚实信用原则是现代民商法中的"帝王条款"，对民商事活动的公平进行具有普遍的控制作用。商法的诚实信用要求商事交易主体在从事商事行为时，应该讲诚实，守信用，尊重交易习惯，以善意的方式互为交易、履行义务，不得规避法律的规定和合同的约定，以维护交易之公平。它重在通过当事人之间的利益关系和当事人与社会之间的利益关系的平衡来实现交易之公平。如保险法规定，投保人在订立保险合同时，应遵循最大诚信原则，对保险的重要事实如实告知；票据法规定，票据的签发、取得和转让应当遵循诚实信用原则，具有真实的交易关系和债权债务关系；公司法规定，公司设立登记后，若发现有虚假登记情势时，得撤销其登记，并处以罚款甚至刑事处罚。这些规定都体现了商法中的诚实信用原则的要求。

---

❶ 覃有土. 商法学 [M]. 北京：高等教育出版社，2004：35.

第四节 商法与邻近法律部门的关系

商法和其他法律部门的关系问题在大陆法系国家受到特别的重视。我国现行法律制度在体系上属于大陆法系，因此，商法和其他法律部门的关系的理论研究对于建立我国商法体系，完善我国现行法律体系具有重要的意义。

一、商法与民法

商法与民法的关系是商法与其他法律部门的关系中最重要的问题之一，也是最易引起理论争议的问题。商法与民法的联系十分密切，如属于私法的范畴，调整平等主体之间的法律关系，贯彻平等原则、意思自治、等价交换、诚实信用的原则等，但区别也颇为明显。

1. 内容不同

商法与民法的关系是特别法和普通法的关系。民法所规定的内容是一般社会生活的原则性规定，是对整个市民社会基于主体平等和意思自治而建立的各种社会关系的法律调整，具有抽象性和系统性，故民法处于普通法的地位。商法所规定的内容则是特殊的社会生活的具体性或技术性的规定，是对构成市民社会基础的市场经济中处于营利而建立的特定的社会关系的法律调整，具有具体性和实用性，故商法处于特别法的地位。

2. 立法价值取向不同

在民法的诸项价值目标中，最基本的价值取向是公平，即当公平原则与民法的其他基本原则发生冲突与矛盾时，民法首先会选择公平，在处理公平与其他民法原则的关系时，采取的是公平至上、兼顾效益与其他。由于世界上根本就没有绝对的公平存在，因此，民法的公平主要强调和保护的是个体公平，仅局限于经济个体之间的公平和平等。它仅仅是形式上的公平和机会上的平等。而在商事立法中，最高的价值取向是效益。在处理效益与其他法律原则的关系时，采取的是效益至上、兼顾公平与其他。效益就其本质含义来说，是指对经济利益的追求和经济利益的实现。商法将对效益的追求通过一定的法律规则的形式表现出来，将社会经济主体的行为限定在一定的范围内。值得注意的是，商法不但以效益作为最高的价值取向，而且为了实现效益甚至在某种程度上会牺牲公平，典型的是有限责任制度。有限责任制度的出现主要是为了鼓励社会财富的拥有者积极进行投资行为，通过对这种个人逐利行为合法性的肯定和保护，以实现在个人财富增加基础上的社会财富的不断增值。但这一制度以出资

人的有限责任来对抗债权人的无限求偿权,实际上是将出资人的部分生产经营风险转嫁给了债权人。❶

3. 适用主体不同

民法在适用主体上具有广泛性,它可以适用于一切社会大众,是所有市民主体的基本权利保障法。因此,民法就其基本属性而言,应当最大限度地满足社会主体的最基本生存要求:生命、财产、个人尊严和公平对待。只有在满足社会主体的公平等要求后,社会才能和谐发展。而商法的适用对象通常仅适用于商事主体。商事主体的最主要特征在于它是以营利为目的的经济组织,是以从事营利性活动为其唯一存在目的的经济人。所谓"经济人",按照资产阶级古典经济学家穆勒的观点,就是会计算、有创造性、能寻求自身利益最大化的人。❷

4. 法律规范的表现形式不同

从社会学来观察,法律条款无非包括伦理性条款和技术性条款。民法规范具有强烈的伦理性,即凭社会主体的简单伦理判断就可确定其行为性质,无须当事人具备丰富的法律专业知识和专业判断能力。这是因为,民法规范为市场经济提供了一般规则,是对整个市民社会及其经济基础的抽象和概括,是人们理性思维的结果,一般较为稳定。而商法规范则具有较强的技术性特点。商法最早起源于"商人法",从产生时起,就具有专门性和职业性,而后虽经多次进化,"商人法"发展成为"商事行为法",但商法的基本特质并没有变化,商法始终是对市场经济的直接调整,可以说市场经济的基本内容、基本规则及基本运作方式翻译成法律语言便构成了商法规则。商法技术性规范的设计大多是出于对主体营利性行为的保护,而且对这些技术性规范并不能简单地凭伦理道德常识就能判断其行为效果。商法的技术性既体现在其组织法中,也体现在其行为法中。

二、商法与经济法

商法与经济法之间既有联系,又有区别。商法与经济法的联系表现在:它们都调整财产关系;它们的职能互补。区别主要表现在以下几个方面。

1. 性质不同

商法是属于具有公法因素的私法,它强调和保护的是个体的自由、个体行

---

❶ 覃有土. 商法学 [M]. 北京:高等教育出版社,2004:26-27.
❷ 亨利·勒帕日. 美国新自由主义经济学 [M]. 北京:北京大学出版社,1985:24.

为的效益与安全；经济法是属于社会法范畴的公法，它强调和保护的是公共利益和社会整体利益。

2. 调整对象不同

商法是以平等主体为本位的私法，主要调整的是商事主体之间以平等性为特征的社会经济关系，即横向的经济关系；经济法是以国家为本位的公法，主要调整的是国家与公民、国家与企业（商人）之间管理与被管理、指挥与被指挥的社会关系，即纵向的经济关系。

3. 调整方法不同

在调整方法上，商法注重维持传统的"意思自治原则"，以任意规范为主。商法以相当数量的任意性规范，鼓励商事主体自觉地遵守市场规则，促进市场竞争，提高经济效益，从而追求其利益的最大化。经济法则信守"国家统治原则"，以强制性规范为主。经济法本着维护社会公共利益的原则，以宏观调控为手段，通过强行性规范对市场主体的意思自治进行适当的限制，为解决市场失灵提供法律保障，促进国民经济的快速健康可持续发展。

4. 内容不同

商法以商事主体、商事行为、公司法、票据法、证券法、保险法、海商法等为内容；经济法则以价格法、金融法、税收法、投资法、公平交易法、反垄断法、贸易管制法等为内容。

三、商法与行政法

商法与行政法存在既有联系又有区别的法律关系。商法是渗透公法因素的私法。商法中的公法性规范是行政法律规范，如商事登记制度、商事账簿制度、股权转让登记制度、船舶登记制度等。这些制度的目的在于保障商事秩序的建立和商事权利的实现。因此，商事活动中的行政法调整，是行政法对商法的补充。商法与行政法的区别主要表现在以下方面。

1. 性质不同

商法属于私法的范畴，是渗透着公法因素的私法。从性质上说，它是私法。行政法是属于社会法范畴的公法。

2. 调整的对象不同

商法调整的对象是具有平等地位的商事法律关系。而行政法是调整行政活动的法律规范的总称。它主要规定国家行政权力的组织、行政权力的活动以及对行政活动后果的救济。它调整的是不对等的行政法律关系。

3. 调整的方法不同

商法以任意性规范为主，其调整方法具有任意性。行政法以强制性规范为主,其调整方法具有强制性。

【重点阅读书目】

书名	编著者	出版社	出版时间	章节
商法学	商法学编写组	高等教育出版社	2019	绪论、第1章
中国商法总论	樊涛	法律出版社	2016	第1章
商法通论	赵中孚	中国人民大学出版社	2013	第1章
商法学	范健、王建文	法律出版社	2012	第1章
商法学	朱羿锟	北京大学出版社	2012	第1章
商法学	覃有土	高等教育出版社	2012	第1章
商法	范健	高等教育出版社、北京大学出版社	2011	第1章
商法总论	王瑞	法律出版社	2010	第1~3章
商法学	施天涛	法律出版社	2010	第1章
商法总论	樊涛、王延川	知识产权出版社	2010	第1章
商法总论	张璨	北京大学出版社	2009	第1章
商法	赵万一	中国人民大学出版社	2003	第1章

【必读法律法规】

名称	颁布时间（年）	章节
民法通则	1986	第1章、第5章
民法总则	2017	第1章
公司法	2018	第1章
票据法	2004	第1章
保险法	2015	第1章
合伙企业法	2006	全文
公司登记管理条例	2016	全文
企业法人登记管理条例	2016	全文
企业名称登记管理规定	2012	全文

【思考题】

1. 什么叫商法？它有何特征？
2. 商法的基本原则有哪些？其内容是什么？
3. 简述我国商法的体系。
4. 我国商法的渊源有哪些？
5. 商法与民法有何区别？
6. 商法与经济法、行政法有何区别？

第二章　商事登记

第一节　商事登记概述

一、商事登记的概念

商事登记，也叫商业登记，是指商事主体的筹办人为了设立、变更或终止商事主体资格，依法向拟设营业所所在地登记机关提出登记申请，经登记机关审查批准，将登记事项记载于登记簿的法律行为。

我国商事登记的法律法规包括《企业法人登记管理条例》《企业法人登记管理条例施行细则》《公司登记管理条例》《个体工商户登记管理办法》《个人独资企业登记管理办法》《合伙企业登记管理办法》等。

二、商事登记的法律特征

1. 商事登记是一种设立、变更、终止商事主体资格的法律行为

商事登记的基本目的在于为商事活动的参加人设立、变更或者终止商事主体资格谋求法律确认。作为商事登记的主要法律效力在于赋予商事主体取得、变更或终止商事权利能力和商事行为能力。对商人来说，有了商事登记，即取得商法上的主体资格，可以使自己的合法经营受到法律保护。商事登记是商事主体取得主体资格的必要和唯一的途径。

2. 商事登记在本质上属于一种带有公法性质的行为

从本质上说，商事登记是国家利用政权干预商事活动的行为，是一种公法上的行为。它是申请人的申请登记行为和主管机关的审核登记注册行为相结合的一种综合性行为，是国家对商事活动实施法律调整和进行宏观调控的必要手段和必要环节，是作为私法的商法的公法性最为集中的体现。

3. 商事登记行为是一种要式法律行为

商事登记是申请人依照法定程序向法定商业登记主管机关申请登记的行为。

商业登记机关是代表国家对商事主体的登记申请行为进行审查和批准的专门机构，只有它才有权受理登记申请，才有权履行登记行为。商事登记注册的内容和事项往往由商事特别法以强行性条款的形式规定并具体列明；商事主体必须按照法定要求将法定事项提交法定机构审核并予以登记注册。因为商事活动涉及社会的各个领域，尤其是与生产和消费密切相关，所以，必须规定一定的程序表示商事的运作状态，目的是维护生产者、商品经营者和消费者的合法权益，同时也有利于对商事活动的管理。

三、商事登记的作用与意义

商事登记制度是社会公共权力对商事主体的营业活动实施管理的基础，是商法对社会经济关系进行综合调整的不可缺少的必要环节。商事登记作为国家管理商事主体活动的主要手段，不仅可以赋予商事主体以合法资格，保障商事主体的合法权益，而且有利于维护正常的社会经济秩序，维护交易安全。具体说来，商事登记主要具有以下四个方面的作用。

1. 它是维护商事主体的合法地位和保障其依法经营的重要形式

通过商事登记，核准商事主体的名称、住所、法定代表人、注册资本、企业类型、经营范围、营业期限等，使其取得合法的商事主体资格，并在法律规定和确认的范围内独立从事商事活动，享有商法上的权利，承担商法上的义务和责任，维护其合法权益。商事登记还具有赋予登记申请人对登记商事名称的排他性使用权，从而便于保护登记人商事名称的专有使用权。

2. 它是国家对商事主体的商事行为进行法律调整的重要前提

商事活动不仅是商事主体之间纯粹"私"的活动，作为一种社会经济关系，商事活动也与社会公共利益、社会交易安全、社会交易秩序休戚相关。正因为如此，现代国家都很重视通过法律对商事领域的经济生活进行必要的干预，商事登记就是国家对私法领域进行公法干预的重要表现。这种干预不仅是必要的，而且对规范商事活动起着巨大的作用。对国家来说，有了商业登记，可以掌握商事主体的全面情况，便于统筹规划和安排商业布局，并对其加强管理和监督。

3. 它是国家对商事主体进行行政管理的重要手段

通过商事登记，国家不仅可以取得各项必要的统计资料，从而实现国家对经济的宏观控制，而且便于对各种不同类型的商务行业的开业和经营进行必要的国家监督；同时，商事登记还是国家依法对各类商事主体进行税收征纳的主要依据。

4. 它是维护第三人利益和社会公共利益的基础

现代商事登记的基本作用不仅在于通过法律程序创制或确定经营性主体，而且在于确认登记事项的法律效力，向社会公布经营性主体的信用、能力和责任。通过商事登记可以为社会经济活动的所有参加人提供准确、翔实的有关信息资料，可以使其他社会主体据以了解商人的经营范围、服务内容，便于有所选择地与之进行交易，接受各项服务，消除不安全感；便于保护相对人的合法权益和保护交易安全。商事主体的登记事项与事实有实质性差别者，将构成商事欺诈的证据，非经商事登记的事项不具有对抗第三人的效力。这些规定显然有助于保护社会交易相对人和社会商事秩序。

第二节 商事登记的原则

一、强制登记原则

1. 强制登记原则的概念

强制登记原则是指除法律另有规定外，任何个人和组织要从事经营活动，都必须依法登记，取得商事主体地位和营业资格的原则。

强制登记原则的实行，有利于维护我国法制的稳定性和连续性，有利于建立和维护统一规范的市场准入秩序，有利于对市场运行秩序的监管，从而实现商事登记法的目的和任务。

2. 强制登记原则的内容

（1）商事主体的设立、变更和终止，必须进行登记。这是维护商事交易安全所必需。从我国的实践来看，强制登记多年来一直是我国商事登记的基本原则。这在《民法通则》《民法总则》《公司法》《合伙企业法》《个人独资企业法》等法律中都有规定。2017年8月23日国务院公布了《无照经营查处取缔办法》，更是将这一原则的贯彻提高到了一个新的高度。贯彻该原则，有利于建立和维护统一规范的市场准入秩序，有利于对市场运行秩序的监管，从而实现商事登记法的目的和任务。

（2）商事登记应就法律规定的商事主体的全部必要事项进行登记。根据《公司登记管理条例》《企业法人登记管理条例》《企业法人登记管理条例施行细则》《个体工商户条例》《个体工商户登记管理办法》《个人独资企业法》之规定，商事主体的登记事项包括：名称、住所、法定代表人姓名、注册资本、公司类型、经营范围、营业期限等。登记事项应当符合法律、行政法规的规定；

不符合法律、行政法规规定的，商事登记机关不予登记。未经登记，不发生法律效力。

二、登记公开原则

公开化是当今世界行政管理的两大发展趋势之一。在我国，公开原则已成为我国行政法制的一项基本原则。在商事登记中，确立公开原则，符合国内外行政管理的发展趋势，可以满足我国建立信用经济的需要；接受申请人和其他人的监督，满足各方面了解商事主体资信状况的需要；体现了商事登记的公示功能，有利于登记机关抵制各种非法干预，维护登记行为的合法性和公正性。

1. 登记公开原则的概念

登记公开原则是指登记主管机关应将商事登记的依据、商事登记的实施过程和结果向社会公众公开的原则。

2. 登记公开原则的内容

登记公开原则的内容包括两个方面。

（1）商事登记的依据公开。从国外情况看，商事登记的依据公开已成为宪法性原则。在我国，商事登记的依据（包括商事登记机关、商事主体的登记条件、登记时应提交的申请文件、登记程序和登记期限等）应当向社会公众公布，做到公开透明。未经公布的，不得作为实施依据。

（2）商事登记的实施过程和结果应当公开。根据我国相关法律规定，工商行政管理部门应当通过企业信用信息公示系统，公示其在履行职责过程中产生的下列企业信息：注册登记、备案信息；动产抵押登记信息；股权出质登记信息；行政处罚信息；其他依法应当公示的信息。企业应当于每年1月1日至6月30日，通过企业信用信息公示系统向工商行政管理部门报送上一年度年度报告，并向社会公示；并通过企业公示信息抽查制度、经营异常名录制度即黑名单制度加以监督，保证公示的真实性和准确性。

三、便民原则

便民原则是指商事登记条件和登记程序的设定应当以必要为限，尽可能简单，从而降低市场门槛；其执行应当以合法为限，尽可能简便，从而方便申请人的原则。

便民原则是我国一切国家机关都应当秉承的宪法性宗旨——为人民服务在行政管理领域的具体落实，是人民利益至上原则的具体化。因此，便民原则已成为我国行政法的一项基本原则。在商事登记中确立便民原则，不仅符合我国的国家性质及其对行政管理的基本要求，而且符合我国行政立法的精神。

2014年2月7日国务院发布的《注册资本登记制度改革方案》提出，改革工商登记制度，推进工商注册制度便利化，是党中央、国务院作出的重大决策。改革注册资本登记制度涉及面广、政策性强，工商行政管理机关要优化流程、完善制度，确保改革前后管理工作平稳过渡。通过改革公司注册资本及其他登记事项，进一步放松对市场主体准入的管制，降低准入门槛，优化营商环境，促进市场主体加快发展。改革方案中提出的首要原则就是"便捷高效"，即按照条件适当、程序简便、成本低廉的要求，方便申请人办理市场主体登记注册。鼓励投资创业，创新服务方式，提高登记效率。简化住所（经营场所）登记手续，推行电子营业执照和全程电子化登记管理等措施都体现了商法的"便民原则"要求。

四、全面审查原则

1. 全面审查原则的概念

全面审查原则是指商事登记主管机关对商事主体设立申请人提出的设立申请中的必要登记事项依法采取形式审查和注册备案制度。

2. 全面审查原则的内容

商事登记主管机关审查的内容主要包括：营业范围是否为法律所禁止或者属于须经有关部门特许的项目；是否具备设立的条件，是否符合法律法规对成员人数、注册资本、组织结构、场所等要求；商事名称是否符合法律的规定等。

可见，我国的商事登记机关对商事主体的登记采用全面审查的原则，对申请文件是否齐全，是否符合法律的要求进行审查。对符合要求的，予以核准登记；对不符合要求的，不予核准登记。

第三节 商事登记的种类

根据我国《公司法》《企业法人登记管理条例》《公司登记管理条例》《企业名称登记管理规定》之规定，商事登记主要包括以下几种。

一、开业登记

（一）开业登记的概念

商事主体的开业登记，又称设立登记，是指商事主体的创设人为设立商事主体而向登记机关提出申请，并由登记机关办理登记的法律行为。

开业登记是所有登记中最基础、最重要的登记类型。

（二）开业登记的分类

1. 商事组织的开业登记和商个人的开业登记

根据设立登记的商事主体的形式的不同，可以将开业登记分为商事组织的开业登记和商个人的开业登记。

商事组织的开业登记是指商法人或商合伙等商事组织依法向登记机关办理的开业登记。

商个人的开业登记是指个体工商户、个人独资企业等商个人依法向登记机关办理的开业登记。

2. 公司开业登记与非公司开业登记

根据设立的法律依据不同，可以将商事组织的开业登记分为公司开业登记与非公司开业登记两种类型。

公司开业登记是指设立人依据公司法规定的条件和程序向登记机关办理公司的开业登记。

非公司开业登记是指设立人依据《全民所有制企业法》《集体所有制企业法》《合伙企业法》等规定的条件和程序向登记机关办理公司以外的商事组织的开业登记。

3. 内资商事主体的开业登记与外资商事主体的开业登记

根据设立人的国籍不同，可以将开业登记分为内资商事主体的开业登记与外资商事主体的开业登记。

内资商事主体的开业登记是指我国的投资人依据我国法律向我国的登记机关办理的开业登记。

外资商事主体的开业登记是指国外（地区）的投资人依据我国法律向我国的登记机关办理的商事主体的开业登记。

（三）开业登记的内容

根据法律规定，商事主体开业登记通常包括以下内容。

1. 名称

名称是商事主体的外在表征，是商事登记的首要内容，是商事主体取得商事名称专用权的前提。《个体工商户条例》《个体工商户名称登记管理办法》《个人独资企业法》《个人独资企业法登记管理办法》《合伙企业法》《合伙企业登记管理办法》《企业法人登记管理条例》《公司法》《公司登记管理条例》等对商主体的名称作了明确规定。

2. 出资人

出资人是指向投资主体投资的人。根据法律规定，公司的出资主体有商法人、年满18周岁的自然人、依法成立的职工持股会或其他类似组织、村民委员会、居民委员会、个人独资企业、合伙企业；依法成立的社会团体、事业单位以及民办非企业单位、外商投资企业。非公司企业的出资主体有企业法人、事业单位法人、社会团体法人、自然人。

依照法律规定，不享有出资人资格的组织和个人包括：党政机关、军队、武警部队；会计事务所、审计事务所、律师事务所、资产评估事务所。此外，公司原则上不得收购本公司的股份；企业法定代表人不得成为所任职企业投资设立的有限责任公司股东。

3. 住所

住所是商事主体主要办事机构所在地。商事主体可以有多个办公或经营地点，但在法律上只能有一个住所。住所可以是商事主体自己拥有产权的房产，也可以是通过租赁而获得使用权的房产。住所作为登记事项予以登记，具有重要的法律意义。它是确定商事主体的诉讼管辖地和法律文书送达地的依据；有利于确定债务的履行地和商事主体的登记机关。《民法总则》第63条规定，法人以其主要办事机构所在地为住所。依法需要办理法人登记的，应当将主要办事机构所在地登记为住所。此外，《公司法》《公司登记管理条例》《个人独资企业法》《合伙企业法》《个体工商户登记管理办法》等对商主体的住所作了明确规定。2014年2月7日国务院发布《注册资本登记制度改革方案》，释放住所（经营场所）资源和改进社会管理，简化市场主体住所（经营场所）登记。

4. 法定代表人

法定代表人是指依照法律或商事主体章程的规定，代表商事主体行使权利、承担义务的负责人。《公司法》第13条规定，公司法定代表人依照公司章程的规定，由董事长、执行董事或者经理担任，并依法登记。非公司企业的厂长、总经理是法定代表人。

5. 注册资金

注册资金，又称为注册资本，不同形式的商事主体中注册资金的概念不尽相同。公司注册资本是公司股东实缴出资；全民所有制非公司企业注册资本是指企业法人享有国家授予经营权的财产或自有财产；外资企业注册资本是指投资各方认缴的出资总额。法律之所以规定注册资金是登记的必备要件，是因为它是商事主体进行正常经营活动的前提条件，也是商事主体承担法律责任的物质保障。我国《企业法人登记管理条例》《公司法》《公司登记管理条例》《个人独资企业法》《合伙企业法》对商主体的注册资金作了明确的规定。

2014年2月7日国务院发布《注册资本登记制度改革方案》，决定推行注册资本登记制度改革，按照便捷高效、规范统一、宽进严管的原则，创新公司登记制度，降低准入门槛，强化市场主体责任，促进形成诚信、公平、有序的市场秩序。推行注册资本认缴登记制，放宽注册资本登记条件。

6. 企业（公司）章程

企业章程是指企业依法制定的、规定企业名称、住所、经营范围、经营管理制度等重大事项的基本文件，也是企业必备的规定企业组织及活动基本规则的书面文件。根据组织形式的不同，企业可以分为独资企业、合伙企业和公司三种形式。可见，企业的含义要比公司广，公司是企业的一种形式。在我国，法律对个人独资企业和合伙企业的章程未作要求，只要求合伙企业设立时需有合伙协议。企业法人设立时须提交企业或公司章程，由企业出资设立人制定。外商投资企业设立时须有章程。

公司章程由股东会制定，是股东共同一致的意思表示，载明了公司组织和活动的基本准则，是公司的宪章。公司章程具有法定性、真实性、自治性和公开性的基本特征。它与《公司法》一样，共同肩负调整公司活动的责任。作为公司组织与行为的基本准则，公司章程对公司的成立及运营具有十分重要的意义，它既是公司成立的基础，也是公司赖以生存的灵魂。它是公司设立的最主要条件和最重要的文件，是确定公司权利、义务关系的基本法律文件，是公司对外进行经营交往的基本法律依据，是公司的自治规范。《公司法》第11条规定，设立公司必须依法制定公司章程。公司章程对公司、股东、董事、监事、高级管理人员具有约束力。

7. 企业类型和经济性质

企业类型是根据企业产权形式和责任形式所作的划分，主要包括有限责任公司、股份有限公司、合伙企业、个人独资企业、联营企业、企业集团、股份合作企业等。经济性质是指企业的所有制性质，主要有全民所有制企业、集体所有制企业、私营企业、多种经济成分联营企业等。

8. 经营范围

经营范围是指法律授权商事主体可以从事经营活动的领域或行业，即商事主体生产经营的主要内容、商品类别、商品品种及服务项目。经营范围是企业行为能力的具体体现。根据我国相关法律规定，经营范围的确定应遵循以下原则：（1）经营范围应当符合《国民经济行业分类》标准。根据 2015 年 10 月 1 日施行的《企业经营范围登记管理规定》，经营范围是企业从事经营活动的业务范围，应当依法经企业登记机关登记。《个体工商户登记管理办法》《公司登记管理条例》对商主体的经营范围作了规定。（2）企业的经营范围应当包含或者体现企业名称中的行业或者经营特征。跨行业经营的企业，其经营范围中的第一项经营项目所属的行业为该企业的行业。（3）企业法人的经营范围应当与其资金、场地、设备、从业人员以及技术力量相适应。（4）企业的经营范围应当与章程或者合伙协议规定相一致。经营范围发生变化的，企业应对章程或者合伙协议进行修订，并向企业登记机关申请变更登记。企业申请登记的经营范围中属于法律、行政法规或者国务院决定规定在登记前须经批准的经营项目（以下称前置许可经营项目）的，应当在申请登记前报经有关部门批准后，凭审批机关的批准文件、证件向企业登记机关申请登记。企业申请登记的经营范围中属于法律、行政法规或者国务院决定等规定在登记后须经批准的经营项目（以下称后置许可经营项目）的，依法经企业登记机关核准登记后，应当报经有关部门批准方可开展后置许可经营项目的经营活动。

（四）开业登记的效用

1. 取得商事主体资格

一旦经过商事登记机关核准注册，便取得了商事主体的资格，成为合法的商事主体。根据《公司法》《公司登记管理条例》之规定，依法设立的公司，由公司登记机关发给公司营业执照，取得企业法人资格。公司营业执照签发日期为公司成立日期。

2. 取得从事经营活动的合法身份

经过核准登记的商事主体可以以商事主体的名义开展正常的经营活动，其合法权益受法律的保护。《个体工商户条例》第 2 条规定，经登记注册的个体工商户可以个人经营，也可以家庭经营。其合法权益受法律保护，任何单位和个人不得侵害。根据《公司法》第 5~6 条之规定，设立公司，应当依法向公司登记机关申请设立登记。符合《公司法》规定的设立条件的，由公司登记机关分别登记为有限责任公司或者股份有限公司，其合法权益受法律保护，不受侵犯。

3. 取得商事名称的专用权

经核准注册的商事主体取得了商事名称的专有权，在登记机关的辖区内具有排他性。在登记机关的辖区内，不允许擅自使用他人已经注册的商事名称。否则，会构成侵权。

二、变更登记

（一）变更登记的概念

变更登记是指商事主体在登记注册后，因合法登记注册事项发生变化，在法定期限内向原登记机关申请并经核准变更已登记事项的法律行为。

（二）变更登记的原因

引起商事主体变更的原因包括商事主体的组织体的变更、商事主体组织形式的变更和其他重大事项的变更。

1. 商事主体的组织体的变更

（1）商事主体的组织体变更的概念。

商事主体的组织体变更是商事主体由于特定的原因而发生了组织结构上的变化，即发生原有商事主体人格上的变化。

（2）商事主体的组织体变更的形式。

①商事主体的分立。商事主体的分立是指一个商事主体分成两个以上的商事主体，包括新设分立和派生分立两种形式。新设分立，即解散原法人，而分立为两个以上的新法人。如中国邮电分立为中国电信和中国邮政就属新设分立。派生分立，即原法人存续，但从中分出新的法人。如上海广信科技发展有限公司因战略发展需要，分立为上海广信科技发展有限公司（存续公司）与亚东广信科技发展有限公司（派生新设公司）。企业法人的分立应经债权人同意或向债权人提供担保，否则债权人反对的，不得分立。

②商事主体的合并。商事主体的合并是指两个以上的商事主体组合为一个商事主体。它包括吸收合并和新设合并两种形式。吸收合并是指一个商事主体归并到一个现存的商事主体中去，参加合并的两个商事主体，只消灭一个商事主体，另一个商事主体继续存在并吸收了已消灭的商事主体。存续公司仍然保持原有公司的名称，而且有权获得其他被吸收公司的财产和债权，同时承担它们的债务，被吸收公司的法人地位不再存在。如2004年TCL集团股份有限公司吸收TCL通讯股份有限公司，TCL集团吸收TCL通讯股东的股份，并将这部分股份转化为TCL集团的股份，TCL集团发行新股上市，TCL通讯退市。又如，中国铁通集团有限公司并入中国移动通信集团公司属于吸收合并。新设合并是指两个以上的商事主体合并为一个新的商事主体，原来的商事主体消灭，新的商事主体产生。如原港湾集团总公司与原路桥集团公司合并成中交集团；原上海申银证券公司和原上海万国证券公司合并为申银万国证券股份有限公司等属于新设合并。企业法人合并应经债权人同意或向债权人提供担保，否则不得合

并。根据我国《外资企业法》第 10 条之规定，外资企业分立、合并，应当报审查批准机关批准，并向工商行政管理机关办理变更登记手续。

2. 商事主体的组织形式的变更

（1）商事主体的组织形式变更的概念。

商事主体的组织形式的变更是在不消灭商事主体人格的前提下，商事主体从一种组织形式转为另一种组织形式的现象。

（2）商事主体的组织形式变更的内容。

根据市场经济的要求，现代企业的组织形式按照财产的组织形式和所承担的法律责任划分，国际上通常分为公司企业和非公司企业。商事主体的组织形式的变更具体表现为：非公司的企业法人变更为公司；有限责任公司变更为股份有限公司等。

商事主体的组织形式的变更往往导致商事主体的责任形式、权利义务等变化，因此，各国对商事主体的组织形式的变更多采取限制。如各国公司法一般规定无限责任公司可以变更为两合公司，但不可变更为有限责任公司。因此，法人组织形式的变更应依法律规定程序办理。

3. 商事主体的其他重大事项的变更

商事主体的其他重大事项的变更是指法人的性质、活动宗旨和业务范围等事项的变化。

《企业法人登记管理条例》第 17 条规定，企业法人改变名称、住所、经营场所、法定代表人、经济性质、经营范围、经营方式、注册资金、经营期限以及增设或撤销分支机构，应当申请办理变更登记。

（三）变更登记的时间

根据《企业法人登记管理条例》第 18~19 条之规定，企业法人申请变更登记，应当在主管部门或者审批机关批准后 30 日内，向登记主管机关申请办理变更登记。企业法人分立、合并、迁移，应当在主管部门或者审批机关批准后 30 日内，向登记主管机关申请办理变更登记、开业登记或者注销登记。

《个人独资企业登记管理办法》第 13 条规定，个人独资企业变更企业名称、企业住所、经营范围，应当在作出变更决定之日起 15 日内向原登记机关申请变更登记。个人独资企业变更投资人姓名和居所、出资额和出资方式，应当在变更事由发生之日起 15 日内向原登记机关申请变更登记。

《合伙企业法登记管理办法》第 18 条规定，合伙企业登记事项发生变更的，执行合伙事务的合伙人应当自作出变更决定或者发生变更事由之日起 15 日内，向原企业登记机关申请变更登记。

三、注销登记

(一) 注销登记的概念

注销登记是指登记机关依法对被终止经营的商事主体,收缴营业执照、公章,撤销其登记注册号,取消商事主体资格或经营权的法律行为。

法律设立注销登记制度的目的在于,保障社会交易活动的安全,便于国家对商事主体的宏观管理。

(二) 注销登记的原因

根据《公司法》《公司登记管理条例》《企业法人登记管理条例》《企业法人登记管理条例施行细则》等法律法规的规定,商事主体注销登记的原因主要有以下几种情形。

1. 章程规定的解散事由出现

解散是指商事主体根据其章程或实际经营状况作出的停止经营活动、终止商事主体资格的行为。这里所说的解散事由主要是指企业章程或公司章程规定的经营期限届满或其他解散事由。

根据《企业法人登记管理条例》之规定,导致商事主体解散的事由包括商事主体达到设立目的或章程规定的停止事由发生。

根据《公司登记管理条例》第42条之规定,公司章程规定的营业期限届满或者公司章程规定的其他解散事由出现,但公司通过修改公司章程而存续的除外。公司清算组应当自公司清算结束之日起30日内向原公司登记机关申请注销登记。

根据《合伙企业法》第85~86条、第90条之规定,合伙企业的合伙期限届满,合伙人决定不再经营或者合伙协议约定的解散事由出现或者合伙协议约定的合伙目的已经实现或者无法实现时,应当由清算人进行清算。清算结束后,清算人应当编制清算报告,经全体合伙人签名、盖章后,在15日内向企业登记机关报送清算报告,申请办理合伙企业注销登记。

《外资企业法》第22条规定,外资企业终止,应当向工商行政管理机关办理注销登记手续,缴销营业执照。

2. 投资人决议解散

根据《企业法人登记管理条例》之规定,导致商事主体解散的事由包括股东会或投资者决定解散。

根据《公司登记管理条例》第42条之规定,股东会、股东大会决议解散或者一人有限责任公司的股东、外商投资的公司董事会决议解散,公司清算组应当自公司清算结束之日起 30 日内向原公司登记机关申请注销登记。

根据《个人独资企业法》第 26 条之规定,个人独资企业的投资人决定解散企业时,由投资人自行清算或者由债权人申请人民法院指定清算人进行清算。清算结束后,投资人或者人民法院指定的清算人应当编制清算报告,并于 15 日内到登记机关办理注销登记。

根据《合伙企业法》第 85~86 条、第 90 条之规定,合伙企业的全体合伙人决定解散时,应当由清算人进行清算。清算结束后,清算人应当编制清算报告,经全体合伙人签名、盖章后,在 15 日内向企业登记机关报送清算报告,申请办理合伙企业注销登记。

3. 被依法宣告破产

破产宣告是指商事主体因经营管理不善,造成严重亏损,不能偿还到期债务,法院依据当事人的申请或法定职权裁定宣布债务人破产以清偿债务的诉讼程序。

根据《公司登记管理条例》第 42 条之规定,公司被依法宣告破产,公司清算组应当自公司清算结束之日起 30 日内向原公司登记机关申请注销登记。

根据《企业法人登记管理条例》第 20 条之规定,企业法人被宣告破产,应当向登记主管机关办理注销登记。

4. 依法被吊销营业执照、责令关闭或者被撤销

吊销营业执照是指剥夺商事主体已经取得的营业执照,使其丧失继续从事生产或者经营的资格。被撤销是指商事主体受到行政主管部门依法作出行政命令或行政处分,被迫停止经营的行为。因行政命令被撤销的企业多为隶属于行政部门的企业;因行政处分被撤销的企业多为实施了违法行为的企业。

5. 人民法院依法予以解散

根据《公司法》第 180 条、第 182 条和《公司登记管理条例》第 42 条第 5 项之规定,公司经营管理发生严重困难,继续存续会使股东利益受到重大损失,通过其他途径不能解决的,持有公司全部股东表决权 10% 以上的股东,可以请求人民法院解散公司。

单独或者合计持有公司全部股东表决权 10% 以上的股东,提起公司解散之诉,需要同时具备以下情形之一:(1)公司持续两年以上无法召开股东会或者股东大会,公司经营管理发生严重困难的;(2)股东表决时无法达到法定或者公司章程规定的比例,持续两年以上不能做出有效的股东会或者股东大会决议,公司经营管理发生严重困难的;(3)公司董事长期冲突,且无法通过股东会或者股东大会解决,公司经营管理发生严重困难的;(4)经营管理发生其他严重

困难,公司继续存续会使股东利益受到重大损失的情形。在这些情形之外,如果股东以知情权、利润分配请求权等权益受到损害,或者公司亏损、财产不足以偿还全部债务,以及公司被吊销企业法人营业执照未进行清算等为由,提起解散公司诉讼的,人民法院则不予受理。

在司法实践中,判断"公司经营管理是否发生严重困难",应从公司组织机构的运行状态进行综合分析。公司虽处于盈利状态,但其股东会机制长期失灵,内部管理有严重障碍,已陷入僵局状态,可以认定为公司经营管理发生严重困难。对于符合公司法及相关司法解释规定的其他条件的,人民法院可以依法判决公司解散。公司清算组应当自公司清算结束之日起 30 日内向原公司登记机关申请注销登记。

6. 因合并或者分立需要解散

根据《公司法》第 180 条、《公司登记管理条例》第 38 条之规定,因合并或者分立需要解散的公司,应当到登记机关办理注销登记。

《企业法人登记管理条例》第 19 条规定,企业法人分立、合并、迁移,应当在主管部门或者审批机关批准后 30 日内,向登记主管机关申请办理变更登记、开业登记或者注销登记。

7. 法律、行政法规规定的其他解散情形

《个体工商户条例》第 12 条、《个人独资企业法》第 26~27 条、《合伙企业法》第 85~86 条、第 90 条、《企业法人登记管理条例》第 20 条等作了相应的规定。

(三) 注销登记的时间

1. 个人独资企业在清算结束后的 15 日内办理注销登记

根据《个人独资企业法》第 32 条之规定,被解散的个人独资企业清算结束后,投资人或者人民法院指定的清算人应当编制清算报告,并于 15 日内到登记机关办理注销登记。

2. 合伙企业在清算结束后的 15 日内办理注销登记

《合伙企业法》第 22 条规定,合伙企业依照合伙企业法的规定解散的,清算人应当自清算结束之日起 15 日内,向原企业登记机关办理注销登记。

3. 公司自清算结束之日起 30 日内办理注销登记

根据《公司登记管理条例》第 36 条和《企业法人登记管理条例》第 20 条之规定,公司清算组织应当自清算结束之日起 30 日内向原公司登记机关申请注销登记;非公司企业法人歇业、被撤销、宣告破产或者因其他原因终止营业,应当向登记主管机关办理注销登记。

4. 外商投资企业自经营期满之日或者终止营业之日 3 个月内申请注销登记

根据我国《外资企业法》第 21~22 条之规定，外资企业终止，应当及时公告，按照法定程序进行清算。在清算完结前，除为了执行清算外，外国投资者对企业财产不得处理。外资企业终止，应当向工商行政管理机关办理注销登记手续，缴销营业执照。《企业法人登记管理条例施行细则》第 49 条规定，外商投资企业应当自经营期满之日或者终止营业之日、批准证书自动失效之日、原审批机关批准终止合同之日起 3 个月内，向原登记主管机关申请注销登记。

5. 分立、合并、迁移的企业法人在主管部门或者审批机关批准后 30 日内办理注销登记

《企业法人登记管理条例》第 19 条规定，企业法人分立、合并、迁移，应当在主管部门或者审批机关批准后 30 日内，向登记主管机关申请办理注销登记。

（四）注销登记的效果

商事主体申请注销登记时，应依法律规定提交有关文件，包括注销登记申请书、主管机关审查同意文件、审批机关批准文件、法院判决书、仲裁机构裁定书、申请注销登记注册书、债务清算证明等。

登记机关核准注销登记的，商事主体资格即行终止；登记机关应当收缴其《企业法人营业执照》及其副本、公章，并将注销登记情况告知其开户银行。根据《个人独资企业登记管理办法》第 20~21 条之规定，经登记机关注销登记，个人独资企业终止，应当缴回营业执照。

四、企业或公司名称预先核准登记

（一）企业名称预先核准登记的概念

企业名称预先核准登记是指设立企业必须报经批准，或者企业经营范围中属于法律、行政法规或者国务院决定规定在登记前须经批准的项目的，设立人应当在报送批准前办理企业名称预先核准的法律制度。

（二）企业名称预先核准登记的法律意义

之所以要求实行企业名称预先核准登记制度，主要有以下两个方面的意义。

1. 有利于确保企业名称的登记质量

企业名称具有极强的标识性，对企业、社会至关重要，一经选定后，就不要轻易更改。采用企业名称预先核准制，可以使公司的名称在公司申请注册登记之前就具有合法性、确定性。企业名称经预先核准程序在设立登记前确定下来，可以使企业避免在筹建过程中因名称的不确定性而带来的登记申请文件、

材料使用名称杂乱,并减少因此引起的重复劳动、重复报批、增加设立成本的现象,对统一登记申请材料中使用的企业名称、规范登记文件材料,均有重要的作用。

2. 有利于加快企业的登记进程

预先核准的公司名称保留期为6个月,非公司的企业名称保留期为1年,在保留期内不得用于从事经营活动,不得转让;保留期满,未办理公司或非公司企业设立登记的,其公司或企业名称自行失效。公司或企业应当在期限届满后的一定期限内将《企业名称预先核准通知书》退还给公司登记机关。为此,预先核准名称的公司或非公司企业的创设人应在名称保留期内加快公司或非公司企业的设立进程,并在登记机关进行设立登记。

(三) 企业名称预先核准登记的程序

1. 提出企业名称预先核准的申请

申请企业名称预先核准登记,应当由全体投资人指定的代表或委托的代理人,向企业名称的登记主管机关提交下列文件、证件:(1)企业名称预先核准申请书;(2)指定代表或委托代理机构及受托代理人的身份证明和企业法人资格证明及受托资格证明;(3)代表或受托代理机构及受托代理人的身份证明和企业法人资格证明及受托资格证明;(4)全体投资人的法人资格证明或身份证明。

2. 核准或驳回

企业名称登记主管机关应当自受理企业提交的全部企业名称预先核准申请材料之日起10日内,对申请核准的企业名称作出核准或驳回的决定。核准的,发给《企业名称预先核准通知书》;驳回的,发给《企业名称驳回通知书》。

预先核准的公司名称保留期为6个月。其他企业的名称经核准后,保留期为1年。经批准有筹建期的,企业名称保留到筹建期终止。在预先核准的名称保留期内,不得用于从事经营活动,不得转让。保留期届满不办理企业开业登记的,其企业名称自动失效,企业应当在期限届满之日起10日内将《企业名称登记证书》交回登记主管机关。

企业名称核准与企业登记注册不在同一机关办理的,企业应当自登记注册之日起60日内将加盖发照机关公章的营业执照复印件报送核准企业名称的工商行政管理机关备案。未备案的,其企业名称不受保护。

经预先核准名称的企业申请设立登记时,如预先核准的企业名称中反映的行业或特殊组织形式按国家法律、法规规定须报经审批,而申请人不能提交相应的批准文件的,申请人取得的《企业名称预先核准通知书》无效。申请人重

39

新申请的企业名称,应重新办理企业名称预先核准。

第四节 商事登记的程序

一、商事登记程序的概念

商事登记的程序是指商事主体的筹办人依法向登记机关申请商事登记,登记机关依法审查核准并办理注册的步骤和方法。

商事登记程序对于保证商事登记的真实性及维护社会经济的稳定具有重要意义。

二、商事登记具体程序

一般认为,商事登记的程序应包括申请、审查、核准、公告四个阶段。

（一）申请

申请是商事登记程序的起始阶段。

1. 申请的主体

申请是商事主体提出创设、变更商事主体或变更商事主体已登记事项的行为。对何种商事主体需要履行商事登记以及履行何种商事登记,各国法律规定不尽相同。在我国,申请的主体可以分为拟设公司的申请主体和拟设非公司的申请主体（包括个体工商户、个人独资企业、合伙企业、全民所有制企业、集体所有制企业等）。

2. 申请的要求

申请必须以书面为之,必须按照法定要求的形式提交相关的文件、证件以及须填报的登记注册书。如果经营活动依法须经行业主管部门许可,还须提交相应的许可证明书。

（二）审查

1. 审查的概念

审查是指受理登记申请的机关在接到申请者提交的申请后,在法定期限内对申请者所提交的申请内容依法进行审核的活动。

2. 审查（登记）的机关

商事审查登记管理机关是指按照商事登记法的规定,接受商事登记申请,并具体办理商事登记的国家主管机关。

各国关于商事登记机关的规定很不一致,主要有四种模式。

（1）法院是商事登记机关。德国、韩国等国商法规定，商事登记由地方法院办理。

（2）行政机关或专门设立的附属行政机构为商事登记机关。美国的一些州法律规定，商事登记在州政府秘书处；日本商法典规定商事登记在地方法务局。

（3）法院和行政机关均为商事登记机关。法国商法规定，法院办理一般商事登记；行政机关办理公司商事登记。

（4）专门注册中心和商会为商事登记机关。《荷兰商事注册法》规定，地方商会负责保管当地商会注册文件。

在我国，商事登记的主管机关是国家工商行政管理机关。国家工商行政管理机关独立行使登记管理权，并实行分级登记管理原则，即国家工商行政管理总局办理全国性的公司或企业的工商登记。2016年2月6日修订的《公司登记管理条例》第6~8条对国家工商行政管理总局，省、自治区、直辖市工商行政管理局，设区的市（地区）工商行政管理局，县工商行政管理局以及直辖市的工商行政管理分局、设区的市工商行政管理局的区分局的登记权限作了规定。

3. 审查的方式

目前各国对商事登记的审查，主要包括三种立法例。

（1）形式审查。即登记机关对于申请人提交的申请及相关文件仅审查其形式上是否符合法律要求，而对其所记载事项的真实性则不予审查核实。这种做法的主要缺点在于，过于注重形式上的合法性而不注重实质上的真实性，因此，申请人虽经合法登记，但不能证明其登记事项的真实性，这不仅有违商事登记之精神，而且容易产生商事欺诈行为，故大多数国家不采纳这种做法。

（2）实质审查。即登记机关不但要审查有关申请文件是否符合法律要求，而且要审查登记事项的真伪，对登记结果负责。依此主义，凡经登记之事项，皆有证明其为真实、合法之效力。其主要优点在于，可以保证登记事项的真实性、合法性，防止出现商事欺诈行为。其主要缺点在于，登记机关要承担较多的工作量，实际操作难度较大，并会延缓商事登记的进程。

（3）折中审查。即登记机关对登记事项有重点地进行审查，尤其对有疑问的事项进行审查。依此主义，登记机关虽有实质审查之职权，却无进行实质审查之义务。所以，已登记之事项，虽然经过登记，仍不能推定其真伪，其证据效力如何，由法院自由裁判。折中审查集前两种审查方式之所长，较好地避免了两者之所短。

根据我国法律之规定，登记机关必须对申请人提交的文件、证件和填报登记注册的真实性、合法性、有效性进行审查，核实有关登记事项。可见，我国系采实质审查主义。从《个体工商户条例》第 9 条规定可以看出，我国对个体工商户的登记申请采取折中审查的方式。

但在商事登记的实践中，由于人力等方面的原因，一般仅能进行形式上的审查，只要形式上各种文件、证件齐备，即予以登记。再通过企业信息公示制度、企业公示信息抽查制度以及企业经营异常名录管理制度来进行管理和监督。

（三）核准

核准是指登记机关对登记申请人提交的文件进行审查后，作出的登记和颁发证照之批准的行为。

登记机关在收到申请人的申请及相关的材料并予以审核之后，应在法定期限内将审核结果（核准登记或不予登记的决定）及时通知申请人。对予以核准登记的商事主体，应及时颁发有关证照，并及时通知法定代表人或商事主体负责人领取证照，办理法定代表人签字备案手续。

（四）公告

公告是指将登记的有关事项通过报道或其他途径让公众周知。

商事登记后，应当及时予以公告。公告的法律意义在于，公告便于商事交易的进行，便于社会公众的监督，便于保障商事主体的合法权益。我国现行法律、法规和条例等对公告的方法未作具体规定，实践中多通过登记管理机关指定的报纸、期刊或通过其他方式进行公告。

第五节　商事登记的效力与监督管理

商事登记依法公告后，能在法律上产生一定的后果。其主要包括两个方面：商事登记的效力和商事登记的监管。

一、商事登记的效力

（一）商事登记的效力的概念

商事登记的效力是指商事登记事项经登记后所产生的法律上的拘束力。

（二）商事登记的效力的内容

1. 创设效力

商事登记的创设效力是指登记事项经注册登记并公告后，法律赋予商事主体取得商事主体资格、获得商事权利能力和商事行为能力的效力。

从我国的法律规定来看，登记注册是商法人取得法人资格的前提条件，也是其他商事主体取得商事经营活动的前提。我国《民法通则》第41条、《民法总则》第58条、第77~78条、《公司法》第6~7条都规定创设商事主体，必须经过商事登记。

2. 公信效力

商事登记的公信效力是指商事登记及公告的内容被法律赋予公众信赖的效力，即使该内容有瑕疵，法律对信赖该内容的第三人的行为予以保护的效力。商事登记本身就是国家用于维护市场秩序，保护第三人权益的有效手段。对于第三人来说，其可以通过对商事登记外观的信赖利益选择交易主体及交易内容，从而维护交易的安全、迅捷。

已登记的事项与未登记的事项对第三人各具有何种效力，各国立法不尽一致。大陆法系国家商法所奉行的几个重要原则，对于我们更好地理解商事登记的效力具有一定的参考意义。（1）应登记事项在得到正确登记和公告后，对第三人生效。一些国家的法律规定，应登记事项经登记和公告后，对第三人生效。但在登记事项公布后一定时间以内，第三人既不知道、也无须知道该登记事项的情况下，该登记事项对第三人不生效。商事登记及公告，一方面可以使政府通过商事登记实现调整、监督、控制和保护商事的职能；另一方面使相对方及社会公众通过商事登记了解商事主体的营业状况、经营状况，以期商事交易之安全。（2）已登记事项在公布发生差错的情况下，该登记事项对善意第三人有效。一些国家法律规定，如果登记事项公布有误，第三人可以针对负有登记义务的登记人，根据已公布之事实为法律行为，除非第三人已知道公布事实有误。这一规则的目的在于保护善意第三人，加大了登记义务人的责任。（3）已登记但尚未公告或者须登记但未登记的事项对善意第三人无效。多数国家法律规定，当事人不得以应登记而未履行登记或公告之事项来对抗第三人，除非第三人已经了解该事项的真实情况。❶

3. 对抗效力

对抗效力是指商事主体在将应登记事项依照法律、法规规定的内容及程序，真实地经登记机关登记公告后，法律推定公众知道或者应当知道这些应登记事项，赋予其以已登记事项对抗或拒绝第三人的请求的效力。对抗效力实质上就是免责效力，即商事主体在办理商事登记后，依法享有的免除其法律责任的效力。如公司破产，依法办理注销登记后，就取得了免责的效力。另外，以登记的时间为基准的禁止一旦解除，也能产生免责的效果。如《公司法》第7条规

---

❶ 范健. 商法 [M]. 北京：高等教育出版社、北京大学出版社，2011：76.

定，如果确定了登记的时间，则公司发起人在成立之日起3年后就可以转让自己持有的公司股份。

二、商事登记的监督与管理

由于商事登记本身并不纯粹是一种按照申请人自由意志行为的活动，它具有很强的行政色彩，是国家的一种行政管理行为，因此，商事登记管理成为商事登记制度中的一项不可或缺的内容。

各国法律对商事登记管理所规定的方法并不完全一样。一般说来，商事登记监督管理分为社会公众的监督管理和登记主管机关的监督管理两种方式。

（一）社会公众的监督管理

社会公众的监督管理是指社会公众通过享有查阅商事登记簿、查阅与登记相关的各项资料和信息的权利，对商事主体的财产状况和经营状况进行的监督。我国《公司登记管理条例》第57条规定："公司登记机关应当将登记的公司登记事项记载于公司登记簿上，供社会公众查询、复制。"

（二）登记主管机关的监督管理

根据我国《注册资本登记制度改革方案》《企业信息公示暂行条例》《企业公示信息抽查暂行办法》《企业经营异常名录管理暂行办法》《企业法人登记管理条例》《企业法人登记管理条例施行细则》《个体工商户条例》等法律法规之规定，主管部门的监管包括如下内容。

1. 对登记事项和经营活动的日常监管

《个体工商户条例》第5条规定，工商行政管理部门和县级以上人民政府其他有关部门应当依法对个体工商户实行监督和管理。《企业法人登记管理条例》第29条规定，登记主管机关对企业法人依法履行下列监督管理职责：监督企业法人按照规定办理开业、变更、注销登记；监督企业法人按照登记注册事项和章程、合同从事经营活动；监督企业法人和法定代表人遵守国家法律、法规和政策；制止和查处企业法人的违法经营活动，保护企业法人的合法权益。

2. 证照管理

登记主管机关核发的"企业法人营业执照""营业执照"分为正本和副本，同样具有法律效力。正本为悬挂式，只有一份，必须置于企业住所或者分支机构营业场所的醒目位置，办理税务登记必须提供正本。副本为折叠式，可以有多份，企业可以根据业务需要向登记机关申请核发营业执照若干副本，主要是供企业在其活动中提供证明之用。

我国证照管理的有关规定包括：（1）除登记主管机关依照法定程序可以扣

缴或者吊销外，其他任何单位和个人不得收缴、扣押、毁坏企业证照；（2）企业证照及副本，不得伪造、涂改、出租、出借、转让、出卖和擅自复印；（3）企业证照遗失或者毁坏的，企业应当在登记机关指定的报刊上声明作废，并向企业登记机关申请补领或更换；（4）企业营业执照正本、副本样式以及企业登记的有关重要文书格式或者表式，由国家工商行政管理总局统一制定。

3. 商事主体信息公示制度

为了保障公平竞争，促进企业诚信自律，规范企业信息公示，强化企业信用约束，维护交易安全，提高政府监管效能，扩大社会监督，有必要建立企业信息公示制度。企业信息是指在工商行政管理部门登记的企业从事生产经营活动过程中形成的信息，以及政府部门在履行职责过程中产生的能够反映企业状况的信息。根据《企业信息公示暂行条例》的规定，国务院工商行政管理部门推进、监督企业信息公示工作，组织企业信用信息公示系统的建设。工商行政管理部门应当通过企业信用信息公示系统，公示其在履行职责过程中产生的下列企业信息：注册登记、备案信息；动产抵押登记信息；股权出质登记信息；行政处罚信息；其他依法应当公示的信息。企业信息公示应当真实、及时，应当自产生之日起20个工作日内予以公示。工商行政管理部门以外的其他政府部门应当公示其在履行职责过程中产生的下列企业信息：行政许可准予、变更、延续信息；行政处罚信息；其他依法应当公示的信息。其他政府部门可以通过企业信用信息公示系统，也可以通过其他系统公示前款规定的企业信息。工商行政管理部门和其他政府部门应当按照国家社会信用信息平台建设的总体要求，实现企业信息的互联共享。

公示的企业信息涉及国家秘密、国家安全或者社会公共利益的，应当报请主管的保密行政管理部门或者国家安全机关批准。县级以上地方人民政府有关部门公示的企业信息涉及企业商业秘密或者个人隐私的，应当报请上级主管部门批准。

4. 商事主体年度报告公示制度

《注册资本登记制度改革方案》《企业信息公示暂行条例》《企业公示信息抽查暂行办法》《企业经营异常名录管理暂行办法》对企业年度报告公示制度作了详尽的规定。取消企业年度检验制度，代之以企业年度报告公示制度。企业应当在每年1月1日至6月30日，通过企业信用信息公示系统向工商行政管理机关报送年度报告，并向社会公示，任何单位和个人均可查询。当年设立登记的企业，自下一年起报送并公示年度报告。企业年度报告内容分为应当公示的信息和选择公示的信息。应当向社会公示的信息包括企业通信地址、邮政编码、联系电话、电子邮箱等信息,企业开业、歇业、清算等存续状态信息,企业投资设立企业、购买股权信息等。选择向社会公示的信息包括企业从业人数、资产总额、负债总额、对外提供保证担保、所有者权益合计、营业总收入、主营业务收入、利润总额、净利润、纳税总额信息。该类信息由企业决定是否向社会公示。不过,条例也明确,经企业同意,公民、法人或者其他组织可以查询企业选择不公示的信息。企业对年度报告的真实性、合法性负责。

企业应当自下列信息形成之日起20个工作日内通过企业信用信息公示系统向社会公示:有限责任公司股东或者股份有限公司发起人认缴和实缴的出资额、出资时间、出资方式等信息;有限责任公司股东股权转让等股权变更信息;行政许可取得、变更、延续信息;知识产权出质登记信息;受到行政处罚的信息;其他依法应当公示的信息。工商行政管理部门发现企业未依照前款规定履行公示义务的,应当责令其限期履行。

政府部门和企业分别对其公示信息的真实性、及时性负责。政府部门发现其公示的信息不准确的,应当及时更正。公民、法人或者其他组织有证据证明政府部门公示的信息不准确的,有权要求该政府部门予以更正。企业发现其公示的信息不准确的,应当及时更正;但是,企业年度报告公示信息的更正应当在每年6月30日之前完成。更正前后的信息应当同时公示。

2014年8月19日国家工商行政管理总局发布的《农民专业合作社年度报告公示暂行办法》,对农民专业合作社年度报告公示作了详尽的规定。国家工商行政管理总局和省、自治区、直辖市工商行政管理局分别负责全国和各省、自治区、直辖市农民专业合作社年度报告公示的管理工作,并对下级工商行政管理部门开展年度报告公示工作进行指导和监督。各级工商行政管理部门负责其登记的农民专业合作社的年度报告公示相关工作。农民专业合作社应当于每年1月1日至6月30日,通过企业信用信息公示系统向工商行政管理部门报送上一年度年度报告,并向社会公示。当年设立登记的农民专业合作社,自下一年起报送并公示年度报告。农民专业合作社年度报告内容包括行政许可取得和变动信息、生产经营信息、资产状况信息、开设的网站或者从事网络经营的网店的名称、网址等信息、联系方式信息、国家工商行政管理总局要求公示的其他信息。农民专业合作社应当对其年度报告内容的真实性、及时性负责。农民专业合作社发现其公示的年度报告内容不准确的,应当及时更正,更正应当在每年6月30日之前完成。更正前后内容同时公示。

2014年8月19日国家工商行政管理总局公布的《个体工商户年度报告暂行办法》对个体工商户年度报告作了规定。个体工商户应当于每年1月1日至6

月30日，通过企业信用信息公示系统或者直接向负责其登记的工商行政管理部门报送上一年度年度报告。当年开业登记的个体工商户，自下一年起报送。县、自治县、不设区的市、市辖区工商行政管理部门负责其登记的个体工商户的年度报告相关工作，可以委托个体工商户经营场所所在地的工商行政管理所开展其登记的个体工商户的年度报告相关工作。

个体工商户可以通过企业信用信息公示系统或者以纸质方式报送年度报告，它们具有同等的法律效力。个体工商户的年度报告包括下列内容：行政许可取得和变动信息；生产经营信息、开设的网站或者从事网络经营的网店的名称、网址等信息、联系方式等信息、国家工商行政管理总局要求报送的其他信息。个体工商户对其年度报告内容的真实性、及时性负责。个体工商户可以自主选择其年度报告内容是否公示。个体工商户选择公示年度报告的，应当通过企业信用信息公示系统报送年度报告并公示。个体工商户发现其公示的年度报告内容不准确的，应当及时更正，更正应当在每年6月30日之前完成。更正前后内容同时公示。个体工商户决定不公示年度报告内容的，应当向负责其登记的工商行政管理部门报送纸质年度报告。工商行政管理部门应当自收到纸质年度报告之日起10个工作日内通过企业信用信息公示系统公示该个体工商户已经报送年度报告。

5. 商事主体公示信息随机抽查制度

为了保证企业信息的真实、准确，《企业信息公示暂行条例》和《企业信息公示抽查暂行办法》规定了企业公示信息抽查制度。企业公示信息抽查是指工商行政管理部门随机抽取一定比例的企业，对其通过企业信用信息公示系统公示信息的情况进行检查的活动。国务院工商行政管理部门和省、自治区、直辖市人民政府工商行政管理部门按照公平规范的要求，根据企业注册号等随机摇号，确定抽查的企业（不少于辖区内企业的3%），组织对企业公示信息的情况进行检查。抽查分为不定向抽查和定向抽查。不定向抽查是指工商行政管理部门随机摇号抽取确定检查企业名单，对其通过企业信用信息公示系统公示信息的情况进行检查。定向抽查是指工商行政管理部门按照企业类型、经营规模、所属行业、地理区域等特定条件随机摇号抽取确定检查企业名单，对其通过企业信用信息公示系统公示信息的情况进行检查。工商行政管理部门抽查企业公示的信息，可以委托会计师事务所、税务师事务所、律师事务所等专业机构开展相关工作，并依法利用其他政府部门作出的检查、核查结果或者专业机构作出的专业结论。抽查结果由工商行政管理部门通过企业信用信息公示系统向社会公布。

公民、法人或者其他组织发现企业公示的信息虚假的，可以向工商行政管理部门举报，接到举报的工商行政管理部门应当自接到举报材料之日起20个工作日内进行核查，予以处理，并将处理情况书面告知举报人。公民、法人或者其他组织对依照本条例规定公示的企业信息有疑问的，可以向政府部门申请查询，收到查询申请的政府部门应当自收到申请之日起20个工作日内书面答复申请人。

工商行政管理部门对企业公示的信息依法开展抽查或者根据举报进行核查，企业应当配合，接受询问调查，如实反映情况，提供相关材料。对不予配合情节严重的企业，工商行政管理部门应当通过企业信用信息公示系统公示。

《农民专业合作社年度报告公示暂行办法》规定了对农民专业合作社年度报告公示信息抽查制度。省、自治区、直辖市工商行政管理局应当组织对农民专业合作社年度报告公示信息进行随机抽查。抽查的农民专业合作社名单和抽查结果应当通过企业信用信息公示系统公示。农民专业合作社年度报告公示信息的抽查比例、抽查方式、抽查程序参照《企业公示信息抽查暂行办法》有关规定执行。公民、法人或者其他组织发现农民专业合作社公示的信息虚假的，可以向工商行政管理部门举报。工商行政管理部门应当自收到举报材料之日起20个工作日内进行核查，予以处理，并将处理结果书面告知举报人。

《个体工商户年度报告暂行办法》规定了对个体工商户年度报告公示信息抽查制度。省、自治区、直辖市工商行政管理局应当组织对个体工商户年度报告内容进行随机抽查。抽查的个体工商户名单和抽查结果应当通过企业信用信息公示系统公示。抽查比例、抽查方式和抽查程序参照《企业公示信息抽查暂行办法》有关规定执行。公民、法人或者其他组织发现个体工商户公示的信息隐瞒真实情况、弄虚作假的，可以向工商行政管理部门举报。工商行政管理部门应当自收到举报材料之日起20个工作日内进行核查，予以处理，处理结果应当书面告知举报人。

6. 商事主体经营异常名录制度

通过企业公示信息随机抽查，发现企业未按照规定的期限公示年度报告或者未按照工商行政管理部门责令的期限公示有关企业信息，或者企业公示信息隐瞒真实情况、弄虚作假的，由县级以上工商行政管理部门列入经营异常名录即黑名单，通过企业信用信息公示系统向社会公示，提醒其履行公示义务；情节严重的，由有关主管部门依照有关法律、行政法规规定给予行政处罚；造成他人损失的，依法承担赔偿责任；构成犯罪的，依法追究刑事责任。

被列入经营异常名录的企业依照规定履行公示义务的，由县级以上工商行政管理部门移出经营异常名录；满3年未依照本条例规定履行公示义务的，由国务院工商行政管理部门或者省、自治区、直辖市人民政府工商行政管理部门列入严重违法企业名单，并通过企业信用信息公示系统向社会公示。企业自被列入严重违法企业名单之日满5年未再发生上述行为的，由国务院工商行政管理部门或者省、自治区、直辖市人民政府工商行政管理部门移出严重违法企业名单。被列入严重违法企业名单的企业的法定代表人、负责人，3年内不得担任其他企业的法定代表人、负责人。县级以上地方人民政府及其有关部门应当建立健全信用约束机制，在政府采购、工程招投标、国有土地出让、授予荣誉称号等工作中，将企业信息作为重要考量因素，对被列入经营异常名录或者严重违法企业名单的企业依法予以限制或者禁入。

政府部门未依照《企业信息公示暂行条例》规定履行职责的，由监察机关、上一级政府部门责令改正；情节严重的，对负有责任的主管人员和其他直接责任人员依法给予处分；构成犯罪的，依法追究刑事责任。

《企业信息公示暂行条例》的发布，意味着中国将从主要依靠行政审批管企业，转向更多依靠建立透明诚信的市场秩序规范企业。其最核心的内容就是确立了企业信息公示制度，并以此来促进企业诚信自律，扩大社会监督，营造公平竞争市场环境。这是推进政府简政放权、放管结合的重大举措，是建设服务型政府的内在要求，使中国第一次在现代商事登记管理制度构建上走在了世界前列，将成为中国社会信用体系建设的里程碑。

《农民专业合作社年度报告公示暂行办法》规定了农民专业合作社经营异常名录制度。（1）农民专业合作社未按照该办法规定的期限报送年度报告并公示的，工商行政管理部门应当自当年年度报告公示结束之日起10个工作日内作出将其列入经营异常名录的决定，并通过企业信用信息公示系统向社会公示。（2）农民专业合作社年度报告公示信息隐瞒真实情况、弄虚作假的，工商行政管理部门应当自查实之日起10个工作日内作出将其列入经营异常名录的决定，并通过企业信用信息公示系统向社会公示。（3）工商行政管理部门在依法履职过程中通过登记的住所无法与农民专业合作社取得联系的，应当自查实之日起10个工作日内作出将其列入经营异常名录的决定，并通过企业信用信息公示系统向社会公示。

依法被列入经营异常名录的农民专业合作社，在补报未报年份的年度报告并公示后或者更正其公示的年度报告信息后，可以向工商行政管理部门申请移出经营异常名录。工商行政管理部门应当自收到申请之日起或者自查实之日起5个工作日内作出移出决定。依法被列入经营异常名录的农民专业合作社，依法办理住所变更登记，或者提出通过登记的住所可以重新取得联系，申请移出经营异常名录的，工商行政管理部门应当自查实之日起 5 个工作日内作出移出决定。农民专业合作社对其被列入经营异常名录有异议的，可以自公示之日起 30 日内向作出决定的工商行政管理部门提出书面申请并提交相关证明材料，工商行政管理部门应当在 5 个工作日内决定是否受理。予以受理的，应当在 20 个工作日内核实，并将核实结果书面告知申请人；不予受理的，将不予受理的理由书面告知申请人。工商行政管理部门通过核实发现将农民专业合作社列入经营异常名录存在错误的，应当自查实之日起 5 个工作日内予以更正。对被列入、移出经营异常名录的决定，农民专业合作社可以依法申请行政复议或者提起行政诉讼。

《个体工商户年度报告暂行办法》规定了个体工商户经营异常名录制度。（1）个体工商户未依法报送年度报告的，工商行政管理部门应当在当年年度报告结束之日起 10 个工作日内将其标记为经营异常状态，并于本年度 7 月 1 日至下一年度 6 月 30 日通过企业信用信息公示系统向社会公示。（2）个体工商户年度报告隐瞒真实情况、弄虚作假的，工商行政管理部门应当自查实之日起 10 个工作日内将其标记为经营异常状态，并通过企业信用信息公示系统向社会公示。（3）工商行政管理部门在依法履职过程中通过登记的经营场所或者经营者住所无法与个体工商户取得联系的，应当自查实之日起 10 个工作日内将其标记为经营异常状态，并通过企业信用信息公示系统向社会公示。

因未按规定报送年度报告而被标记为经营异常状态的个体工商户，可以在向工商行政管理部门补报纸质年度报告后，申请恢复正常记载状态。工商行政管理部门应当自收到申请之日起 5 个工作日内恢复其正常记载状态。

因年度报告隐瞒真实情况、弄虚作假而被标记为经营异常状态的个体工商户，可以在向工商行政管理部门报送更正后的纸质年度报告后，申请恢复正常记载状态。工商行政管理部门应当自查实之日起 5 个工作日内恢复其正常记载状态。

因通过登记的经营场所或者经营者住所无法取得联系而依法被标记为经营异常状态的个体工商户，在依法办理经营场所、经营者住所变更登记，或者提出通过登记的经营场所或者经营者住所可以重新取得联系后，申请恢复正常记载状态的，工商行政管理部门自查实之日起 5 个工作日内恢复其正常记载状态。

个体工商户对其被标记为经营异常状态有异议的，可以自公示之日起 30 日内向作出决定的工商行政管理部门提出书面申请并提交相关证明材料，工商行政管理部门应当在 5 个工作日内决定是否受理。予以受理的，应当在 20 个工作日内核实,并将核实结果书面告知申请人;不予受理的,将不予受理的理由书面告知申请人。工商行政管理部门通过核实发现将个体工商户标记为经营异常状态存在错误的,应当自查实之日起5个工作日内予以更正。个体工商户对被标记为经营异常状态可以依法申请行政复议或者提起行政诉讼。

(三) 违反商事登记管理法规的处罚

各级登记主管部门有权根据有关工商登记的法律、法规,对有下列行为之一者作出相应的处罚。

1. 未经核准登记擅自开业的处罚

未经核准登记擅自开业从事经营活动的,责令终止经营活动,没收非法所得,处以非法所得额3倍以下的罚款,但最高不超过3万元;没有非法所得的,处以1万元以下的罚款。

2. 未依法办理变更登记的处罚

擅自改变主要登记事项,不按规定办理变更登记的,予以警告,没收非法所得,处以非法所得额3倍以下的罚款,但最高不超过3万元;没有非法所得的,处以1万元以下的罚款,并限期办理变更登记;逾期不办理的,责令停业整顿或者扣缴营业执照;情节严重的,吊销营业执照。超出经营期限从事经营活动的,视为无照经营,按照前项规定处理。

3. 未依法办理注销登记的处罚

不按规定申请办理注销登记的,责令限期办理注销登记。拒不办理的,处以3 000元以下的罚款,吊销营业执照,并可追究企业主管部门的责任。

4. 不实登记的处罚

申请登记时隐瞒真实情况、弄虚作假的,除责令提供真实情况外,视其具体情节,予以警告,没收非法所得,处以非法所得额3倍以下的罚款,但最高不超过3万元;没有非法所得的,处以1万元以下的罚款。经审查不具备企业法人条件或者经营条件的,吊销营业执照。伪造证件骗取营业执照的,没收非法所得,处以非法所得额3倍以下的罚款,但最高不超过3万元;没有非法所得的,处以1万元以下的罚款,并吊销营业执照。

5. 超出核准登记的经营范围或经营方式的处罚

超出核准登记的经营范围或者经营方式从事经营活动的,视其情节轻重,予以警告,没收非法所得,处以非法所得额3倍以下的罚款,但最高不超过3万元;没有非法所得的,处以1万元以下的罚款。同时违反国家其他有关规定,从事非法经营的,责令停业整顿,没收非法所得,处以非法所得额3倍以下的罚款,但最高不超过3万元;没有非法所得的,处以1万元以下的罚款;情节严重的,吊销营业执照。

6. 非法使用营业执照的处罚

对企业伪造、涂改、出租、出借、转让、出卖或者擅自复印企业法人营业执照、企业法人营业执照副本的,登记主管机关可以根据情况分别给予警告、没收非法所得、罚款(非法所得额3倍以下,但最高不超过3万元;没有非法所得的,1万元以下)、停业整顿、扣缴、吊销企业法人营业执照的处罚;对企业法人进行处罚时,应当根据违法行为的情节,追究法定代表人的行政责任、经济责任。

7. 抽逃、转移资金,隐匿财产逃避债务的处罚

抽逃、转移资金,隐匿财产逃避债务的,责令补足抽逃、转移的资金,追回隐匿的财产,没收非法所得,处以非法所得额3倍以下的罚款,但最高不超过3万元;没有非法所得的,处以1万元以下的罚款;情节严重的,责令停业整顿或者吊销营业执照。

8. 侵犯企业法人商号权的处罚

侵犯企业法人名称专用权的,责令停止侵权行为,赔偿被损害方经济损失,没收非法所得,并处以5 000元以上5万元以下罚款;情节严重的,吊销执照。

9. 不按规定报送年度报告的处罚

根据《企业信息公示暂行条例》《农民专业合作社年度报告公示暂行办法》《个体工商户年度报告暂行办法》之规定,不按规定报送年度报告或报送年度报告弄虚作假的,将被打入"黑名单",即列入经营异常名录,甚至被限制或者禁入政府采购、工程招投标等项目。

10. 拒绝监督检查或者在接受监督检查过程中弄虚作假的处罚

拒绝监督检查或者在接受监督检查过程中弄虚作假的,除责令其接受监督检查和提供真实情况外,予以警告,处以1万元以下的罚款。

登记主管机关对企业实行查处时,可视其情节,通知银行暂停支付;对企业作出处罚决定后,企业逾期不提出申诉又不缴纳罚款的,可以通知银行予以划拨。但责令企业停业整顿、扣缴或者吊销证照,均只能由原发照机关作出决定。

登记主管机关作出的不适当的处罚,其上级主管机关有权予以纠正。商事主体对登记主管机关的处罚不服时,可以在收到处罚通知后15日内向上一级登记机关申请复议。上级登记主管机关应当在收到复议申请之日起30日内作出复议决定。申请人对复议不服时,仍可以在收到复议通知之日起30日内向人民法院提起行政诉讼。

【重点阅读书目】

书名	编著者	出版社	出版时间	章节
商法学	商法学编写组	高等教育出版社	2019	第2章
中国商法总论	樊涛	法律出版社	2016	第5章
商法新论	陈本寒	武汉大学出版社	2014	第6章
商法	范健	高等教育出版社、北京大学出版社	2011	第4章
商法学	范健、王建文	法律出版社	2012	第4章
商法学	朱羿锟	北京大学出版社	2012	第3章
商法学	覃有土	高等教育出版社	2012	第3章
商法概论	覃有土	武汉大学出版社	2010	第3章
商法总论	樊涛、王延川	知识产权出版社	2010	第9章
商法总论	张璎	北京大学出版社	2009	第8章
商法总论	任先行	北京大学出版社	2007	第5章
商法通论	赵中孚	中国人民大学出版社	2004	第4章
商法学	赵旭东	高等教育出版社	2007	第4章
商法	赵万一	中国人民大学出版社	2003	第4章

【必读法律法规】

名称	颁布时间（年）	章节
民法通则	1986	第2~3章
民法总则	2017	第3章
公司法	2018	第2章、第4章
合伙企业法	2006	第2~4章
公司登记管理条例	2016	全文
企业法人登记管理条例	2016	第1~10章
企业法人登记管理条例施行细则	2014	全文

续表

名称	颁布时间（年）	章节
企业名称登记管理规定	2012	全文
注册资本登记制度改革方案	2014	全文
个体工商户条例	2016	全文
企业信息公示暂行条例	2014	全文
企业公示信息抽查暂行办法	2014	全文
企业经营异常名录管理暂行办法	2014	全文
个体工商户登记管理办法	2014	全文
个体工商户年度报告暂行办法	2014	全文

【思考题】

1. 商事登记的法律意义是什么？
2. 商事登记有哪些种类？
3. 商事登记的程序有哪些？
4. 简述商事登记的效力。

第三章　固有商事主体

第一节　商事主体概述

一、商事主体的概念及意义

（一）商事主体的概念

商事主体，即商事法律关系的主体或商主体，是指依法独立参加商事法律关系，享有商事权利，并承担商事义务的人。简言之，商事主体是商法上的权利与义务的归属者。

（二）确定商事主体概念的意义

1. 有利于确立商事主体的法律地位

在现代社会，经营者应当具备哪些条件以及可以享受哪些权利、必须承担哪些义务，这些均必须通过主体制度予以确立，从而赋予商事主体参与商事活动的法律资格。

2. 有利于正确适用法律规范和便于国家的管理

商事主体类型不同，适用法律规范就不同，所产生的法律后果也不同。一般而言，国家对大商人的管理较为严格，而对小商人的管理则较为灵活、宽松。

3. 有利于使商事主体与其他法律主体相区别

研究商事主体的目的在于揭示其本质特征。行政行为的主体是行政机关，司法行为的主体是司法机关，商事行为的主体是商事主体。通过立法予以确认，便于做到政企分开。

二、商事主体的法律特征

商事主体是民事主体的一种特殊形式，它不完全等同于民事主体，具有以下法律特征。

1. 商事主体是一种法律拟制的主体即商事主体法定

虽然商事主体是民事主体的特殊类型，但不等于说民事主体都可以成为商事主体。民事主体要取得商事主体资格，必须按照商法预先确定的商事主体类型、商事主体的条件并履行必要的法律程序后，才能取得商事主体的资格。各国商法对商事主体均作了严格的规定，主要表现在：（1）商事主体类型法定，不得任意设立，如有些国家不允许设立无限责任公司或两合公司等；（2）商事主体资格须依法取得，一般须经国家机关认可，履行商业登记手续；（3）商事主体的范围有明确限制，以国家授权的经营许可为其权利能力和行为能力之范围界定，并且各国大都奉行政府部门不得直接经商的原则。

2. 商事主体是从事以营利为目的的经营性活动的主体

商事主体以营利作为自身存在的目的，其与民事主体最大的区别就是营利性。商事主体只能是从事特定商事行为的主体，商事主体能力的存在与其所实施的经营性活动密切相连。"天下熙熙，皆为利来；天下攘攘，皆为利往"，是对商事主体趋利行为的真实写照。当然，商法所保护的营利必须是商事主体合法经营的利润。对于非法经营或其他违法的收入不予保护，而且要予以严厉打击。

3. 商事主体是同时具备权利能力和行为能力的人

商事主体是商事法律关系中的当事人，即在商法上享有权利并承担义务的人。商事主体需同时具备权利能力和行为能力，有权利能力而无行为能力者不得从事商事行为。如各国商法规定未成年人不得从事商事活动。这一特征将其与民事主体区别开来。民事主体虽然以权利能力和行为能力统一为前提，但权利能力是民事主体之必备要件，而行为能力为非必备要件，权利能力可以独立于行为能力而存在。

正是上述特征，构成商事主体与一般民事主体及不具备独立资格的商事组织内部机构或商事行为辅助人之间的本质性的区别。

三、商事主体的构成要件

商事主体是商事法律关系的参加者，其本质含义就是能够享受商事权利、承担商事义务。商事主体的构成要件包括三项内容。

1. 具有独立名义

无论是何种商事主体类型，首先必须拥有自己的姓名或名称，并能够依此名义与第三人发生法律关系。商自然人可以以自己的姓名作为商事名称，也可以另起商事名称。商法人能够以组织的名称与第三人进行商事活动，而非以法定代表人或组织成员的名义。

2. 具有独立意志

商事主体能够按照自己的意愿，自主选择活动。商个人的商事活动是其个人意志的真实体现，不受他人干预和制约；商组织对外发生商事关系，是组织体的共同意志，而不是个人意志或成员意志的简单相加。对商法人而言，必须有自己的决策机构、执行机构和监督机构。

3. 具有一定的财产

一定的财产是商事主体从事商事活动的物质基础，是商事主体承担商事责任的物质保障。因此，商事主体必须拥有一定的财产。

四、商事主体的分类

观察各国商事立法和理论研究，商事主体的形式多种多样。依照不同的标准，可以作以下分类。

（一）商个人、商法人和商合伙

以商事主体的形式为标准，可以将商事主体分为商个人、商法人和商合伙。

商个人，又称"商自然人""个体商人"，是指按照法定程序取得特定的商事资格，独立从事营业性行为，依法享受商事权利和承担商事义务的自然人。商个人通常以个体商人及个人独资企业的形式表现。原则上，凡具有权利能力和行为能力的自然人履行必要的法律程序后，均可以从事商事活动，享有权利，承担义务。我国的商个人具体表现为个体工商户、农村承包经营户和个人独资企业三种主要形式。

商法人，又称营利性法人，是指依法成立的从事商事活动的具有法人资格的组织体。法人分为营利性法人和非营利性法人。营利性法人就是商法人。大陆法系国家的民商法学界将商法人称为营利法人，多表现为各种公司；在我国，商法人实质上就是《民法通则》《公司法》等法律中所谓的企业法人。在《民法总则》第三章"法人"设有专节，即第二节"营利法人"，对"营利法人"作了详尽的规定。其中，第76条将"营利法人"定义为：以取得利润并分配给股东等出资人为目的成立的法人，包括有限责任公司、股份有限公司和其他企业法人等。《民法总则》第三章"法人"也设有专节，即第三节"非营利法人"，对非营利法人作了较为全面的规定。其中，第87条将非营利法人定义为：为公益目的或者其他非营利目的成立，不向出资人、设立人或者会员分配所取得利润的法人，包括事业单位、社会团体、基金会、社会服务机构等。

商合伙是指两个或两个以上的合伙人以营利为目的、按照法律或合伙协议的规定共同出资、共同经营、共享收益、共担风险，合伙人按合伙协议的约定对合伙经营所产生的债务承担有限责任或无限连带责任的商事组织。我国《民法通则》第二章"公民（自然人）"之第五节，规定了个人合伙制度。而《民法总则》中未明确规定个人合伙，第四章"非法人组织"包括个人独资企业、合伙企业、不具有法人资格的专业服务机构等。我国《合伙企业法》对合伙企业作了明确的规定，其所称合伙企业，是指自然人、法人和其他组织依照《合伙企业法》在我国境内设立的普通合伙企业和有限合伙企业。

（二）免登记商人、须登记商人和自由登记商人

依据商事主体是否以履行注册登记为要件，可以将商事主体分为免登记商人、须登记商人和自由登记商人。

免登记商人，又称为必然商人或法定商人，是以法律规定的特定商事行为为营业内容，并经特别程序而设立的商事主体。在我国，设立法定商人通常需依特定的管理规定、履行特殊的商业登记程序。依照我国的现行法律规定，设立此类商事主体需在工商登记程序之前，首先履行行政审批（特许）手续。如从事不动产交易、有价证券、保险、银行、消防器材、烟草等业务的商人就属于法定商人。

须登记商人，又称为应登记商人或注册商人，是指不以法律规定的绝对商事行为为营业内容，而经一般商业登记程序设立，并以核准的营业范围为其商事行为内容的商事主体。须登记商人主要有三个特点：（1）企业的经营以营利性为目的，且所从事的是商法规定的特定经营活动或农林业务外的经营，主要是在手工业、服务业、贩卖业等行业。（2）这种企业需要建立较为完备的、有规则的具有商人特征的经营方式，这就使其区别于一般小规模的经营行为。（3）企业必须进行商事登记注册。

自由登记商人，又称为任意商人，是指可以依法自主决定是否注册登记的商人。1900年《德国商法典》于1976年进行了修改，赋予农林业经营者商人地位，规定从事农业和林业及从属业的经营者，需要有一种以商人方式建立起来的经营方式，如果在商事簿上进行了登记注册，那么它就成为商人，是为自由登记商人。这种商人主要从事农业、林业及其从属产业，其经营者可以选择在商业登记簿注册而获得商人资格。它有登记的权利而无登记的义务，不注册而从事这些业务的经营，则不适用商法；如果选择注册而从事这些业务的经营，则作为商人而适用商法。自由登记商人是某些大陆法系国家特有的概念。在许多国家，自由登记商人往往并不被视为严格意义上的商事主体。

(三) 固有商人、拟制商人和表见商人

依据认定商人的原因不同为标准，可以将商人分为固有商人、拟制商人和表见商人。

固有商人，即传统意义上的商人，是指以自己的名义从事商法及商事特别法明确规定的商事行为的商人。

拟制商人是指不以商事行为为职业，但商法将其视为商事主体的商人。从法律上讲，不能按法定程序取得商人资格的人，就不能称为商人。有些国家把下面两种人称为拟制商人：（1）未取得商人资格却从事了一定的商事活动的商人；（2）在商事登记簿上注册了商号却并未从事经营活动的商人。如《日本商法典》第4条规定，依店铺或其他类似设施，以出卖物品为业者，或经营矿业者，虽不以实施商事行为为业者，也视为商人。

表见商人是指未办理注册登记手续，而以商人身份从事经营活动，在事实上被称为商人的人。表见商人，其实不是商人，但他以商人的方式从事了商事行为。这种行为在本质上是违法的，但为了保护善意第三人，维护交易的安全，便借助法理学中有关表见理论进行解释。表见商人的形成必须具备以下要件：（1）行为人已经形成商人的法律表象；（2）第三人基于法律表象而善意地相信行为人为商人；（3）法律表象是造成第三人决定与行为人交易的根本原因；（4）法律表象与行为人行为之间具有因果关系。❶

(四) 大商人和小商人

以商事主体的经营规模大小为标准，可以将商人分为大商人和小商人。

大商人，又称为完全商人，是指以法律规定的商事行为为其营业范围，并根据商业登记的程序和条件而设立的商事主体。其形式通常为企业组织或社团组织，其规模则多为大中型企业。应当说，大商人实际上是符合典型商人标准的一般性商事主体。

小商人，又称为不完全商人，是指依商业登记法的特别规定履行登记手续而设立，从事商法规定的某些商事行为的商事主体。小商人从事的商事行为主要是农牧业、修理业、服务业、手工业和零售业，其规模较小。以日本商法之规定，公司资本金未满50万日元的商人为小商人。

---

❶ 张璎. 商法总论 [M]. 北京：北京大学出版社，2009：44.

五、商事能力

(一) 商事能力的概念

商事能力是指商事主体依据商业登记所核定的经营范围,独立地从事特定的商事行为,享有商法上的权利,并承担相应义务的资格和能力,包括商事权利能力、商事行为能力和商事责任能力。

(二) 商事能力的特征

概括地说,商事能力具有不同于一般民事能力的特征。

(1) 商事能力是商事主体依法从事营业性商事行为以及依法担当商法上权利义务的能力。它表明商事主体具有商特别法上的资格和地位,因而它与一般民事主体依民法而享有的民事权利能力和行为能力有着本质差别。进一步说,商事能力实质上是商法依照特定程序赋予符合商事主体要求的民事主体的特别权利能力和行为能力,这一制度不过表现了法律对从事营利性营业活动附加以资格限制的基本政策。

(2) 商事能力实质上是在民事能力基础上由商特别法附加于商事主体的能力。这就是说,具备商事能力者必然具备一般民事能力,而具备一般民事能力者未必具备商事能力。商人作为商特别法上的主体实际上具有双重资格或能力:无论是商自然人或者商业组织既可以作为民事主体从事一般民事活动(如婚姻或消费性购买),又可以作为商事主体从事由商特别法控制的商事活动(如信贷或营业性购买)。显然,离开了商事能力这一概念,离开了商法上资格这一概念,就不可能解决商事主体在民法上的一般地位与其在商法上的特别地位之关系,就会抹煞或者回避民事普通法与商事特别法之间的关系。

(3) 商事能力就其内容而言是一种特殊权利能力和特殊行为能力。这就是说,不同商事主体依据核准登记而取得的商事能力具有不同的内容和范围,特定的商事主体只能在其具体的商事能力范围内从事合法商事活动。这就与一般民事主体所具有的平等的权利能力和行为能力有质的差别。实际上,从我国和多数国家的民商法实践来看,无论是对商法人来说,还是对商合伙和商个人来说,均存在特殊权利能力和特殊行为能力的问题,此种依法定程序所取得的特殊权利能力并不违反民法上的权利能力平等原则,它不过表明特定商事主体具有特别法上的地位和能力。

(4) 商事能力作为法律拟制主体经登记核准而取得的能力,其起止时间取决于商业登记这一公法行为。按照我国和多数国家的法律规定,商事主体的商事能力自主体设立登记时发生,至主体注销登记时终止。其存续不受相关自然人出生或死亡事实的影响,也不直接以当事人的民事法律行为为转移,这不仅与民法上自然人的民事能力之发生与终止不同,而且与民法中非营利性法人的民事能力之发生与终止也不同。

(三) 商事能力的类型

商事能力包括商事权利能力、商事行为能力和商事责任能力。

1. 商事权利能力

(1) 商事权利能力的概念。

商事权利能力是指商事主体依照商法的规定参与商事法律关系,享有商事权利,承担商事义务的资格或能力。

(2) 商事权利能力的取得。

商事权利能力的取得途径主要有:通过商事登记取得权利能力;通过实施商事行为取得商事权利能力。

(3) 商事权利能力的消灭。

商事主体的权利能力因注销而消灭。

2. 商事行为能力

(1) 商事行为能力的概念。

商事行为能力是指在法律规定的范围内通过自己的行为或意志独立进行商事活动,并取得商事权利和承担商事义务的一种资格或能力。

(2) 商事行为能力与民事行为能力的区别。

①理念不同。民事行为能力制度旨在保护意思不健全的本人的利益,而商事行为能力制度的宗旨则在于谋求交易安全,维护第三人的利益。

②取得的方式不同。在民法中,自然人具有意思能力就自动取得民事行为能力。而商事行为能力不能自动取得,必须具备商法规定的特别条件才能依法取得。

③受限制的法定事由不同。自然人的民事行为能力受限制的法定事由主要是年龄和智力因素。商事行为能力受限制的事由则是设定目的、营业种类和公共政策。

(3) 商事行为能力的取得。

①有自己的商事名称。商事名称是商事主体的人格表征,是区别不同商事主体、承担法律责任的重要标准。

②必须具有营业财产。营业财产是为实现营业目的而为商事主体所管领并支配的人力、物力的综合性财产。它是商事主体开展正常经营活动的前提和物质基础,又是商事主体对外负债清偿的担保,因此,又称为责任财产。营业财

产的多寡,是核定不同营业种类的主要依据,也是判断商事主体责任能力大小的主要依据。

③进行商事登记。依照法定的条件和程序向工商行政管理机关进行商事登记,取得营业执照。商事登记的目的在于,公示商事主体的信息,保障交易安全。

3. 商事责任能力

(1) 商事责任能力的概念。

商事责任能力是指商人对外负债时的清偿能力以及担负行政责任与刑事责任的能力。

(2) 设置商事责任能力的目的。

设置商事责任能力的目的在于,通过相关商事责任的追究,填补受害人的损失;通过相关商事责任的追究,实现国家对商事经营活动的监督、管理,保证商事交易的安全和有序运转,以促进社会经济的发展。

(3) 商事责任能力的法律特征。

①认定标准的特殊性。民事责任能力的认定以行为人进行民事行为时有识别能力为限,体现了民法的伦理性。而商事责任能力的认定以商事主体具有独立的财产为判断标准,体现了商法的技术性。有的商事主体得以作为市场主体而被法律认可,并赋予独立的法律人格,主要原因是它具有独立承担法律后果的责任能力,而这种责任能力又源于其拥有独立的财产。财产的多寡和优劣反映了商事主体承担法律责任的整体能力,也是判断商事主体信用能力的重要指标或依据,对商事主体已有的或潜在的债权起着担保作用。在我国,公司等法人组织具有商事责任能力。而个体工商户、农村承包经营户、合伙企业、个人独资企业由于其财产不能独立于投资人自己的财产,故无独立的商事责任能力,其债务由出资人承担无限责任或无限连带责任。

②责任形式的多层次性。基于商事经营活动的特殊性与商事义务多样性,商事责任不像民事责任那样仅仅是以补偿性为主要目的的一种私法上的责任,而是一种以私法上的责任(包括民事责任、行政责任和刑事责任)为主,兼具补偿性和惩罚性双重目的。❶ 这些多层次的责任形式,既可有效地保护商人的商事权利,也可有效地保护市场交易的顺利、安全进行。

(四) 商事能力的法律限制

商事能力作为商事主体从事营业性商事行为的特殊权利能力和行为能力,

---

❶ 吕来明,刘丹. 商事法律责任 [M]. 北京:人民法院出版社,1999:3.

其取得受到一定的法律限制。

1. 商事能力限制的原因

按照各国商法学者的一般认识,民商法对于商事能力取得的实质性法律限制主要出于以下立法考虑。

(1) 基于对行为主体是否具备充分理解其行为意义和后果的意思表示(意思自治)能力的考虑。如各国法中对无民事行为能力人商事能力的限制。

(2) 基于对行为主体是否具备必要的财产或财产能力的立法考虑。这往往须与不同国家的个人财产制度和家庭财产制度相协调。如某些国家法律对妇女商事能力的限制。

(3) 基于不同国家本国公共利益政策和涉外法政策的立法考虑。这往往须与各国的涉外法律、国内法律、诉讼制度及其国际法上的政策相协调。如各国商法对于外国人取得其国内法商事能力的限制。

2. 商事能力限制的内容

总的来说,各国民商法对于商事能力,特别是商事行为能力的取得,多设有以下四个方面的限制。

(1) 对于未成年人商事能力的限制。各国商法对于未成年人的商事能力之限制主要是对其商事行为能力的限制。从理论上说,商事行为能力必然以民事行为能力为基础。人们很难设想,意思表示能力不健全的未成年人具有必要能力经营商企业并承担经营风险。因而在承认商人具有特殊法律地位的国家,对未成年人从事商事活动的商事行为能力多设有诸多限制。其核心问题在于是否承认未成年人可以获得商人的法律地位。按照某些国家的法律,未成年人不问其意思能力如何,原则上均不能取得商事行为能力。如法国、葡萄牙、比利时、荷兰等国的法律均对未成年人的商事行为能力作了不同程度的限制。

(2) 对于已婚妇女的商事能力之限制。在许多西方国家,法律往往对已婚妇女的商事行为能力之取得也设有限制。这与一定社会中歧视妇女或男女不平等的社会观念有关,但它与这些国家的婚姻财产制度和家庭财产制度也有着本质的、内在的联系。正鉴于此,许多国家的商法往往仅对已婚妇女的商事能力之取得加以限制,而不禁止未婚成年妇女的商事能力之取得;还有些国家的商法更明确地规定:已婚妇女仅在其独立从事工作所取得的财产范围内取得商事能力。德国、法国、瑞士和比利时等国的法律均对已婚妇女的商事行为能力进行了限制。

(3) 对于外国人的商事能力之限制。多数国家的商事法律对于外国人的商事能力之取得规定有特别限制,这种限制在某些特殊行为范围内体现得尤为明显。几乎没有任何国家对于外国人的商事能力之取得采取与本国公民完全等同的无差别待遇。许多国家依据多边或双边国际条约而相互给予的"互惠"或"特惠"实质上仍为差别待遇。

（4）对公务人员商事能力的限制。国家公务人员具有特殊的权力和地位，如果允许从事商事经营，就可能导致其滥用权力，官商不分，以权谋私，滋生腐败，从而妨碍公平竞争。因此，各国公务员法大都规定，凡公务人员都不得直接或间接经营商业或其他投机事业。我国对党政机关及其干部从事商事经营活动，进行了严格的限制，严禁党政干部经商办企业。

第二节　商个人

一、商个人的概念

（一）商个人的含义

商个人，又称商个体、商自然人，是指依法取得商事主体资格、独立从事商事行为、享有商事权利并承担商事义务的个体。

（二）商个人与自然人的区别

商个人与自然人既有联系，又有区别。其联系主要表现在：自然人的身份、财产、信誉、行为等对商个人有着直接的影响，商个人可以以自然人的姓名为商事名称，故各国商法均规定商个人的财产责任能力以个人或家庭财产承担无限责任。但是，商个人与自然人的区别也是非常明显的，主要表现在三个方面。

（1）性质不同。自然人是自然存在的一个独立的生命体；而商个人是一个法律拟制体，它可以表现为一个进行营利活动的自然人，也可以表现为一个户，还可以表现为一个自然人投资设立的独资企业。

（2）成立要件不同。自然人的民事主体地位不以行为能力为必备要件；而商个人的商事主体地位以行为能力为必备要件。

（3）权利范围不同。商个人的权利与商事活动紧密相连，对与商事活动无关的权利则不能享有（如亲属权等）。而自然人的权利范围非常广泛，不仅包括财产权，还包括人身权。自然人享有的许多权利，是商个人无法享有的。

二、商个人的法律特征

商个人的法律特征表现在以下四个方面。

（1）身份的双重性。商个人具有商人身份和自然人身份。作为自然人，具有权利能力和行为能力；无行为能力人或限制行为能力人不能成为商人。作为商人，具有与其经营规模相适应的资本金或物质基础。

（2）资格的适法性。个人从事商事活动必须符合法定条件，并且需进行登记，获得法律认可。除农村承包经营户外，只有通过商事登记后，方可实施商事行为。

（3）行为的营利性。个人参加商业活动有两种情形：一是以经营者的身份参与商事法律关系；二是以消费者的身份进行商品交易。只有当个人以营利的动机参与商业活动时，才受商法的调整，成为商个人；如果个人以消费者的身份进行商品交易，则受民法和消费者权益保护法的调整，不能成为商个人。

（4）责任的无限性。商个人的出资以单个为特征，商个人的财产与投资人的财产具有不可分离性，所以，商个人对因其经营活动产生的债务不以投入经营的资金或财产为限，而是以投资人（个人或家庭）的全部财产承担无限责任。这一特点将商个人与商法人区别开来。商法人的财产独立于其成员的财产，具有独立的商事责任能力，独立地承担责任，其债务与成员的其他财产无关。

三、商个人的类型

商个人的类型在我国主要表现为以下三种。

（一）个体工商户

1. 个体工商户的概念

个体工商户是指自然人个人或家庭依法经核准登记，以个人财产或家庭财产为经营资本，在法律允许的范围内从事非农业性经营活动的商事主体。

2. 个体工商户的法律特征

（1）以户为经营单位。《个体工商户条例》第2条第2款规定，个体工商户可以个人经营，也可以家庭经营。个体工商户可以是一个自然人，也可以是一个家庭，但都被称为"户"。这里的"户"是指工商登记上的"户"，即工商登记上的一个注册单位。他们或走街串巷，或临时摆摊设点，或家庭经营，多为资本少、人员少、无组织形态、无固定经营场所的"行商"。

（2）须依法核准登记。《民法总则》第54条规定，自然人从事工商业经营，经依法登记，为个体工商户。《个体工商户条例》第4条规定，国家对个体工商户实行市场平等准入、公平待遇的原则。可见，依法核准登记是个体工商户的重要特征。未经工商登记的，不得以个体工商业户的名义进行经营。

（3）须在法律允许的范围内从事工商业经营。《个体工商户条例》第4条规定，申请办理个体工商户登记，申请登记的经营范围不属于法律、行政法规禁止进入的行业的，登记机关应当依法予以登记。可见，个体工商户的经营范围是有限制的，有些行业是法律行政法规禁止进入的。《个体工商户条例》第5条规定，个体工商户从事经营活动，应当遵守法律、法规，遵守社会公德、商业道德，诚实守信，接受政府及其有关部门依法实施的监督。

（4）无独立的商事责任能力。个体工商户不像法人那样具有独立的责任能力，而由经营者对其债务承担无限责任，因其财产与其组成人员的财产分不开。《民法总则》第56条规定，"个体工商户的债务，个人经营的，以个人财产承担；家庭经营的，以家庭财产承担；无法区分的，以家庭财产承担"。

3. 个体工商户的法律地位

（1）享有在核准登记的范围内的商事权利能力和商事行为能力。个体工商户对其经营的资产和合法收益享有所有权。个体工商户可以在银行开设账户，向银行申请贷款，有权申请商标专用权，有权签订劳动合同及请帮工、带学徒，还享有起字号、刻印章的权利。个体工商户从事生产经营活动必须遵守国家的法律，应照章纳税，服从工商行政管理。个体工商户从事违法经营的，必须承担民事责任和其他法律责任。

（2）合法权益受法律的保护。《个体工商户条例》第2条、第6~7条规定，个体工商户的合法权益受法律保护，任何单位和个人不得侵害。地方各级人民政府应当采取措施，在经营场所、创业和职业技能培训、职业技能鉴定、技术创新、参加社会保险等方面，为个体工商户提供支持、便利和信息咨询等服务。个体工商户自愿加入个体劳动者协会。依法成立的个体劳动者协会在工商行政管理部门指导下，为个体工商户提供服务，维护个体工商户合法权益，引导个体工商户诚信自律。

（二）农村承包经营户

1. 农村承包经营户的概念

农村承包经营户即农村集体经济组织的成员，在法律允许的范围内，按照农村承包合同的规定，使用集体所有的土地或其他生产资料，独立从事经营活动的商事主体。

《民法总则》第55条规定，"农村集体经济组织的成员，依法取得农村土地承包经营权，从事家庭承包经营的，为农村承包经营户"。

2. 农村承包经营户的法律特征

（1）主体为农村集体经济组织的成员。农村承包经营户是农村集体经济的一个经营层次，是农村经济的一种经营形式，一般为农村集体经济组织的成员。

（2）以户为单位按照承包经营合同从事商品经营。农村承包经营户，不论是一人还是数人，均是以户为单位的。作为一个"户"，它不同于自然人个人。农村承包经营户基于承包合同而产生，无须进行核准登记。它按照承包合同以自己的名义自主经营。

（3）须在法律允许的范围内从事经营。农村承包经营户虽不必办理工商登记，但也需在法律允许的范围从事经营活动。如不能改变土地的用途；不能违法种植罂粟等作物等。

（4）无独立的商事责任能力。农村承包经营户虽以户的名义进行商品经营，但其不具有商事责任能力。以户的名义所发生的债务由经营的农户或部分经营的成员承担清偿责任。《民法总则》第56条第2款规定，"农村承包经营户的债务，以从事农村土地承包经营的农户财产承担；事实上由农户部分成员经营的，以该部分成员的财产承担"。

3. 农村承包经营户的法律地位

农村承包经营户的法律地位，是指农村承包经营户由法律规定的对内、对外的权利、义务关系。农村承包经营户是中国特定历史时期的独立的特殊民事主体。它享有承包合同规定的民事权利能力和民事行为能力。它的主体资格自签订农业承包合同产生，至合同履行完毕消失，是因签订合同而成立的民事主体。

农村承包经营户具有经济组织所享有的全部权利、承担其全部义务，包括享有财产所有权、所承包土地及其他生产资料的占有使用权、生产经营计划权、产品收益分配权、雇工权、土地转包权、银行开户权和借款权等广泛的民事权利。

（三）个人独资企业

1. 个人独资企业的概念

根据我国《个人独资企业法》之规定，个人独资企业是指企业资产归一个人所有和控制，投资人以其个人财产对企业债务承担无限责任的经营实体。

2. 个人独资企业的法律特征

（1）投资人为自然人。个人独资企业的投资人只能是中国的自然人，法人或其他经济组织和社会团体不能作为个人独资企业的投资人。根据《个人独资企业法》第47条之规定，外商独资企业不适用本法。

（2）投资主体的唯一性，即投资企业由一个投资人投资设立。这是区别于合伙或公司等多元投资主体企业的基本属性。

（3）其为一个经济实体，属于企业的一种形式。企业是依法设立、从事经营性活动的组织，有自己的名称、固定的经营场所、必要的经营条件、资金和从业人员。

（4）不具有商事责任能力。投资人以其个人财产对企业债务承担无限责任。

个人独资企业不是独立的法律主体,没有自己独立的法律人格。所以,个人独资企业债务等于投资人个人债务,投资人不是仅以其投入该企业的财产对债务负责,而是以其个人全部财产对企业债务承担无限责任。

3. 个人独资企业的法律地位

其性质属于非法人组织。个人独资企业虽是企业的一种形式,但它不具有法人的人格,属于非法人组织,不具备商事责任能力。债务等于投资人个人债务,投资人不是仅以其投入该企业的财产对债务负责,而是以其个人全部财产对企业债务承担无限责任。

4. 个人独资企业与其他商事主体的区别

(1) 个人独资企业与个体工商户的区别。

①性质不同。个人独资企业是企业的一种形式,属于经济组织,纳入企业范畴管理。而个体工商户是单个商人,纳入个体商人的范畴管理。

②适用的法律不同。个人独资企业是依据我国《个人独资企业法》《个人独资企业登记管理办法》设立的,其设立后的对内对外关系是依据《个人独资企业法》来调整的。而个体工商户是依据《民法通则》《民法总则》《个体工商户条例》和《个体工商户登记管理办法》设立的,其设立后的法律关系是依据上述法律来调整的。

③对字号或名称的要求不同。个体工商户可以起字号,也可以不起字号。而个人独资企业必须有自己的企业名称。

④经营管理形式不同。个体工商户的经营活动只能由自然人个人或家庭进行。而个人独资企业则可以聘用他人进行管理,如聘请经理、店长为自己打点业务。

(2) 个人独资企业与一人有限责任公司的区别。

一人有限责任公司,即一人公司,是指只有一个自然人股东或者一个法人股东的有限责任公司。两者有许多相同的地方,但区别也是明显的,主要体现在以下几个方面。

①性质不同。个人独资企业属于非法人经济组织,不具有法人资格,无独立的企业财产权;一人公司作为公司的一种,属于企业法人,具有独立的法人资格,拥有股东投资形成的全部法人财产权。

②适用的法律不同。个人独资企业依据《个人独资企业法》设立,设立后依据《个人独资企业法》调整对内对外的法律关系。而一人公司则依照《公司法》设立,设立后依据《公司法》调整各种法律关系。

③出资人不同。个人独资企业只能由自然人出资设立。而一人公司既可以由自然人出资设立,也可以由法人出资设立,还可以由国家出资设立。

④责任能力不同。个人独资企业无独立的责任能力,其债务由投资人承担无限责任。而一人公司具有独立的责任能力,其债务由公司的全部财产承担责任,投资人仅以出资额为限承担有限责任。只有在股东不能证明公司财产独立于股东自己的财产的,才对公司债务承担连带责任。

(3) 个人独资企业与外商独资企业的区别。

两者既有联系,又有区别。其相同点表现在都是依照法律在中国境内设立的企业;都以营利为目的;投资人都为一个。其不同点表现在五个方面。

①适用的法律不同。个人独资企业的设立和法律关系的调整适用《个人独资企业法》。而外商独资企业的设立和法律调整则适用我国《外商投资法》。

②投资主体不同。个人独资企业的投资主体为我国的一个自然人。而外商独资企业强调投资主体则来自于国外的自然人、国外公司、国外其他经济组织、无国籍人等。根据我国《外商投资法》第2条之规定,外商投资者(包括外国的自然人、企业或者其他组织)可以在中国境内单独设立外商投资企业。

③性质不同。个人独资企业属于非法人经济组织,不具有法人资格。而外商独资企业包括两种:具有中国法人资格的外商独资企业和不具有中国法人资格的外商独资企业,符合中国法律关于法人条件的规定的,依法可取得中国法人资格;不符合中国法律关于法人条件的规定的,不取得中国法人资格,可采取合伙企业的形式。

④设立的条件不同。根据我国《外商投资法》第28条之规定,设立外商独资企业要受外商投资准入负面清单的限制,在负面清单禁止投资的领域,外国投资者不得投资;在外商投资准入负面清单限制投资的领域,外国投资者进行投资应当符合负面清单规定的条件;在外商投资准入负面清单以外的领域,按照内外资一致的原则实施管理。而个人独资企业的设立条件相当宽松,设立程序较为简便。

⑤责任能力不同。个人独资企业为非法人主体,无独立的责任能力,投资者对企业的债务承担无限责任。具有中国法人资格的外商独资企业具有独立的责任能力,企业以其全部财产承担有限责任,投资者以其出资额为限对企业债务承担有限责任;不具有中国法人资格的外商独资企业无独立的责任能力,投资者对企业债务承担无限责任。

5. 个人独资企业的设立

(1) 个人独资企业设立的条件。

我国对个人独资企业的设立在立法上采取了准则主义,即只要符合法律规定的设立条件,企业即可直接办理工商登记,一般无须经过有关部门批准。

设立个人独资企业应当具备下列条件。

①投资人是中国公民。个人独资企业中的"人"只能是自然人,自然人之外的法人、其他组织不能投资设立个人独资企业。申请设立个人独资企业的投资人应当具有相应的民事权利能力和民事行为能力。法律、行政法规禁止从事营利性活动的人(如政府公务员)不得作为投资人申请设立个人独资企业;限制民事行为能力人和无民事行为能力人不得作为投资人申请设立个人独资企业。

②有合法的企业名称。企业的名称应当真实地表现企业的组织形式特征,并应符合法律、法规的要求。就个人独资企业而言,其名称不仅应当与公司企业和合伙企业相区别,而且应当与其他的个人独资企业区别开来。根据我国《个人独资企业法》和《个人独资企业登记管理办法》之规定,个人独资企业的名称应当符合名称登记管理有关规定,并与其责任形式及从事的营业相符合。个人独资企业的名称中不得使用"有限""有限责任"或者"公司"字样。

③有投资人申报的出资。根据国家工商行政管理总局《关于贯彻实施〈个人独资企业登记管理办法〉有关问题的通知》的规定,设立个人独资企业可以用货币出资,也可以用实物、土地使用权、知识产权或者其他财产权利出资。采取实物、土地使用权、知识产权或者其他财产权利出资的,应将其折算成货币数额。投资人申报的出资额应当与企业的生产经营规模相适应。投资人可以个人财产出资,也可以家庭共有财产作为个人出资。以家庭共有财产作为个人出资的,投资人应当在设立或变更登记申请书上予以注明。

④有固定的场所和必要的生产经营条件。生产经营场所包括企业的住所和与生产经营相适应的处所。住所是企业的主要办事机构所在地,是企业的法定地址。

⑤有必要的从业人员,即要有与其生产经营范围、规模相适应的从业人员。

(2)个人独资企业设立的程序。

个人独资企业的设立采取直接登记制,即设立独资企业无须经过任何部门的审批,而由投资人根据设立准则直接到工商行政管理部门申请登记。

①申请人提出设立申请。个人独资企业的申请人是个人独资企业的投资人。投资人也可以委托其代理人向个人独资企业所在地的登记机关申请设立登记。投资人申请设立独资企业,应向登记机关提交下列文件。第一,设立申请书。应包括下列事项:企业的名称和住所;投资人的姓名和居所;投资人的出资额和出资方式;经营范围。第二,投资人身份证明。第三,生产经营场所使用证明等文件。第四,由委托代理人申请设立登记的,应当出具投资人的委托书和代理人的合法证明。

②登记机关核准登记与企业成立。个人独资企业实行准则设立的原则,即

个人独资企业依《个人独资企业法》规定的条件设立。登记机关应当在收到设立申请文件之日起 15 日内，对符合《个人独资企业法》规定条件者，予以登记，发给营业执照；对不符合《个人独资企业法》规定条件者，不予登记，并给予书面答复，说明理由。个人独资企业营业执照的签发日期为独资企业的成立日期。

四、商个人的财产责任

商个人承担着与其他商事主体不同的财产责任。根据我国法律规定，个体工商户、农村承包经营户、个人独资企业主均须承担无限财产责任。《民法总则》第 56 条规定，个体工商户的债务，个人经营的，以个人财产承担；家庭经营的，以家庭财产承担；无法区分的，以家庭财产承担。农村承包经营户的债务，以从事农村土地承包经营的农户财产承担；事实上由农户部分成员经营的，以该部分成员的财产承担。《民法通则意见》对"家庭经营"作了规定：个体工商户、农村承包经营户以家庭共有财产投资、共同经营或者经营收入的主要部分归家庭成员共同享用的，均属于家庭经营。个人独资企业以投资人全部个人财产承担无限责任。商个人的财产责任见表 3-1。

表 3-1　商个人的财产责任

名　　称	经营名义	承担责任的财产	责任的类型
个体工商户	个人	个人财产	无限责任
	家庭	家庭财产	
	无法区分	家庭财产	
农村承包经营户	全体成员	全体成员的财产	
	部分成员	部分成员的财产	
个人独资企业	个人	个人财产	

第三节　商法人

一、商法人的概念

商法人是指按照法定构成要件和程序设立的、拥有法人资格、参与商事法律关系、依法独立享有商事权利和承担商事义务的组织。

二、商法人的法律特征

1. 法人性

法人性，即商法人属于法人的一种，具备法人的四个基本特征。（1）依法设立。即以法定的程序和条件，履行法人登记手续而取得主体资格、具有权利能力和行为能力，以自己的名义与第三人发生法律关系。（2）具有独立的财产。商法人的财产来源于其成员的投资，但独立于其成员，商法人可以独立地占有、使用和处分。商法人独立的财产是其独立进行商事活动，独立承担商事责任的前提和保障。（3）有健全的组织机构。商法人是一个法律拟制体，必须设有健全的组织机构（权力机构、执行机构和监督机构），按照自己的意愿，通过自己的选择来活动，以实现团体意志。（4）有责任能力。商法人以其全部财产对债务独立承担清偿责任，其债务与其股东出资以外的财产无关。

2. 团体性

团体性，即商法人属于社团法人，由社员组成。我国公司法规定，有限责任公司由50个以下的股东共同出资设立（一人公司除外）；设立股份有限公司应当有2人以上、200人以下为发起人，其中须有半数以上的发起人在中国境内有住所。

3. 营利性

营利性，即商法人的活动必须以营利为目的，其决策、投资活动必须以降低成本、减少浪费、追求营利作为判断标准。

三、商法人的种类

根据现行经济组织形态，可以把我国的商法人分为国有商法人、集体商法人、合营商法人、私营商法人、外商投资商法人等。

1. 国有商法人

国有商法人是指根据我国民法、企业法和公司法的规定，由国家投资设立的、从事生产经营活动的具有独立的权利能力和行为能力，并获得法人资格的法人。如中国石油天然气股份有限公司、中国移动通信集团公司等。

2. 集体商法人

集体商法人是指根据我国民法、集体企业法和其他相关法律、法规的规定，由公民或集体单位组合而成的、从事生产和经营活动的具有独立权利能力和行为能力、能够承担法律责任并获得法人资格的集体商事组织。如农村信用合作社、城市信用合作社等。

3. 合营商法人

合营商法人是指由两个以上的投资主体共同出资，经工商登记注册而成立的具有法人资格的商事组织。根据我国《民法通则》之规定，两个以上的企业、事业单位进行联营，组成的经济实体获得法人资格，属于法人型联营。这样的法人就是合营商法人，具有独立的法律人格，并以自己的名义独立从事商事行为；合营各方以其出资额为限对商法人的债务承担责任；合营商法人以其全部财产对外承担法律责任。

4. 私营商法人

私营商法人是指由私人投资经营而取得法人资格并以其出资额为限承担债务责任的商业企业。其组织形态为公司，包括全部由私人投资的有限责任公司和股份有限公司。投资者以其出资额对公司债务承担有限责任，公司以其全部资本对公司债务承担有限责任。如华为技术有限公司、华谊兄弟传媒股份有限公司就是私营商法人的典型。

5. 外商投资商法人

外商投资商法人是指全部或者部分由外国投资者投资，依照中国法律在中国境内经登记注册设立的具有法人资格的企业。如果外商投资企业符合法人条件的，取得中国法人的资格，投资人对企业的债务承担有限责任。

四、商法人与公益法人的区别

1. 公益法人的概念

公益法人是与营利法人即商法人相对应的一个概念。所谓公益法人，是指以社会公共利益为目的而成立的法人。如学校、医院、李嘉诚基金会等。其中，学校、医院属于社团式公益性法人；李嘉诚基金会属于财团式公益法人。

公益法人是法人中的一种，分属于社团法人和财团法人。法人结构图（见图 3-1）有助于我们更好地理解公益法人的概念以及正确厘清它们之间的关系。

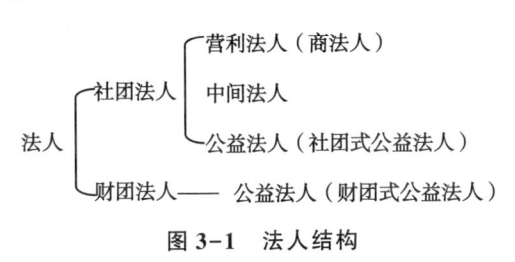

```
            ┌ 社团法人 ┌ 营利法人（商法人）
            │         ├ 中间法人
法人 ───────┤         └ 公益法人（社团式公益法人）
            │
            └ 财团法人 ── 公益法人（财团式公益法人）
```

图 3-1　法人结构

2. 商法人与公益法人的区别

（1）设立的目的不同。商法人以营利并分配给其成员为目的，如公司、企业等。所谓的"营利"，重在强调设立法人的目的在于"为其成员营利"，有此目的即可，法人是否营利，对营利法人的性质没有影响。而公益法人以谋求社会公共利益为目的，如学校、医院、图书馆、寺庙等。公益法人并非不能从事营利活动，而是不能将营利分配给成员。如公立学校虽然收取学费或从事其他营利活动，但所得利益不得分配给其成员，而是用于补充经费不足或扩大其事业规模，"营利是为了更好的公益"。

（2）设立准则不同。商法人设立的依据是商法或商事特别法；而公益法人的设立除依特别法外，一般依民法的规定而设立。

（3）设立程序不同。营利法人的设立，除有特别规定外，一般无须得到主管机关的许可，便可进行注册登记。而公益法人则必须得到主管机关的许可后，方可进行注册登记。

（4）法律形式不同。商法人只能采取社团法人形式，而不能采取财团法人的形式。而公益法人则两者均可，既可以采取社团法人形式（如学校、医院、图书馆等），也可以采取财团法人形式（如基金会、慈善组织等）。

（5）成立的基础不同。商法人以人为基础，因而必须有其组成人员或社员，具有法人的意思机构（如股东会或股东大会）、执行机构（如董事会或经营管理机构）和监督机构（如监事会等）。而公益法人则不同，社团式的公益法人以人为基础（如学校、图书馆等）；财团式的公益法人以财产为基础，因而无须社员，不具有社团法人所具有的社员总会或者社员大会这样的意思机构，而由管理人员代表团体进行活动（如盛中国奖学金基金会）。

（6）权利能力不同。商法人可从事各种营利性事业。公益法人无权从事以向其成员分配营利为目的的营利性事业，否则构成违法。

商法人与公益法人的区别见表3-2。

表3-2 商法人与公益法人的区别

事项	商法人	公益法人
目的	营利	社会公益
设立准则	商事特别法	民法或特别法
设立程序	注册登记	行政许可+注册登记
法律形式	社团法人	社团法人或财团法人

续表

事项	商法人	公益法人
成立的基础	人	人（社团式公益法人）或财产（财团式公益法人）
权利能力	从事营利性事业	从事公益性事业

五、农民专业合作社

1. 农民专业合作社的概念

根据我国《农民专业合作社法》之规定，农民专业合作社是指在农村家庭承包经营基础上农产品的生产经营者或者农业生产经营服务的提供者、利用者自愿联合、民主管理而组建的互助性经济组织。

2. 农民专业合作社的法律特征

农民专业合作社同其他商事主体相比，具有以下法律特征。

（1）主体的特定性。农民专业合作社的成员以农民为主体，包括农产品的生产经营者或者农业生产经营服务的提供者和利用者。《农民专业合作社》第20条规定，农民专业合作社的成员中，农民至少应当占成员总数的80%。

（2）成员地位平等性。成员入社自愿，退社自由，地位平等，实行民主管理。农民专业合作社成员有权参加成员大会，并享有表决权、选举权和被选举权，按照章程规定对本社实行民主管理。

（3）利益的共赢性。合作社以服务成员为宗旨，谋求全体成员的共同利益。农民专业合作社以其成员为主要服务对象，开展一种或者多种业务：农业生产资料的购买、使用；农产品的生产、销售、加工、运输、贮藏及其他相关服务；农村民间工艺及制品、休闲农业和乡村旅游资源的开发经营等；与农业生产经营有关的技术、信息、设施建设运营等服务。盈余主要按照成员与农民专业合作社的交易量（额）比例返还。

（4）机制的创新性。在所有制结构上，合作社在不改变家庭承包经营的基础上，实现劳动和资本的联合，从而形成新的所有制结构；在收益分配上，合作社对内部成员不以营利为目的，将利润返还给成员，从而形成新的收益分配制度；在管理体制上，合作社实行入社自愿、退社自由、民主选举、民主决策等原则，建构了新的经营管理体制。

（5）责任的有限性。依法登记的农民专业合作社取得法人资格。它以成员出资、公积金、国家财政直接补助、他人捐赠以及合法取得的其他资产对债务承担责任。农民专业合作社成员以其账户内记载的出资额和公积金份额为限对农民专业合作社承担责任。

3. 农民专业合作社的法律性质

《农民专业合作社法》第5条规定，农民专业合作社依照本法登记，取得法人资格。据此可知，依法成立的农民专业合作社属于法人，并且是营利性法人，因为它要将盈利分配给成员。

4. 农民专业合作社的设立条件

根据《农民专业合作社法》第12条之规定，设立农民专业合作社，应当具备下列条件。

（1）有农民占80%以上的5名以上的成员。具有民事行为能力的公民，以及从事与农民专业合作社业务直接有关的生产经营活动的企业、事业单位或者社会组织，能够利用农民专业合作社提供的服务，承认并遵守农民专业合作社章程，履行章程规定的入社手续的，可以成为农民专业合作社的成员。农民专业合作社的成员中，农民至少应当占成员总数的80%。

（2）有全体设立人签名、盖章的合法章程。农民专业合作社章程应当载明下列事项：名称和住所；业务范围；成员资格及入社、退社和除名；成员的权利和义务；组织机构及其产生办法、职权、任期、议事规则；成员的出资方式、出资额，成员出资的转让、继承、担保；财务管理和盈余分配、亏损处理；章程修改程序；解散事由和清算办法；公告事项及发布方式；附加表决权的设立、行使方式和行使范围；需要载明的其他事项。

（3）有符合本法规定的组织机构。①由全体成员组成的成员大会是农民专业合作社的权力机构。成员超过150人的，可以按照章程规定设立成员代表大会，行使成员大会的部分或者全部职权。②理事会是农民专业合作社的执行机构，理事长为本社的法定代表人。③监事会或执行监事是农民专业合作社的监督机构。

（4）有符合法律、行政法规规定的名称和章程确定的住所。农民专业合作社的名称应当含有"专业合作社"字样，并符合国家有关企业名称登记管理的规定。农民专业合作社以其主要办事机构所在地为住所。

（5）有符合章程规定的成员出资。农民专业合作社成员可以用货币出资，也可以用实物、知识产权、土地经营权、林权等可以用货币估价并可以依法转让的非货币财产（需由全体成员评估作价），以及章程规定的其他方式作价出资。成员不得以劳务、信用、自然人姓名、商誉、特许经营权或者设定担保的财产等作价出资；不得以对该社或者其他成员的债权，充抵出资；不得以缴纳的出资抵销对该社或者其他成员的债务。成员的出资额以及出资总额应当以人民币表示。成员出资额之和为成员出资总额。

5. 农民专业合作社的设立程序

（1）召开设立大会。设立农民专业合作社，应当召开由全体设立人参加的设立大会。设立时自愿成为该社成员的人为设立人。设立大会行使下列职权：通过本社章程，章程应当由全体设立人一致通过；选举产生理事长、理事、执行监事或者监事会成员；审议其他重大事项。

（2）申请设立登记。设立农民专业合作社，应当向工商行政管理部门提交下列文件，申请设立登记：登记申请书；全体设立人签名、盖章的设立大会纪要；全体设立人签名、盖章的章程；法定代表人、理事的任职文件及身份证明；出资成员签名、盖章的出资清单；住所使用证明；法律、行政法规规定的其他文件。

（3）颁发营业执照。登记机关应当自受理登记申请之日起20日内办理完毕，向符合登记条件的申请者颁发营业执照，登记类型为农民专业合作社。其法定登记事项发生变更的，应当申请变更登记。登记机关应当将其登记信息通报同级农业等有关部门。办理登记不得收取费用。

6. 农民专业合作社的权利和义务

（1）农民专业合作社的权利。

①合法权益受法律保护的权利。国家保障农民专业合作社享有与其他市场主体平等的法律地位。

②依法自愿设立或者加入农民专业合作社联合社的权利。农民专业合作社为扩大生产经营和服务的规模，发展产业化经营，提高市场竞争力，可以依法自愿设立或者加入农民专业合作社联合社。

③获得政策扶持和帮助的权利。国家通过财政支持、税收优惠和金融、科技、人才的扶持以及产业政策引导等措施，促进农民专业合作社的发展。

④依法投资的权利。农民专业合作社可以依法向公司等企业投资，以其出资额为限对所投资企业承担责任。

（2）农民专业合作社的义务。

①合法经营的义务。农民专业合作社从事生产经营活动，应当遵守法律，遵守社会公德、商业道德，诚实守信，不得从事与章程规定无关的活动。

②维护全体成员共同利益的义务。农民专业合作社应以服务成员为宗旨，谋求全体成员的共同利益。按照章程规定或者成员大会决议分享盈余，盈余主要按照成员与农民专业合作社的交易量（额）比例返还。

③实行民主管理的义务。农民专业合作社应保障成员参加成员大会,行使表决权、选举权和被选举权,按照章程规定对本社实行民主管理。

④依法报送、公示年度报告的义务。农民专业合作社应当按照国家有关规定,向登记机关报送年度报告,并向社会公示。

⑤提供决议、账簿查阅方便的义务。农民专业合作社的成员有权查阅本社的章程、成员名册、成员大会或者成员代表大会记录、理事会会议决议、监事会会议决议、财务会计报告、会计账簿和财务审计报告。合作社有提供查阅方便的义务。

⑥变更登记的义务。农民专业合作社法定登记事项变更的,应当申请变更登记。

7. 农民专业合作社成员的权利和义务

(1) 农民专业合作社成员的权利。

①民主管理的权利。参加成员大会,并享有表决权、选举权和被选举权,按照章程规定对本社实行民主管理。成员大会选举和表决,实行一人一票制,成员各享有一票的基本表决权。

②服务和生产经营设施的利用权。成员依法享有利用本社提供的服务和生产经营设施的权利。

③盈余分配权。成员依法享有按照章程规定或者成员大会决议分享盈余的权利。

④查阅本社决议、章程和账簿的权利。成员有权查阅本社的章程、成员名册、成员大会或者成员代表大会记录、理事会会议决议、监事会会议决议、财务会计报告、会计账簿和财务审计报告。

⑤依照章程退社的权利。农民专业合作社成员要求退社的,应当在会计年度终了的3个月前向理事长或者理事会提出书面申请;其中,企业、事业单位或者社会组织成员退社,应当在会计年度终了的6个月前提出;章程另有规定的,从其规定。退社成员的成员资格自会计年度终了时终止。

⑥经济利益退还请求权。资格被终止的成员,有权按照章程规定的方式和期限,要求退还记载在该成员账户内的出资额和公积金份额以及返还成员资格终止前的可分配盈余。

⑦章程规定的其他权利。

(2) 农民专业合作社成员的义务。

①执行决议的义务。成员有义务执行成员大会、成员代表大会和理事会的决议。

②遵守章程的义务。成员负有按照章程规定向本社出资的义务；成员与本社进行交易时必须遵守章程的规定。

③依照章程承担亏损的义务。农民专业合作社成员以其账户内记载的出资额和公积金份额为限对农民专业合作社承担责任。资格终止的成员应当按照章程规定分摊资格终止前本社的亏损及债务。

④章程规定的其他义务。

8. 农民专业合作社的解散和清算

（1）农民专业合作社的解散。

农民专业合作社解散的原因包括：章程规定的解散事由出现；成员大会决议解散；依法被吊销营业执照或者被撤销；因合并或者分立需要解散。

（2）农民专业合作社的清算。

①成立清算组。农民专业合作社解散的，应当在解散事由出现之日起15日内由成员大会推举成员组成清算组，开始解散清算。逾期不能组成清算组的，成员、债权人可以向人民法院申请指定成员组成清算组进行清算，人民法院应当受理该申请，并及时指定成员组成清算组进行清算。清算组的职责是：自成立之日起接管农民专业合作社，负责处理与清算有关未了结业务，清理财产和债权、债务，分配清偿债务后的剩余财产，代表农民专业合作社参与诉讼、仲裁或者其他法律程序，并在清算结束时办理注销登记。

②通知合作社成员和债权人并公告。清算组应当自成立之日起10日内通知农民专业合作社成员和债权人，并于60日内在报纸上公告。如果在规定期间内全部成员、债权人均已收到通知，免除清算组的公告义务。

③清理财产和债权、债务。债权人应当自接到通知之日起30日内，未接到通知的自公告之日起45日内，向清算组申报债权。债权人申报债权，应当说明债权的有关事项，并提供证明材料。清算组应当对债权进行审查、登记。在申报债权期间，清算组不得对债权人进行清偿。因章程规定的解散事由而解散农民专业合作社，或者人民法院受理破产申请时，不能办理成员退社手续。

④制定清算方案。清算组负责制定包括清偿农民专业合作社员工的工资及社会保险费用，清偿所欠税款和其他各项债务，以及分配剩余财产在内的清算方案，经成员大会通过或者申请人民法院确认后实施。清算组发现农民专业合作社的财产不足以清偿债务的，应当依法向人民法院申请破产。农民专业合作社破产适用企业破产法的有关规定。但是，破产财产在清偿破产费用和共益债务后，应当优先清偿破产前与农民成员已发生交易但尚未结清的款项。农民专业合作社接受国家财政直接补助形成的财产，在解散、破产清算时，不得作为

可分配剩余资产分配给成员,应按照国务院财政部门有关规定执行。清算组成员应当忠于职守,依法履行清算义务,因故意或者重大过失给农民专业合作社成员及债权人造成损失的,应当承担赔偿责任。

⑤办理注销登记。清算组在清算结束时应依法向工商行政管理机关办理注销登记。

六、外商投资法人企业

(一) 外商投资法人企业的概念

外商投资法人企业是指由外国投资者全部或者部分投资,依照中国法律在中国境内经登记注册设立的具有法人资格的企业。❶

(二) 外商投资法人企业的法律特征

1. 由外国投资者全部或部分出资

外商投资法人企业是由外国投资者全部或部分投资而组建起来的。如果是由外国投资者全部投资而设立的法人企业,那么,该企业就是外商独资法人企业或外商合资法人企业;如果是外国投资者部分投资而设立的法人企业,那必定是中外合资的法人企业,其他的投资者必然是中国的投资者。

2. 具有法人资格

外商投资法人企业依法成立,有自己的独立财产,有自己的组织机构和经营场所,能独立地承担民事责任,具有中国法人的资格,成为中国的法人。

(三) 外商投资法人企业的管理制度

1. 负面清单管理制度

《外商投资法》颁布后,传统的"逐案审批制"被"准入前国民待遇加负面清单管理制度"所取代。准入前国民待遇是指在投资准入阶段给予外国投资者及其投资不低于本国投资者及其投资的待遇。负面清单是指国家规定在特定领域对外商投资实施的准入特别管理措施。负面清单制度的主要内容包括:(1) 负面清单区分禁止外商投资领域和限制外商投资领域。在禁止外商投资的领域,外国投资者不得投资;在限制外商投资的领域,外国投资者进行投资应当符合由国务院发布或者批准发布的负面清单规定的条件。(2) 外商投资准入负面清单以外的领域,按照内外资一致的原则实施管理,给予国民待遇。

2. 外商投资信息报告制度

根据《外商投资法》第34条之规定,国家建立外商投资信息报告制度,外

---

❶ 这里所称外商投资法人企业是外商投资合伙企业的对称。

商投资法人企业将通过企业登记系统以及企业信用信息公示系统向商务主管部门报送投资信息。

3. 安全审查制度

在中国持续放松外资准入限制与国际"接轨"的同时，除去常态化的反垄断审查，对外商投资的安全审查正成为中国监管外资并购活动的又一抓手。根据《外商投资法》第 35 条、第 40 条之规定，国家建立外商投资安全审查制度，对影响或者可能影响国家安全的外商投资进行安全审查；我国可以根据实际情况对其他国家在投资方面歧视性的限制、禁止措施采取相应的对等措施，这意味着安全审查机制也可能成为中国应对国际投资、贸易冲突的反制手段。

2011 年 2 月 3 日国务院办公厅发布的《关于建立外国投资者并购境内企业安全审查制度的通知》规定，受制于安全审查的外商投资并购对象可以分为两类：一是关系国防安全的境内企业，只要外国投资者直接或间接获得该企业的资产或股权，即触发安全审查要求；二是非涉及国防安全，但涉及重要农产品、能源和资源、基础设施、运输服务、关键技术、重大装备等国家经济安全行业的境内企业，只有外国投资者通过并购获得该企业实际控制权，才触发安全审查要求。2015 年 4 月 8 日商贸部发布的《关于印发自由贸易试验区外商投资国家安全审查试行办法的通知》规定，自贸区将"重要文化、重要信息技术产品和服务"纳入审查范围。

外国投资者并购境内企业安全审查部际联席会议负责具体的外商投资安全审查工作。联席会议属于非常设机构，由国务院领导，国家发改委与商务部牵头，根据外资并购所涉及的行业和领域还可能由不同的其他部门共同组成。2019 年 4 月 30 日《国家发展和改革委员会公告（2019 年第 4 号）》规定，根据部门职责调整，外商投资安全审查申报即日起改由国家发展改革委政务大厅接收。在永辉超市要约收购中百集团交易过程中，交易双方宣布永辉超市❶于 2019 年 8 月 21 日收到国家发展和改革委员会通知要求进行外商投资安全审查，这是国家发改委接替商务部主管外商投资安全审查窗口职能后获得首次公开报道的涉及国家安全审查的并购案件。

4. 其他管理制度

《外商投资法》明确了政府其他部门对外商投资法人企业的管理内容，包括对需要办理项目核准备案的外商投资项目办理核准备案手续；对依法需要取得

---

❶ 2007~2008 年，汇丰银行的直接投资部门向永辉超市投入了 7500 万美元，成为永辉超市的第二大股东，占股 24%，永辉超市成为中外合资的法人企业。

许可的行业领域进行投资，应依法向相关行业主管部门办理许可手续；外商投资法人企业应依法向有关主管部门办理税收、会计、外汇等事宜；外国投资者并购中国境内企业，应按照《反垄断法》规定接受经营者集中审查；外国投资者在银行业、证券业、保险业等金融行业或者在证券市场、外汇市场等金融市场进行投资的，适用其他规定。

（四）外商投资法人企业的权利和义务

1. 外商投资法人企业的权利

（1）合法权益受法律保护的权利。国家依法保护外商投资法人企业在中国境内的投资、收益和其他合法权益。外商投资法人企业在中国境内的出资、利润、资本收益、资产处置所得、知识产权许可使用费、依法获得的补偿或者赔偿、清算所得等，可以依法以人民币或者外汇自由汇入、汇出。

（2）请求提供投资咨询和服务的权利。国家建立健全外商投资服务体系，为外商投资法人企业提供法律法规、政策措施、投资项目信息等方面的咨询和服务。

（3）依法享受优惠待遇的权利。国家根据国民经济和社会发展需要，鼓励和引导外商投资法人企业在特定行业、领域、地区投资。外商投资法人企业可以依照法律、行政法规或者国务院的规定享受优惠待遇。

（4）依法平等参与标准制定工作的权利。国家保障外商投资法人企业依法平等参与标准制定工作，强化标准制定的信息公开和社会监督。国家制定的强制性标准平等适用于外商投资法人企业。

（5）依法公平参与政府采购活动的权利。国家保障外商投资法人企业依法通过公平竞争参与政府采购活动。政府采购依法对外商投资法人企业在中国境内生产的产品、提供的服务平等对待。

（6）依法开展融资活动的权利。外商投资法人企业可以依法通过公开发行股票、公司债券等证券和其他方式进行融资。

（7）知识产权受法律保护的权利。外商投资法人企业所有的知识产权受中国法律的保护，任何组织和个人未经许可，不得擅自使用其专利、技术。

（8）自愿开展技术合作的权利。国家鼓励在外商投资过程中基于自愿原则和商业规则开展技术合作。技术合作的条件由投资各方遵循公平原则平等协商确定，行政机关及其工作人员不得利用行政手段强制转让技术。

（9）商业秘密受法律保护的权利。行政机关及其工作人员对于履行职责过程中知悉的外商投资法人企业的商业秘密，应当依法予以保密，不得泄露或者非法向他人提供。

（10）依法成立和自愿参加商会、协会的权利。外商投资法人企业可以依法成立和自愿参加商会、协会。商会、协会依照法律法规和章程的规定开展相关活动，维护会员的合法权益。

（11）行政复议、行政诉讼提起权。国家建立外商投资企业投诉工作机制，及时处理外商投资企业或者其投资者反映的问题，协调完善相关政策措施。外商投资法人企业认为行政机关及其工作人员的行政行为侵犯其合法权益的，可以通过其投诉工作机制申请协调解决，或者依法申请行政复议、提起行政诉讼。

（12）公平合理补偿请求权。在特殊情况下，国家为了公共利益的需要，可以依照法律规定对外国投资者的投资实行征收或者征用，并及时给予公平、合理的补偿。因国家利益、社会公共利益需要改变政策承诺、合同约定的，应当依照法定权限和程序进行，并依法对外国投资者、外商投资企业因此受到的损失予以补偿。

2. 外商投资法人企业的义务

根据权利与义务相一致的原则，外商投资法人企业在中国投资享有相应的权利，同样要承担相应的义务。

（1）遵守中国法律法规的义务。在中国境内进行投资活动的外商投资法人企业，应当遵守中国法律法规，不得危害中国国家安全、损害社会公共利益。

（2）合法经营的义务。在外商投资准入负面清单规定禁止投资的领域，外商投资法人企业不得投资；在外商投资准入负面清单规定限制投资的领域，外商投资法人企业进行投资应当符合负面清单规定的条件；在外商投资准入负面清单以外的领域，按照内外资一致的原则实施管理。外商投资需要办理投资项目核准、备案的，按照国家有关规定执行。

（3）尊重他人知识产权的义务。外商投资法人企业在享受我国《著作权法》《专利法》《商标法》《计算机软件保护条例》等知识产权法律法规保护的同时，也要依法尊重他人的知识产权。

（4）接受主管部门依法实施的监督检查的义务。外商投资法人企业开展生产经营活动，应当遵守法律、行政法规有关劳动保护、社会保险的规定，依照法律、行政法规和国家有关规定办理税收、会计、外汇等事宜，并接受相关主管部门依法实施的监督检查。

（5）接受经营者集中审查的义务。外商投资法人企业并购中国境内企业或者以其他方式参与经营者集中的❶，应当依照《反垄断法》的规定接受经营者集中审查。

（6）依法报送投资信息的义务。国家建立外商投资信息报告制度。外商投资法人企业应当通过企业登记系统以及企业信用信息公示系统向我国商务主管部门报送投资信息。外商投资信息报告的内容和范围按照确有必要的原则确定；通过部门信息共享能够获得的投资信息，不得再行要求报送。

（7）依法接受安全审查的义务。国家建立外商投资安全审查制度，对影响或者可能影响国家安全的外商投资进行安全审查。依法作出的安全审查决定为最终决定。

（8）为本企业工会提供必要的活动条件的义务。外商投资法人企业的职工依法建立工会组织，开展工会活动，维护职工的合法权益。外商投资法人企业应当为本企业工会提供必要的活动条件。

（五）外商投资法人企业的法律责任

1. 违反外商投资准入负面清单规定的禁止投资的领域的法律责任

外商投资法人企业投资外商投资准入负面清单规定禁止投资的领域的，由有关主管部门责令停止投资活动，限期处分股份、资产或者采取其他必要措施，恢复到实施投资前的状态；有违法所得的，没收违法所得。

2. 违反外商投资准入负面清单规定的限制性准入特别管理措施的法律责任

外商投资法人企业的投资活动违反外商投资准入负面清单规定的限制性准入特别管理措施的，由有关主管部门责令限期改正，采取必要措施满足准入特别管理措施的要求；逾期不改正的，由有关主管部门责令停止投资活动，限期处分股份、资产或者采取其他必要措施，恢复到实施投资前的状态；有违法所得的，没收违法所得。

外商投资法人企业的投资活动违反外商投资准入负面清单规定的，除接受以上处理外，还应当依法承担相应的法律责任。

3. 违反外商投资信息报告制度的法律责任

外商投资法人企业违反《外商投资法》的规定，未按照外商投资法人企业信息报告制度的要求报送投资信息的，由商务主管部门责令限期改正；逾期不

---

❶ 经营者集中是指两个或两个以上的企业相互合并，或者个人或企业对其他企业全部或部分获得控制，从而导致相互关系上的持久变迁的行为。经营者集中的后果是双重的：有利于发挥规模经济的作用，提高经营者的竞争能力；过度集中又会产生或加强市场支配地位，限制竞争，损害效率。如果经营者结合后对竞争的秩序产生效果，如经济力量的过度集中，损害竞争的垄断结构出现，就应受到反垄断法的调整。

改正的，处 10 万元以上、50 万元以下的罚款。对外商投资法人企业违反法律、法规的行为，由有关部门依法查处，并按照国家有关规定纳入信用信息系统。

第四节　商事合伙

一、商事合伙的概念

商事合伙是指两个或两个以上的合伙人为了实现共同营利之目的，按照合伙协议的规定共同出资、共同经营、共享收益、共担风险，合伙人对合伙经营所产生的债务承担无限连带责任或有限责任的商事组织。这一定义表明，商事合伙是一个法律拟制体。

二、商合伙的法律特征

商事合伙作为商事主体的一种形态，具有以下法律特征。

（1）由两个或两个以上的合伙人组成。这是商事合伙与商自然人、个人独资企业的区别。在我国，商事合伙人须为完全民事行为能力人，因为商事合伙承担的责任重大，除有限合伙人以外，合伙人对商事合伙承担的是无限连带责任。我国《合伙企业法》第 3 条规定，国有独资公司、国有企业、上市公司以及公益性的事业单位、社会团体不得成为普通合伙人。

（2）成立的基础是合伙契约。商事合伙是合伙人之间的自愿联合，合伙存在的前提是合伙人就出资、利润分享等权利与义务达成一致，成立合伙契约。与其他契约不同的是，合伙契约的目的不是在合伙人之间转让财产或提供劳务，而是建立一种长期合作关系。❶

（3）合伙人共同出资。合伙人须按照合伙契约进行出资。合伙人的出资和所有以合伙企业名义取得的收益构成商事合伙的财产，由全体合伙人共同管理和使用。

（4）合伙人共同经营。商事合伙所从事的商事经营活动由普通合伙人共同为之，也可以共同委托一位或数位合伙人代理为之；普通合伙人对事务之执行享有同等的权利。

（5）合伙人共担风险。合伙人对商事合伙的债务共同承担风险。在个人合伙和普通合伙企业中，各合伙人对合伙债务承担无限连带责任。在有限合伙企

---

❶ 赵万一. 商法［M］. 北京：中国人民大学出版社，2003：31.

业中,有限合伙人对合伙企业的债务以其出资额为限承担有限责任;普通合伙人对合伙企业的债务承担无限连带责任,即在合伙企业资产不足清偿合伙债务时,债权人有权要求任何一合伙人予以清偿。

在我国,商事合伙主要包括个人合伙、合伙企业、外商投资合伙企业、合伙型联营和隐名合伙等。

三、个人合伙

(一) 个人合伙的概念

根据我国《民法通则》和有关工商登记法规的规定,个人合伙是指两个以上的自然人以营利为目的按照合伙协议,共同出资、共同经营、共享收益、共担风险,并对合伙债务承担无限连带责任的营利性组织。

(二) 个人合伙的设立

1. 订立合伙协议

合伙人在平等协商的基础上订立合伙协议,对出资数额、盈余分配、债务承担、入伙、退伙、合伙终止等事项作出约定。

2. 履行工商登记

设立个人合伙,必须履行工商登记,依法领取营业执照。

个人合伙可以取自己的商事名称,也可以不取商事名称。取自己商事名称的个人合伙,在民事诉讼中,以自己依法登记的商事名称作为诉讼当事人,并以合伙负责人为诉讼代表人;未取自己商事名称的个人合伙,合伙人在民事诉讼中为共同诉讼人,可以推选诉讼代表人参与诉讼。

(三) 合伙关系的认定

最高人民法院《关于贯彻执行〈民法通则〉若干问题的解释》对合伙关系的认定作了如下规定。

1. 错误地登记为集体所有制企业的个人合伙按个人合伙对待

个人合伙虽经工商行政管理部门错误地登记为集体所有制的企业,但实际为个人合伙的,应当按个人合伙对待。

2. 约定盈余分配的不参加经营的出资人视为合伙人

自然人按照协议提供资金或者实物,并约定参与合伙盈余分配,但不参与合伙经营、劳动的,视为合伙人。

3. 约定盈余分配的技术性劳务的提供者视为合伙人

提供技术性劳务而不提供资金、实物,但约定参与盈余分配的,视为合伙人。

4. 经两个以上无利害关系人证明有口头合伙协议等证据的视为合伙关系

当事人之间没有书面合伙协议，但具备合伙的其他条件，有两个以上无利害关系人证明的口头合伙协议或者有其他证据证明的，可以认定为合伙关系。

5. 不按书面合伙协议约定或未经全体合伙人同意的入伙无效

在合伙过程中增加合伙人、书面协议有约定的，按照协议处理；书面协议未约定的，须经全体合伙人同意。未经全体合伙人同意的，应当认定入伙无效。

（四）个人合伙的财产制度

1. 合伙人出资的财产由合伙人统一管理和使用

我国《民法通则》第32条规定，"合伙人投入的财产，由合伙人统一管理和使用。合伙经营积累的财产，归合伙人共有"。这里是把合伙财产区分为两部分：合伙人出资的财产和合伙经营积累的财产。对合伙经营积累的财产的归属作了明确的规定，但对合伙人出资的财产的归属未作规定，仅规定"各合伙人统一管理和使用"。笔者认为，关于个人合伙中各合伙人的出资的归属应取决于合伙协议的约定。因为在个人合伙中，我们更注重它的契约性，应本着民法上意思自治的原则，尊重合伙协议的约定。如果协议约定出资的财产属于各合伙人各自所有，那就属于各合伙人的个人财产；如果协议约定各合伙人出资的财产属于合伙人按份共有，那就为各合伙人按份共有的财产；如果协议约定合伙人的出资属于个人合伙共同共有的财产，那合伙人对出资财产就共同享有所有权。在协议未约定或约定不明的情况下，则应确认为合伙人各自所有。

2. 合伙经营积累的财产归合伙人共有

这是因为合伙经营积累的财产是全体合伙人辛勤劳动、共同打拼的结果，理所当然地属于他们共同拥有。

3. 发生亏损由合伙人负无限连带清偿责任

根据《民法通则》第35条之规定，合伙人对合伙债务的承担按以下原则处理。

（1）合伙债务由合伙人按照出资比例或者协议的约定，以各自的财产承担清偿责任。合伙债务是指于合伙关系存续期间，合伙以其字号或全体合伙人的名义，在与第三人发生的民事法律关系中所承担的债务。合伙债务由合伙人按照出资比例或者协议的约定，以各自的财产承担清偿责任。

（2）合伙人对合伙债务承担连带责任，法律另有规定的除外。所谓连带清偿责任，是指每个合伙人对于合伙债务都负有全部清偿的义务；而个人合伙的债权人也有权向合伙人中的一人或数人要求其清偿债务的一部分或全部。每个合伙人都负有用自己的全部财产清偿全部合伙债务的义务，而不受各合伙人对合伙财产的出资比例或合伙协议中约定的债务承担份额的限制。只提供技术性劳务不提供资金、实物的合伙人，对于合伙经营的亏损额，对外也应当承担连带责任；对内则应当按照协议约定的债务承担比例或者技术性劳务折抵的出资比例承担；协议未约定债务承担比例或者出资比例的，可以按照约定的或者合伙人实际的盈余分配比例承担；没有盈余分配比例的，按照其余合伙人平均投资比例承担。合伙期间发生亏损，合伙人退出合伙时未按约定分担或者未合理分担合伙债务的，退伙人对原合伙的债务，应当承担清偿责任；退伙人已分担合伙债务的，对其退伙时合伙财产不足清偿的那部分债务仍负连带责任。

（3）偿还合伙债务超过自己应当承担数额的合伙人，有权向其他合伙人追偿。

四、合伙企业

（一）合伙企业的概念

根据我国《合伙企业法》第2条之规定，合伙企业是指2个以上的自然人、法人或其他组织以营利为目的依法在中国境内设立的共同出资、共同经营、共享收益、共担风险，合伙人对其债务承担无限连带责任或有限责任的企业。

（二）合伙企业的类型

1. 普通合伙企业

普通合伙企业是指由2个以上的合伙人共同出资、共同经营、共享收益、共担风险，对其债务承担无限连带责任的企业。

2. 有限合伙企业

有限合伙企业是由2个以上的合伙人共同出资、共同经营、共享收益、共担风险，有限合伙人以其认缴的出资额为限对其债务承担有限责任，普通合伙人对其债务承担无限连带责任的企业。

（三）合伙企业的设立

1. 合伙企业的设立条件

根据《合伙企业法》第14条之规定，设立合伙企业，应当具备下列条件。

（1）有2个以上合伙人。有限合伙企业由2个以上、50个以下合伙人设立，但法律另有规定的除外。有限合伙企业至少应当有1个普通合伙人。国有独资公司、国有企业、上市公司以及公益性的事业单位、社会团体不得成为普通合伙人。合伙人为自然人的，应当具有完全民事行为能力。

（2）有书面合伙协议。合伙协议依法由全体合伙人协商一致、以书面形式订立。应当载明下列事项：合伙企业的名称和主要经营场所的地点；合伙目的和合伙经营范围；普通合伙人或有限合伙人的姓名或者名称、住所；合伙人的出资方式、数额和缴付期限；利润分配、亏损分担方式；合伙事务的执行，包括执行事务合伙人应具备的条件、权限、违约处理办法、除名条件、选择程序和更换程序；入伙与退伙，包括有限合伙人入伙、退伙的条件、程序以及相关责任；争议解决办法；合伙企业的解散与清算；违约责任。有限合伙协议还应当载明下列事项：有限合伙人和普通合伙人相互转变程序。合伙协议经全体合伙人签名、盖章后生效。合伙人按照合伙协议享有权利，履行义务。

（3）有合伙人认缴或者实际缴付的出资。合伙人可以用货币、实物、知识产权、土地使用权或者其他财产权利出资，普通合伙人也可以用劳务出资。合伙人以实物、知识产权、土地使用权或者其他财产权利出资，需要评估作价的，可以由全体合伙人协商确定，也可以由全体合伙人委托法定评估机构评估。合伙人以劳务出资的，其评估办法由全体合伙人协商确定，并在合伙协议中载明。合伙人应当按照合伙协议约定的出资方式、数额和缴付期限，履行出资义务。以非货币财产出资的，依照法律、行政法规的规定，需要办理财产权转移手续的，应当依法办理。合伙人应当按照合伙协议约定的出资方式、数额和缴付期限，履行出资义务。未按期足额缴纳的，应当承担补缴义务，并对其他合伙人承担违约责任。

（4）有合伙企业的名称和生产经营场所。合伙企业名称中应当标明"普通合伙"或"有限合伙"字样。

（5）法律、行政法规规定的其他条件。

2. 合伙企业的设立程序

（1）申请设立。申请设立合伙企业，应当向企业登记机关提交登记申请书、合伙协议书、合伙人身份证明等文件。合伙企业的经营范围中有属于法律、行政法规规定在登记前须经批准的项目的，该项经营业务应当依法经过批准，并在登记时提交批准文件。

（2）予以登记或不予登记。申请人提交的登记申请材料齐全、符合法定形式，企业登记机关能够当场登记的，应予当场登记，发给营业执照。除前款规定情形外，企业登记机关应当自受理申请之日起20日内，作出是否登记的决定。予以登记的，发给营业执照；不予登记的，应当给予书面答复，并说明理由。合伙企业的营业执照签发日期，为合伙企业成立日期。合伙企业领取营业执照前，合伙人不得以合伙企业名义从事合伙业务。

有限合伙企业登记事项中应当载明有限合伙人的姓名或者名称及认缴的出资数额。

（四）合伙企业的合伙人的权利和义务

1. 普通合伙人的权利和义务

普通合伙人享有如下权利。

（1）合伙企业重大事项的决定权。除合伙协议另有约定外，合伙企业的下列事项应当经全体合伙人一致同意：改变合伙企业的名称、经营范围、主要经营场所的地点；处分合伙企业的不动产；转让或者处分合伙企业的知识产权和其他财产权利；以合伙企业名义为他人提供担保；聘任合伙人以外的人担任合伙企业的经营管理人员；合伙人向合伙人以外的人转让其在合伙企业中的财产份额；合伙人以其在合伙企业中的财产份额出质的；增加或者减少对合伙企业的出资。

（2）依法转让财产份额的权利。除合伙协议另有约定外，合伙人向合伙人以外的人转让其在合伙企业中的全部或者部分财产份额时，须经其他合伙人一致同意。合伙人之间转让在合伙企业中的全部或者部分财产份额时，应当通知其他合伙人。

（3）同等条件下受让股份的优先购买权。合伙人向合伙人以外的人转让其在合伙企业中的财产份额的，在同等条件下，其他合伙人有优先购买权；但是，合伙协议另有约定的除外。人民法院强制执行合伙人的财产份额时，应当通知全体合伙人，其他合伙人有优先购买权。

（4）财产份额的出质权。合伙人以其在合伙企业中的财产份额出质的，须经其他合伙人一致同意；未经其他合伙人一致同意，其行为无效，由此给善意第三人造成损失的，由行为人依法承担赔偿责任。

（5）执行合伙事务并取得报酬的权利。有限合伙企业由普通合伙人执行合伙事务，执行事务合伙人可以要求在合伙协议中确定执行事务的报酬及报酬提取方式。

（6）合伙事务平等的执行权。合伙人对执行合伙事务享有同等的权利；按照合伙协议的约定或者经全体合伙人决定，可以委托一个或者数个合伙人对外代表合伙企业执行合伙事务，其他合伙人不再执行合伙事务。

（7）合伙事务执行的监督权。执行事务合伙人应当定期向其他合伙人报告事务执行情况以及合伙企业的经营和财务状况，其执行合伙事务所产生的收益归合伙企业，所产生的费用和亏损由合伙企业承担。不执行合伙事务的合伙人有权监督执行事务合伙人执行合伙事务的情况。合伙人分别执行合伙事务的，执行事务合伙人可以对其他合伙人执行的事务提出异议。提出异议时，应当暂停该项事务的执行。受委托执行合伙事务的合伙人不按照合伙协议或者全体合伙人的决定执行事务的，其他合伙人可以决定撤销该委托。

（8）财务资料查阅权。合伙人为了解合伙企业的经营状况和财务状况，有权查阅合伙企业会计账簿等财务资料。

（9）利润分配请求权。合伙企业的利润分配，按照合伙协议的约定办理；合伙协议未约定或者约定不明确的，由合伙人协商决定；协商不成的，由合伙人按照实缴出资比例分配；无法确定出资比例的，由合伙人平均分配。合伙协议不得约定将全部利润分配给部分合伙人或者由部分合伙人承担全部亏损。

（10）损害赔偿请求权。被聘任的合伙企业的经营管理人员应当在合伙企业授权范围内履行职务；超越合伙企业授权范围履行职务，或者在履行职务过程中因故意或者重大过失给合伙企业造成损失的，依法承担赔偿责任；合伙人违法退伙给合伙企业造成损失的，应当赔偿合伙企业的损失。

（11）依法退伙权。在约定合伙期限的合伙企业存续期间，有下列情形之一的，合伙人可以退伙：合伙协议约定的退伙事由出现；经全体合伙人一致同意；发生合伙人难以继续参加合伙的事由；其他合伙人严重违反合伙协议约定的义务。在未约定合伙期限的合伙企业存续期间，合伙人在不给合伙企业事务执行造成不利影响的情况下，可以退伙，但应当提前30日通知其他合伙人。

普通合伙人承担如下义务。

（1）竞业禁止的义务。合伙人不得自营或者同他人合作经营与本合伙企业相竞争的业务。除合伙协议另有约定或者经全体合伙人一致同意外，合伙人不得同本合伙企业进行交易。合伙人不得从事损害本合伙企业利益的活动。

（2）企业财务、会计制度的建立义务。合伙企业应当依照法律、行政法规的规定建立企业财务、会计制度。

（3）合伙企业清算前不得分割、转移或处分合伙企业财产的义务。合伙人在合伙企业清算前，不得请求分割合伙企业的财产；但《合伙企业法》另有规定的除外。合伙人在合伙企业清算前私自转移或者处分合伙企业财产的，合伙企业不得以此对抗善意第三人。

（4）亏损分担的义务。合伙企业的亏损分担，按照合伙协议的约定办理；合伙协议未约定或者约定不明确的，由合伙人协商决定；协商不成的，由合伙人按照实缴出资比例分担；无法确定出资比例的，由合伙人平均分担。合伙协议不得约定由部分合伙人承担全部亏损。

（5）损害赔偿义务。未经其他合伙人一致同意，将合伙企业中的财产份额出质的行为无效，由此给善意第三人造成损失的，由行为人依法承担赔偿责任。

（6）对合伙企业到期债务承担无限连带责任的义务。合伙企业对其债务，应先以其全部财产进行清偿。合伙企业不能清偿到期债务的，合伙人承担无限连带责任。特殊的普通合伙企业一个合伙人或者数个合伙人在执业活动中因故意或者重大过失造成合伙企业债务的，应当承担无限责任或者无限连带责任，其他合伙人以其在合伙企业中的财产份额为限承担责任。合伙人在执业活动中非因故意或者重大过失造成的合伙企业债务以及合伙企业的其他债务，由全体合伙人承担无限连带责任。

（7）无限连带责任的追偿权。合伙人由于承担无限连带责任，清偿数额超过规定的亏损分担比例的，有权向其他合伙人追偿。

2. 有限合伙人的权利和义务

有限合伙人享有如下权利。

（1）依法与本有限合伙企业进行交易的权利。有限合伙人可以同本有限合伙企业进行交易；但是，合伙协议另有约定的除外。

（2）自营或者同他人合作经营与本有限合伙企业相竞争的业务的权利。与普通合伙人不同的是，有限合伙人可以自营或者同他人合作经营与本有限合伙企业相竞争的业务；但是，合伙协议另有约定的除外。

（3）财产份额出质权。有限合伙人可以将其在有限合伙企业中的财产份额出质；但是，合伙协议另有约定的除外。

（4）财产份额转让权。有限合伙人可以按照合伙协议的约定向合伙人以外的人转让其在有限合伙企业中的财产份额，但应当提前30日通知其他合伙人。

（5）同等条件下财产份额的优先购买权。人民法院强制执行有限合伙人的财产份额时，应当通知全体合伙人。在同等条件下，其他合伙人有优先购买权。

有限合伙人承担如下义务。

（1）非劳务出资的义务。有限合伙人可以用货币、实物、知识产权、土地使用权或者其他财产权利作价出资，但不得以劳务出资。

（2）足额缴纳出资的义务。有限合伙人应当按照合伙协议的约定按期足额缴纳出资；未按期足额缴纳的，应当承担补缴义务，并对其他合伙人承担违约责任。

（3）不执行合伙事务的义务。有限合伙人不执行合伙事务，不得对外代表有限合伙企业。有限合伙人的下列行为，不视为执行合伙事务：参与决定普通合伙人入伙、退伙；对企业的经营管理提出建议；参与选择承办有限合伙企业审计业务的会计师事务所；获取经审计的有限合伙企业财务会计报告；对涉及自身利益的情况，查阅有限合伙企业财务会计账簿等财务资料；在有限合伙企业中的利益受到侵害时，向有责任的合伙人主张权利或者提起诉讼；执行事务合伙人怠于行使权利时，督促其行使权利或者为了本企业的利益以自己的名义提起诉讼；依法为本企业提供担保。

（4）损害赔偿的义务。有限合伙人未经授权以有限合伙企业名义与他人进行交易，给有限合伙企业或者其他合伙人造成损失的，该有限合伙人应当承担赔偿责任。

（5）有限合伙企业债务的承担义务。新入伙的有限合伙人对入伙前有限合伙企业的债务，以其认缴的出资额为限承担责任。有限合伙人退伙后，对基于其退伙前的原因发生的有限合伙企业债务，以其退伙时从有限合伙企业中取回的财产承担责任。

（五）合伙企业的入伙

1. 合伙企业入伙的概念

合伙企业的入伙是指在合伙企业存续期间，合伙人以外的第三人加入合伙企业，并取得合伙人资格的行为。

2. 合伙企业入伙的类型

根据合伙的方式不同，可以把合伙企业的入伙分为入资型入伙和受让型入伙。❶

入资型入伙是新入伙人以类似于原合伙人的出资方式，把一定数量的财产投入到合伙企业获得合伙人资格的入伙。这种形式入伙的结果是，合伙企业的财产总量随着新入伙人的入伙而增加。

受让型入伙是指新入伙人因从部分原合伙人手中受让了部分或全部合伙份额，从而获得合伙人资格的入伙。由于在受让型入伙的情况下，入伙人带入的资金或财产，是支付给出让合伙份额给他的原合伙人，而不是给合伙企业，所以，受让型入伙不会导致合伙企业财产总量的增加。受让型入伙，还可以进一步分为主动受让型入伙和被动受让型入伙。主动受让型入伙是因合伙人以外的第三人积极主动地要求受让原合伙人的合伙份额而导致的入伙。被动受让型入伙是指享有合法继承权的继承人依法对死亡或者被依法宣告死亡的合伙人在合伙企业中的财产份额进行继承时的入伙行为。

3. 合伙企业入伙的规则

根据我国《合伙企业法》第43条的规定，入伙时应遵循以下规则。

（1）除合伙协议另有约定外，新合伙人入伙应当经全体合伙人一致同意。因为合伙是基于合伙人之间的相互信任而建立的法律关系，合伙企业典型的人

---

❶ 张璟．商法总论［M］．北京：北京大学出版社，2009：66.

合特征以及合伙人承担责任的无限连带性，决定了各合伙人对合伙企业的各项重大事宜具有平等的参与和决定权；新的合伙人的加入，不仅会打破原有的人合关系，而且可能因各合伙人的合伙份额的变化而导致合伙人的盈余分配比例、债务分担比例的变动，从而需要对原有的合伙协议进行变更。新人入伙的本质是原合伙关系的解体，新的合伙关系的成立。因此，有人要加入合伙企业，除合伙协议另有约定的外，必须经过全体合伙人的一致同意。

（2）原合伙人应当向新合伙人如实告知原合伙企业的经营状况和财务状况。由于合伙企业的合伙人承担责任的无限连带性，根据我国《合伙企业法》第44条之规定，新普通合伙人不仅对入伙后合伙企业的债务要承担无限连带责任，而且对入伙前合伙企业的债务也要承担无限连带责任，因此，合伙人以外的第三人的合伙请求在征得原合伙人一致同意后，签订合伙协议之前，原合伙人有义务如实告知原合伙企业的经营状况和财务状况，以便拟入伙人作出最终抉择。

（3）依法订立书面入伙协议。书面入伙协议是新入伙人与原合伙人在平等自愿的基础上，就各自的权利义务问题所达成的协议，也是新入伙人取得合伙人资格的前提。

4. 新入伙人的权利义务

入伙协议一旦生效，除另有约定的外，入伙的新合伙人与原合伙人享有同等权利，承担同等义务。对入伙前后合伙企业的债务均要承担无限连带责任。

（六）合伙企业的退伙

1. 合伙企业退伙的概念

合伙企业的退伙是指合伙人退出合伙企业，从而丧失合伙人资格的法律行为。

2. 合伙企业退伙的类型

根据退伙发生的原因不同，可把合伙企业的退伙分为声明退伙、法定退伙、除名退伙。

（1）声明退伙，又称自愿退伙，是指基于合伙人自愿的退伙意思表示而导致的退伙。根据《合伙企业法》第45条的规定，在合伙协议约定合伙企业经营期限的情况下，合伙人在下列情形之一出现时可以声明退伙：合伙协议约定的退伙事由出现；经全体合伙人一致同意；发生合伙人难于继续参加合伙的事由；其他合伙人严重违反合伙协议约定的义务。在合伙协议未约定合伙期限的，合伙人在不给合伙企业事务执行造成不良影响的情况下，可以退伙，但应当提前30日通知其他合伙人。

（2）法定退伙，又称当然退伙，是直接根据法律的规定而导致的退伙。根据《合伙企业法》第 48 条的规定，合伙人有下列情形之一的，当然退伙：作为合伙人的自然人死亡或者被依法宣告死亡；个人丧失偿债能力；作为合伙人的法人或者其他组织依法被吊销营业执照、责令关闭、撤销或者被宣告破产；合伙人丧失了法律规定或者合伙协议约定的相关资格；合伙人在合伙企业中的全部财产份额被人民法院强制执行。

合伙人被依法认定为无民事行为能力人或者限制民事行为能力人的，经其他合伙人一致同意，可以依法转为有限合伙人，普通合伙企业依法转为有限合伙企业；其他合伙人未能一致同意的，该无民事行为能力或者限制民事行为能力的合伙人退伙。退伙事由实际发生之日，为退伙生效日。

（3）除名退伙，也称开除退伙，是指在合伙人出现法定事由的情况下，由其他合伙人决议将该合伙人开除出合伙企业的一种退伙。我国《合伙企业法》第 49 条规定，合伙人有下列情形之一的，经其他合伙人一致同意，可以决议将其除名：未履行出资义务；因故意或者重大过失给合伙企业造成损失；执行合伙事务时有不正当行为；发生合伙协议约定的事由。对合伙人的除名决议应当书面通知被除名人。被除名人接到除名通知之日起，除名生效，被除名人退伙。被除名人对除名决议有异议的，可以在接到除名通知之日起 30 日内向人民法院起诉。

3. 退伙的效力

（1）退伙人丧失合伙人资格。

（2）退伙人的财产份额返还请求权和合伙企业的财产结算请求权。退伙时，退伙人有权要求其他合伙人对合伙企业的财产状况进行结算，退还其在合伙企业的财产份额，具体办法由合伙协议约定或者全体合伙人决定，可以退还货币，也可以退还实物。若退伙时，合伙企业的财产少于合伙企业债务的，退伙人应当依照合伙协议约定的比例分担亏损；如果协议未约定亏损分担比例的，退伙人应当和其他合伙人平均分担亏损。

（3）退伙人对退伙前合伙企业的债务承担无限连带责任。

（4）依法办理变更登记或注销登记手续。合伙企业因个别或部分合伙人退伙而导致登记事项发生变化的，应当及时依法办理变更登记手续。只有两名合伙人的合伙企业，其中一人的退伙将导致合伙企业的解散，合伙企业应当申请注销登记。

（七）合伙企业的解散与清算

1. 合伙企业的解散

（1）合伙企业解散的概念。

合伙企业的解散是指因出现约定或法定解散事由或者经全体合伙人决定终

止合伙协议、解散合伙企业的行为。

（2）合伙企业解散的情形。

根据我国《合伙企业法》第85条之规定，合伙企业有下列情形之一的，应当解散：合伙期限届满，合伙人决定不再经营；合伙协议约定的解散事由出现；全体合伙人决定解散；合伙人已不具备法定人数满30天；合伙协议约定的合伙目的已经实现或者无法实现；依法被吊销营业执照、责令关闭或者被撤销；法律、行政法规规定的其他原因。

2. 合伙企业的清算

合伙企业解散后，依法应当进行清算，以清理债权债务。

（1）合伙企业清算的概念。

合伙企业的清算是指合伙企业解散后为了终结合伙企业现存的各种法律关系，依法清理合伙企业债权债务、分配合伙企业剩余财产的行为。

（2）合伙企业清算人。

我国《合伙企业法》第86~88条对合伙企业清算人产生方式、职责作了明确规定。

合伙企业的清算人是指合伙企业解散后依法产生的专门负责清理合伙企业债权债务、分配合伙企业剩余财产、办理合伙企业注销登记手续的人员。

清算人的产生方式有以下几种：①全体合伙人担任清算人。②部分合伙人担任清算人。经全体合伙人过半数同意，可以自合伙企业解散事由出现后15日内指定一个或者数个合伙人担任清算人。③委托第三人担任清算人。经全体合伙人过半数同意，可以自合伙企业解散事由出现后15日内，委托第三人担任清算人。④合伙人申请法院指定清算人。自合伙企业解散事由出现之日起15日内未确定清算人的，合伙人或者其他利害关系人可以申请人民法院指定清算人。

清算人履行以下职责：①依法通知债权人。清算人应自被确定担任清算人之日起的10日内将合伙企业解散事项通知债权人，并于60日内在报纸上公告。②登记债权。债权人应当自接到通知书之日起30日内，未接到通知书的自公告之日起45日内，向清算人申报债权。债权人申报债权，应当说明债权的有关事项，并提供证明材料。清算人应当对债权进行登记。③清理合伙企业财产，分别编制资产负债表和财产清单。④处理与清算有关的合伙企业未了结事务。⑤清缴所欠税款。⑥清理债权、债务。如果合伙企业财产不足以清偿其债务的，各合伙人应当承担无限连带责任。⑦处理合伙企业清偿债务后的剩余财产。在支付清算费用和职工工资、社会保险费用、法定补偿金以及缴纳所欠税款、清偿债务后，合伙企业的剩余财产由合伙人按照合伙协议的约定分配；合伙协议未约定或者约定不明确的,由合伙人协商决定分配比例;协商不成的,由合伙人按照实缴出资比例分配;无法确定出资比例的,由合伙人平均分配。⑧代表合伙企业参加诉讼或者仲裁活动。⑨办理注销登记。清算结束后,清算人应当编制清算报告,经全体合伙人签名、盖章后,在15日内向企业登记机关报送清算报告,申请办理合伙企业注销登记。

(八)合伙企业的合伙人的财产责任

普通合伙企业的合伙人对合伙企业的债务承担无限连带责任。

有限合伙企业的普通合伙人对合伙企业债务承担无限连带责任,有限合伙人以其认缴的出资额为限对合伙企业的债务承担责任。

五、外商投资合伙企业

1. 外商投资合伙企业的概念

外商投资合伙企业是指2个以上外国企业或者个人在中国境内依法设立或者外国企业、个人与中国的自然人、法人和其他组织在中国境内依法设立的共同投资、共同经营、对合伙债务承担无限连带责任或有限责任的合伙企业。

2. 外商投资合伙企业的设立

外国企业或者个人在中国境内设立合伙企业,应当遵守《合伙企业法》以及其他有关法律、行政法规、规章的规定,符合有关外商投资的产业政策。

根据《外商投资法》的规定,国家实行负面清单制度,在禁止外商投资的领域,外国投资者不得投资合伙企业;在限制外商投资的领域,外国投资者进行投资应当符合负面清单规定的条件,须经行政许可,取得行政许可后方可申请合伙企业的设立登记;外商投资准入负面清单以外的领域,按照内外资一致的原则实施管理,给予国民待遇,外国投资者可以申请合伙企业的设立登记。外国企业或者个人在中国境内设立合伙企业,应当由全体合伙人指定的代表或者共同委托的代理人向国务院工商行政管理部门授权的地方工商行政管理部门(以下简称企业登记机关)申请设立登记,向企业登记机关提交《合伙企业登记管理办法》规定的文件以及符合外商投资产业政策的说明。企业登记机关予以登记的,应当同时将有关登记信息向同级商务主管部门通报。

3. 外商投资合伙企业的权利和义务

根据我国相关法律的规定,外商投资合伙企业享有如下权利。

(1)合法权益受法律保护的权利。外国企业或者个人在中国境内设立合伙企业,其合法权益受法律保护。国家鼓励具有先进技术和管理经验的外国企业或者个人在中国境内设立合伙企业,促进现代服务业等产业的发展。

（2）请求提供投资咨询和服务的权利。国家建立健全外商投资服务体系，为外国投资者和外商投资企业提供法律法规、政策措施、投资项目信息等方面的咨询和服务。

（3）依法享受优惠待遇的权利。国家根据国民经济和社会发展需要，鼓励和引导外国投资者在特定行业、领域、地区投资。外国投资者、外商投资企业可以依照法律、行政法规或者国务院的规定享受优惠待遇。

（4）依法平等参与标准制定工作的权利。国家保障外商投资企业依法平等参与标准制定工作，强化标准制定的信息公开和社会监督。国家制定的强制性标准平等适用于外商投资企业。

（5）依法公平参与政府采购活动的权利。国家保障外商投资企业依法通过公平竞争参与政府采购活动。政府采购依法对外商投资企业在中国境内生产的产品、提供的服务平等对待。

（6）依法开展融资活动的权利。

（7）知识产权受法律保护的权利。外商投资合伙企业有权依据我国知识产权法律法规的规定，对企业拥有的知识产权予以保护。

（8）自愿开展技术合作的权利。国家鼓励在外商投资过程中基于自愿原则和商业规则开展技术合作。技术合作的条件由投资各方遵循公平原则平等协商确定。行政机关及其工作人员不得利用行政手段强制转让技术。

（9）商业秘密受法律保护的权利。行政机关及其工作人员对于履行职责过程中知悉的外商投资合伙企业的商业秘密，应当依法予以保密，不得泄露或者非法向他人提供。

（10）依法成立和自愿参加商会、协会的权利。外商投资合伙企业可以依法成立和自愿参加商会、协会。商会、协会依照法律法规和章程的规定开展相关活动，维护会员的合法权益。

（11）行政复议、行政诉讼提起权。国家建立外商投资企业投诉工作机制，及时处理外商投资企业或者其投资者反映的问题，协调完善相关政策措施。外商投资合伙企业或者其投资者认为行政机关及其工作人员的行政行为侵犯其合法权益的，可以通过外商投资企业投诉工作机制申请协调解决。外商投资企业或者其投资者认为行政机关及其工作人员的行政行为侵犯其合法权益的，除依照前款规定通过外商投资企业投诉工作机制申请协调解决外，还可以依法申请行政复议、提起行政诉讼。

（12）公平合理补偿请求权。在特殊情况下，国家为了公共利益的需要，可以依照法律规定对外国投资者的投资实行征收或者征用。征收、征用应当依照法定程序进行，并及时给予公平、合理的补偿。因国家利益、社会公共利益需要改变政策承诺、合同约定的，应当依照法定权限和程序进行，并依法对外国投资者、外商投资企业因此受到的损失予以补偿。

外商投资合伙企业应承担如下义务。

（1）遵守我国法律法规的义务。外国企业或者个人在中国境内设立合伙企业，应当遵守《外商投资法》《合伙企业法》等法律法规的规定，符合有关外商投资的产业政策。

（2）合法经营的义务。在外商投资准入负面清单规定禁止投资的领域，外商投资合伙企业不得投资；在外商投资准入负面清单规定限制投资的领域，外商投资合伙企业进行投资应当符合负面清单规定的条件；在外商投资准入负面清单以外的领域，按照内外资一致的原则实施管理。外商投资需要办理投资项目核准、备案的，按照国家有关规定执行。外商投资合伙企业在依法需要取得许可的行业、领域进行投资的，应当依法办理相关许可手续。有关主管部门应当按照与内资一致的条件和程序，审核外商投资合伙企业的许可申请，法律、行政法规另有规定的除外。

（3）尊重他人知识产权的义务。外商投资合伙企业要遵守我国的知识产权法律制度，尊重他人的知识产权。

（4）接受主管部门依法实施的监督检查的义务。外商投资合伙企业开展生产经营活动，应当遵守法律、行政法规有关劳动保护、社会保险的规定，依照法律、行政法规和国家有关规定办理税收、会计、外汇等事宜，并接受相关主管部门依法实施的监督检查。

（5）接受经营者集中审查的义务。外商投资合伙企业并购中国境内企业或者以其他方式参与经营者集中的，应当依照《中华人民共和国反垄断法》的规定接受经营者集中审查。

（6）依法报送投资信息的义务。国家建立外商投资信息报告制度。外商投资合伙企业应当通过企业登记系统以及企业信用信息公示系统向商务主管部门报送投资信息。外商投资信息报告的内容和范围按照确有必要的原则确定；通过部门信息共享能够获得的投资信息，不得再行要求报送。

（7）依法接受安全审查的义务。国家建立外商投资安全审查制度，对影响或者可能影响国家安全的外商投资进行安全审查。依法作出的安全审查决定为最终决定。

（8）为本企业工会提供必要的活动条件的义务。外商投资合伙企业职工依法建立工会组织，开展工会活动，维护职工的合法权益。外商投资合伙企业应当为本企业工会提供必要的活动条件。

六、合伙型联营

（一）合伙型联营的概念

根据《民法通则》第 52 条之规定，合伙型联营是指企业、事业单位之间依照联营合同组建的共同出资、共同经营、共享利润、共同承担无限连带责任的商事组织。

（二）合伙型联营的性质

合伙型联营是一种法律拟制的商事主体，依法登记成立，并取得权利能力和行为能力。

（三）合伙型联营的财产责任

合伙型联营企业因不具有法人资格，不独立承担民事责任，当合伙型联营企业所有的财产不能清偿到期债务时，则参加联营的各方对联营企业的债务承担无限连带责任。因而，合伙型联营企业不能通过破产还债，不具有破产能力。联营企业的债权人不能从联营企业的共有财产获得清偿的债权，可要求联营各方清偿。参加联营的企业应按照各方出资或分配的约定份额，以自己的财产承担连带责任。

七、隐名合伙

（一）隐名合伙的概念

隐名合伙是隐名合伙人对出名营业人经营的事业出资，不参加实际的经营活动，并按照合同的约定分享出名营业人营业的收益，以其出资额分担营业亏损的合同关系。

（二）隐名合伙的法律性质

我国民商法学界对于隐名合伙的性质也存在两种不同的观点。一种观点认为，隐名合伙为一种独立的商事组织，具有独立的主体地位。另一种观点认为，隐名合伙是一种隐名投资契约，是隐名合伙人与出名营业人之间的一种契约关系。

笔者赞同第二种观点。隐名合伙在本质上是一种隐名投资合同关系，即隐名合伙人对出名营业人经营的事业出资，并按照合同的约定分享出名营业人营业的收益，分担其营业亏损的合同关系。隐名合伙人是指在隐名合伙中，依约对他方经营的事业投资，分享利润、承担风险的一方当事人。出名营业人是指在隐名合伙中，将隐名合伙人的出资以自己名义经营事业的一方当事人。隐名合伙只能由隐名合伙人与出名营业人两方组成。当事人一方或双方可以是数人。隐名合伙人的隐名和出名营业人的独立执行业务，决定了营业财产不是隐名合伙人和出名营业人的共有财产，而是出名营业人的营业财产。如《日本商法典》第536条第1项规定："隐名合伙人的出资，归于营业人的财产。"因此，无论出名营业人的营业是否因隐名合伙而成立，隐名合伙都不是一种与有限合伙并列的特殊合伙，都不是商事合伙意义上的商事主体，而仅仅是隐名合伙人与出名营业人的隐名投资合同关系。

(三) 隐名合伙的法律特征

隐名合伙体现的是隐名投资合同关系，具有以下法律特征。

1. 隐名合伙以隐名合伙合同为成立的基础

隐名合伙人与出名营业人必须就双方的权利和义务订立隐名投资合伙合同。(1) 隐名投资合伙合同为诺成性合同。隐名投资合伙合同以当事人意思表示达成一致而成立，不以隐名合伙人实际交付出资为合同成立要件。因此，隐名投资合伙合同是诺成性合同。(2) 隐名投资合伙合同为不要式合同。法律并不要求隐名投资合伙合同以某种特定形式订立，只要有证据能够证明隐名投资合伙关系的存在，口头形式或事实上的隐名投资合伙关系亦受法律保护。(3) 隐名投资合伙合同为双务有偿合同。隐名合伙人负财产出资义务，出名营业人负营业及利益分派义务，双方互负义务，且互为对价，任何一方都不能无偿从他方取得利益。(4) 隐名投资合伙合同为无名合同❶。我国法律未把隐名合伙作为有名合同对待，未赋予隐名投资合伙合同的法定名称和规则。但这并非隐名投资合伙合同不受法律保护。合同法奉行合同自由原则，合同形式以不要式为原则，要式为例外，只要不违反社会公德和社会公共利益以及法律、行政法规的强制性规范，应当准许当事人订立任何内容的合同。

2. 隐名合伙不具有独立主体地位

隐名合伙是一种隐名投资合同关系而非组织体，不具有独立主体地位，隐名合伙人按照隐名投资合同向出名营业人出资，出资的财产归于出名营业人所有而非二者共有，隐名合伙人一旦将出资交付给出名营业人，则该出资的所有权发生转移；并且隐名合伙人没有对外公开其身份、出资等信息的义务。

3. 混合责任制

一般的民事主体，无论自然人、法人，还是普通合伙，其责任形式都是单

---

❶ 无名合同，也叫非典型合同，是"有名合同"的对称，是指法律上尚未确定一定的名称与规则的合同。

一的。隐名合伙与一般的民事主体不同，实行的是混合责任制。隐名合伙人以其出资额为限对合伙的债务承担有限责任，出名营业人则以其个人全部财产对合伙债务负无限连带责任。可见，在隐名合伙中，由部分合伙人承担有限责任，部分合伙人承担无限责任，是有限责任与无限责任的结合。这种混合责任制，是其与其他民事主体的重要区别。

4. 权利的分别制

在隐名合伙中，法律赋予无限责任者（出名营业人）享有经营权，有限责任者（隐名合伙人）享有监督权。这是因为，权利与义务、利益与风险均应成正比而存在，这是权利义务相一致原则的基本要求。只有令承担风险大者掌握经营的控制权，才能有效激发其趋利避害的积极性，使其尽力为避免经营风险、谋求最大利益而殚精竭虑、勤勉经营，从而最大限度地促进企业自身的发展，并能惠及其他组织成员和社会公共利益。若令承担风险小者掌握经营的控制权，其不免于勤勉程度上会有懈怠，甚至会因自己的责任已被限制在较小范围内，而不顾其他成员利益超出合理范围进行冒险经营，从而招致重大损失。

（四）隐名合伙的当事人的权利、义务

1. 隐名合伙人的权利、义务

（1）隐名合伙人的权利。

①营业检查权。隐名合伙人虽然对于营业事务无决策权和执行权，但因出名营业人的经营状况与其有着直接的利害关系，因此，其对于合伙营业有检查权，以监督出名营业人对其财产的正当有效利用。

②合伙利益的收益权。隐名合伙人参与隐名合伙是以分享合伙营业的利益为目的的。因此，隐名合伙人对于出名营业人从事合伙营业所获得的利益享有请求分配所得的权利。这种分配请求权依据在于隐名合伙人的出资及其数额。

（2）隐名合伙人的义务。

①依约出资的义务。隐名合伙在本质上是一种隐名投资合同关系，隐名合伙人要参与到出名营业人的事业中去，必须根据双方订立的隐名投资合伙合同履行出资义务。出资可以是实物、资金，但不能是信用和劳务。否则，隐名合伙的目的难以实现。隐名合伙的出资数额，应依合同约定。出名营业人若要求隐名合伙人增资，必须在合同中事先特别约定。否则，隐名合伙人无增资的义务。如果出资遭受损失，不管这种损失是否由于出名营业人的过错造成，隐名合伙人亦无补足出资的义务。隐名合伙人出资的时间当以约定为准；没有约定或者约定不明的，隐名合伙人可以随时出资，出名营业人也可以随时要求其交付出资，但应给对方一定的合理期限。隐名合伙人不依约定或经催告仍未于合

理期限内交付出资，属于违约行为，应承担迟延履行的民事责任。

②出资瑕疵担保义务。隐名合伙人对其交付的出资向出名营业人负有瑕疵担保责任。物的瑕疵包括品质瑕疵、种类瑕疵和数量瑕疵。担保应当从交付之日起开始。存在标的物瑕疵的，出名营业人除可要求隐名合伙人承担违约责任外，还可以解除合同。

③合伙债务的承担义务。隐名合伙人依约定或出资比例对合伙债务承担责任，但该责任为有限责任，以出资额为限，并且隐名合伙人不直接对第三人负有该义务，而只对合伙负有该义务。

2. 出名营业人的权利义务

（1）出名营业人的权利。

①合伙财产的拥有权。从德、日等国及我国台湾地区关于隐名合伙的规定来看，出名营业人独立享有合伙财产。隐名合伙人向出名营业人出资，在名义上这些财产归出名营业人所有。其可以行使占有、使用、收益、处分的权利。

②独立的经营管理权。隐名合伙人原则上不执行合伙事务，合伙事务的执行权仅属于出名营业人一方，其经营管理权不受非法干预。出名营业人有权决定和独立经营管理合伙事务，对外代表合伙与第三人发生法律关系。出名营业人在执行合伙事务中，应当尽如同处理自己事务一样的注意，因其过错造成损失的，应当向隐名合伙人承担责任。

③合伙关系的终止权。当隐名合伙人出资怠慢、滥用账簿查阅权、泄露商业秘密时，出名营业人可行使终止权，终止与隐名合伙人的合伙关系。

（2）出名营业人的义务。

①为隐名合伙人隐名的义务。隐名合伙人之所以隐名，其目的就是不愿意让第三人知道其在合伙事务中有投资的事实。因此，出名营业人负有为其隐名的义务，应按照约定为隐名合伙人隐名。如果出名营业人把这一事实告知第三人，则隐名就不存在了。出名营业人构成违约，应向隐名合伙人承担违约责任。

②营业损益报告并分配的义务。出名营业人应当计算经营合伙事务的损益，并将合伙营业的损益情况向隐名合伙人报告；在隐名合伙终止时，应明确报告合伙事务的始末。在合伙期间，出名营业人应将合伙的收益依照约定分配给隐名合伙人。损益分配的比例有约定的，按照约定；没有约定或者约定不明确的，应当按照出资比例确定。当事人仅对损失有约定的，该约定的损失比例适用于利益分配。

③合伙债务的无限清偿义务。出名营业人应对隐名合伙的债务承担无限连带责任。

（五）隐名合伙与有限合伙

隐名合伙与有限合伙之间既有相同之处，又存在明显的区别。

1. 相同点

（1）债务清偿方式相同。从对合伙债务的责任承担方式看，隐名合伙和有限合伙的债务清偿责任方式均采取混合责任制，即无限责任和有限责任的结合。出名营业人和普通合伙人承担无限连带责任；隐名合伙人和有限合伙人仅以其出资为限对合伙债务承担有限的清偿责任。

（2）出资的限制相同。从出资的限制看，隐名合伙人与有限合伙人均只能以财产、资金出资，而不能以劳务、信用出资。

（3）充当的角色相同。从隐名合伙人与有限合伙人的权利义务看，隐名合伙人与有限合伙人在合伙中仅充当投资人的角色，他们仅负有依照合同或合伙章程向合伙出资的义务，他们无权参与合伙的经营管理，无权对合伙事务进行表决，无权对外代表合伙，他们享有的仅仅是维护其自身利益的有限的权利，如查阅权、分得利润权等。一旦他们参加了合伙的经营管理或对合伙事务实际控制，则取得了出名营业人或普通合伙人的地位，对合伙的债务承担连带无限责任。

（4）对合伙命运的影响相同。从合伙命运看，隐名合伙人或有限合伙人的死亡，并不导致合伙的解散和营业的停止。只有当出名营业人和普通合伙人死亡时，合伙命运才终止；并且合伙终止时，其各项事务由出名营业人或普通合伙人予以清理，隐名合伙人或有限合伙人无权参与，只能等待分配剩余财产。

2. 不同点

（1）性质不同。隐名合伙是一种隐名投资合同关系而非组织体。而有限合伙则是一种商事组织体，虽然不具有法人资格但具有相对独立的主体地位。

（2）成立的要件不同。隐名合伙为诺成、不要式合同；而有限合伙则必须有书面章程，即有限合伙证书。

（3）出资的归属不同。隐名合伙人出资的财产归于出名营业人所有而非二者共有，隐名合伙人一旦将出资交付给出名营业人，则该出资所有权发生转移。有限合伙人的出资则归全体合伙人共有而非普通合伙人所有，无论是有限合伙人还是普通合伙人，其出资的交付并不转移所有权，而仅仅是改变了所有权类型，即由单独所有转变为共同共有。

（4）是否须公示或显名。有限合伙具有公开性，须经登记才能成立。在有限合伙的营业执照上，必须写明每一个合伙人的姓名和住所，并分别表明其称谓（有限合伙人或普通合伙人），另要注明每一有限合伙人的现金出资额和其他财产出资的价值，对附加出资也要注明。有限合伙人在有限合伙登记簿上必须作出记载。而隐名合伙不须登记，仅依当事人之间的合同即可成立。隐名合伙人在出名营业人的商业登记簿不显名，不具有独立主体地位，没有对外公开其身份、出资等信息的义务，具有隐蔽性。这一点是其与有限合伙的关键区别。

（5）所属商号不同。有限合伙只存在于合伙商号之中。而隐名合伙可能发生在独资商号中，也可以发生在合伙商号之中。

（6）稳定性、持久性不同。与隐名合伙相比，有限合伙具有更大的稳定性、持久性。有限合伙人出资后并不丧失对出资的财产权，因此可以全部或部分转让其出资，这使得有限合伙可以做到人员流动而投入到合伙企业的资本不流动，从而使有限合伙具有了更大的稳定性和持久性；并且由于有限合伙必须经过法定的批准程序方能成立，因此有限合伙必须具备经营场所等相应的经营条件，这就决定了有限合伙具有相对的稳定性，轻易不会解散。而隐名合伙是合同关系，法律不要求其具备有限合伙所具备的经营条件，因此，具有灵活性和临时性，其存续期间相对较短。隐名合伙人在出资后丧失了出资的财产权，因此无权转让其出资。

（六）隐名合伙与挂名投资

挂名投资在现实生活中比较常见，是指实际投资者不以自己的名义而以他人的名义投资，因而商事登记簿上记载的名义投资人并非实际投资人的现象。在挂名投资的情形下，实际享有投资者权利、控制企业的是实际投资者而非名义投资者，实际投资者与名义投资者之间往往存在亲属或朋友等密切关系，通常签有君子协定，约定因挂名投资而产生的权利、义务及责任均由实际投资者享有和承担，名义投资者不承担任何法律后果。

1. 相同点

隐名合伙与挂名投资相同点表现在：对外都不显示实际投资者。在出名营业人的商业登记簿只显示出名营业人的姓名，而不显示隐名合伙人的姓名。在挂名投资中，显名的是名义投资者而非实际投资者。

2. 不同点

（1）控制营业的主体不同。在隐名合伙中，控制营业的是出名营业人（显名者）；而在挂名投资中，控制营业的则是实际投资者（非显名者）。

（2）意思表示的性质不同。隐名合伙是当事人真实的意思表示，双方当事人的权利应当受到法律的保护。挂名投资是虚假的意思表示，旨在规避法律的规定，很难受到法律的保护。

【重点阅读书目】

书名	编著者	出版社	出版时间	章节
商法学	商法学编写组	高等教育出版社	2019	第 2 章
中国商法总论	樊涛	法律出版社	2016	第 2 章
商法新论	陈本寒	武汉大学出版社	2014	第 3 章
商法	范健	高等教育出版社、北京大学出版社	2011	第 2 章
商法学	范健、王建文	法律出版社	2012	第 2 章
商法学	朱羿锟	北京大学出版社	2012	第 2 章
商法学	覃有土	高等教育出版社	2012	第 2 章
商法学	施天涛	法律出版社	2010	第 1 章
商法总论	张璎	北京大学出版社	2009	第 2~5 章
商法总论	任先行	北京大学出版社	2007	第 3~4 章
商法学	赵旭东	高等教育出版社	2007	第 2 章
商法	赵万一	中国人民大学出版社	2003	第 2 章

【必读法律法规】

名称	颁布时间	章节
民法通则	1986	第 2~3 章
民法总则	2017	第 2~4 章
公司法	2018	第 2 章、第 4 章
公司登记管理条例	2016	全文
企业法人登记管理条例	2016	全文
企业法人登记管理条例施行细则	2014	全文
企业名称登记管理规定	2012	全文
合伙企业法	2006	第 1~5 章

续表

名称	颁布时间	章节
合伙企业登记管理办法	2007	全文
个人独资企业法	1999	全文
个人独资企业登记管理办法	2014	全文
农民专业合作社法	2017	全文
农民专业合作社登记管理条例	2014	全文
外国（地区）企业在中国境内从事生产经营活动登记管理办法	2017	全文
外商投资法	2019	全文
个体工商户条例	2016	全文
个体工商户登记管理办法	2014	全文

【思考题】

1. 商事主体与民事主体有何区别？
2. 商事主体有哪些类型？它们有何特征？
3. 商事法人与商事合伙有何不同？
4. 我国的合伙企业有哪些类型？有什么不同？
5. 商事法人与公益法人有何区别？
6. 个人独资企业和合伙企业有何不同？
7. 个人独资企业与个体工商户有何不同？
8. 农民专业合作社的权利与义务有哪些？
9. 简述我国对外商投资法人企业的管理制度。
10. 简述隐名合伙的法律特征。

第四章　辅助商事主体

第一节　商事中间人

一、商事中间人的概念

商事中间人或商中间人是指以从事间接商事行为或中介商事行为为业的人。

在商事登记中，其名称中常冠以"中介公司""代理公司""经纪公司"等职业特征。商事中间人为商事主体之一，从事经营性行为，但与直接从事商品生产和商品交换的商事主体在经营方式、权利能力、行为能力和责任能力方面有明显的差异。因此，在法律上确立商事中间人的法律地位具有十分重要的意义。

二、商事中间人的类型

就世界各国而言，商事中间人包括代理商、居间商和行纪商三种类型。

（一）代理商

1. 代理商的概念

代理商是指接受他人委托、固定地为其他业主促成交易或以其他业主的名义缔结交易的商事主体。

2. 代理商的法律特征

（1）商事代理权来源于被代理人之委托，并进行连续经营。即商事代理只能是委托代理，而法定代理、指定代理不可能产生商事代理。代理商必须固定地从事受他人委托的、促成交易或缔结交易的活动。代理商与被代理人之间的关系是一种持续的法律关系，即民法上所说的根据事务处理之契约形成的、具有一定连续性的完整的委任关系。

（2）代理商的行为具有营利性，其行为方式是促成交易或缔结交易。代理商向被代理人提供服务，是以营利为前提的。代理商的行为方式是促成交易或缔结交易。所谓促成交易，是指代理商通过其介绍活动直接或间接地影响到有意缔结交易的第三人，促使第三人与被代理人达成交易协定或交易契约。所谓缔结交易，是指代理商以被代理人的名义提出缔约表示即交易要约，或为被代理人接受他人的缔约表示即交易承诺。

（3）代理商需经过注册。

（4）代理商不以显名为必要。代理商既可以以被代理人的名义，也可以以自己的名义从事商事活动。

（5）代理商须受商事习惯之约束。

（6）代理商是完全商人，其行为具有独立性。这种独立性主要表现在，代理商有权自由决定自己活动和自由支配自己时间、有自己的经营场所、自己承担经营费用、使用自己的商事名称、编制自己的商业账簿、通过自己的营业活动收取佣金以及同时为几个业主的代理人。可见，代理商不依赖于被代理人而存在，由此形成与企业雇员的区别。

3. 代理商的分类

（1）总代理商和普通代理商。

根据代理权是否具有排他性，可以将代理商分为总代理商和普通代理商。

总代理商是指代理权具有排他性、被代理人不得再行指定其他人进行代理活动的代理商。

普通代理商是指代理权不具有排他性、被代理人可以再行指定其他人进行代理活动的代理商。

（2）媒介代理商和订约代理商。

根据是否有权处理法律行为，可以将代理商分为媒介代理商和订约代理商。

媒介代理商是指仅有代理被代理人进行媒介行为之权，无权与第三方订立合同的代理商。

订约代理商是指拥有以本人或自己的名义与第三方订立合同之权的代理商。

（3）上级代理商和次级代理商。

根据委托人类型的不同，即所受委托来源于被代理人还是上级代理商，可以将代理商分为上级代理商和次级代理商。

上级代理商是指受被代理人本委托进行代理业务活动的代理商。

次级代理商是指受上级代理商委托进行代理业务活动的代理商。

（4）商品代理商、运送代理商、输出代理商、输入代理商、广告代理商、投标代理商、保险代理商和旅行代理商。

根据代理业务的不同，可以将代理商分为商品代理商、运送代理商、输出代理商、输入代理商、广告代理商、投标代理商、保险代理商和旅行代理商等。

商品代理商是指从事购买或销售或二者兼备的洽商工作,但不拥有商品所有权的代理商。又可以进一步细分为购货代理商与售货代理商。购货代理商是指受被代理人委托以购买货物为业务内容的代理商;售货代理商是指受被代理人委托以销售货物为业务内容的代理商。

运送代理商是指受被代理人的委托招揽货物或客人,并为被代理人运送货物或人的代理商。又可以进一步细分为陆上运送代理商、海上运送代理商及航空运送代理商。在国际贸易中,主要是海上运送代理商,也称为船务代理商。

输出代理商是指在输出国受本国商事主体委托,以该商事主体名义向海外出卖商品的代理商。

输入代理商是指在输入国受国外商事主体委托,以该商事主体名义在输入国从事商品售卖业务的代理商。输入代理商在国际贸易中非常普遍,往往是出口商打开国外市场,进行促销而经常借助的一条有效渠道。

广告代理商是指受被代理人委托并以被代理人名义为其计划、创造、制作及安排广告业务的代理商。

投标代理商是指代理厂商参加国内外招标业务的代理商。

保险代理商是指受保险人的委托通过订立保险合同代理业务的代理商。

旅行代理商是指以旅客名义为旅客办理一切旅行手续的代理商。如各种旅行社代旅客办理预订旅馆、机票、车票等旅行必需的事项。

4. 代理商的权利和义务

(1) 代理商享有如下权利。

①佣金请求权。商事代理均为有偿代理,代理商的佣金请求权是其最重要的权利。商事代理制度是围绕对代理商的佣金请求权的实现而设计的。❶ 本人支付佣金的前提是本人和第三人缔结合同可归因于代理商的媒介或代理行为。

②必要代理费用偿还请求权。代理人与本人的内部关系适用委托。代理商可以请求本人偿还其在通常的营业中产生的必要费用。

③补偿请求权。在符合公平原则的前提下,代理商在合同关系终止后,可以向本人请求适当的补偿。补偿请求权限于下列情形:在合同关系终止后,因代理商争取到的新客户的业务联系,本人获得重大利益;代理商由于合同关系的终止而丧失了佣金请求权,而该请求权如果在合同关系继续的情况下本来有可能已经成立或者将要成立的与其争取到的客户的交易而获得。这种请求权的

---

❶ 樊涛. 中国商法总论 [M]. 北京:法律出版社,2016:67.

存在是合理的，因为代理成果与代理商的代理行为具有相关性。

④留置权。有些国家的商法典规定了代理商的留置权。《德国商法典》第88条规定，代理商不得预先抛弃法定留置权。在合同关系终止后，代理商只因其到期的佣金请求权和费用偿还请求权而对其提供的文件享有一般规定存在的留置权。《日本商法典》第51条也有类似规定，但日本商法对代理商的留置权允许当事人通过约定排除适用。

（2）代理商承担如下义务。

①必要通知强化义务。商法不仅规定代理商应当依据民法委托关系的要求承担相关义务（事务执行的报告义务、执行成果的归还义务等），而且存在对上述义务进行强化的规定，要求代理商向本人进行必要通知时，应当毫不迟疑或从速。《德国商法典》和《日本商法典》均有规定。

②勤勉和注意义务。代理商应当努力地为本人媒介或成立交易，维护本人的利益；并以通常商人之注意履行其义务。

③忠实义务和竞业禁止义务。《日本商法典》第48条规定，代理商非经本人许诺，不得为自己或第三人进行属于本人营业部类的交易，不得成为以经营同种营业为目的的公司的无限责任股东或董事。《德国商法典》第90条允许代理商与本人进行竞业禁止的约定。竞业禁止的约定可以延至代理合同终止后一定期限，本人应向承担竞业禁止的代理商支付适当的补偿。

④保密义务。代理商不仅在代理合同有效期内，而且在代理合同终止后，应当保守本人的业务和营业秘密。

5. 代理商与经销商的区别

经销商就是在某一区域和领域只拥有销售或服务的单位或个人。

代理商与经销商既有联系，又有区别。

二者的联系表现在：在销售渠道上互相渗透。在从制造商到零售终端渠道途径上，经常会有代理商和经销商的参与，❶同时，代理商和经销商也会建立起下级代理商和分销商的模式，通过层级的增多，逐步扩大自己业务管理。

二者的区别表现在以下几个方面。

（1）体现的法律关系不同。经销商与企业（供货商）之间是买卖法律关系；代理商与企业（被代理人）之间是代理法律关系。

（2）对经营的产品的所有权不同。经销商拿货币向厂家或企业购买产品，

---

❶ 从制造商到零售终端的渠道途径：①制造商→经销商→消费者；②制造商→总代理→经销商→消费者；③制造商→总代理→一级代理→经销商→消费者；④制造商→总代理→一级代理→二级代理→…经销商→分经销商→消费者。

其对产品拥有所有权；代理商对经营的产品一般没有所有权。

（3）收入来源不同。经销商是用钱向企业进货再转手卖出去，其收入来源于货物的差价；代理商是作为企业与市场之间的中介，其收入来源于被代理人的佣金。

（4）承担的风险不同。经销商要承担货物滞销、资金积压的风险；而代理商则无须承担这些风险。

（二）居间商

1. 居间商的概念

居间商是指为获取佣金而积极促成契约缔结的商人。

居间是一项重要的商事行为，在促成商事交易中发挥着举足轻重的作用。大陆法系国家商法典对其作了明确的规定。我国尚没有关于居间商专门立法，仅在《合同法》中对居间合同作出了简要的规定，基本上接受了大陆法系民法中关于民事居间的规定，确定了处理居间行为的一般规则，但没有考虑商事居间的特殊性。因此，对居间商之立法亟须制定。

2. 居间商的特点

（1）居间商是契约缔结的中介人。居间商所从事的缔约之中介，通常可分为两种：①指示居间。订约委托人首先表示自己的要约，居间商只是作为传达人将订约委托人的要约传达给第三人，要约之承诺也由第三人向居间商为之。②媒介居间。通过居间商的中介即介绍，被介绍的缔约双方自己直接缔约，居间商仅起到提供缔约信息、帮助联系的作用。

（2）居间商是基于佣金请求权而为居间活动的。居间商所从事的居间商事行为不是基于契约，不负有活动及行为义务，而是基于佣金请求权，仅仅追求行为结果之报酬。这种活动的特点是只有当中介活动生效即契约缔结成立时，居间商才有资格获取佣金。

（3）居间商是一种完全商人，其活动是自由、独立的。居间商不是以自己或他人的名义从事契约之缔结，并不负有对这类活动之成功去主动地尽自己的努力之义务；也不像商事辅助人那样受到雇佣契约的约束。但居间商应承担据实介绍的义务，不得恶意促成或从中渔利盘剥。

3. 居间商的权利和义务

（1）居间商享有如下权利。

①报酬请求权。居间合同是有偿合同，因此，基于在居间过程中所提供的劳务和其他支出以及居间行为所产生的实际法律效果，居间商对委托人享有法定的居间佣金请求权。居间商的报酬请求权须具备以下要件：第一，居间合同

必须最终生效，这是居间商报酬请求权的生效要件。第二，居间商的中介活动必须是合同缔结的重要原因。第三，成立的合同必须与居间商中介的业务具有同一性。即委托人与居间商介绍的相对人订立的合同必须与居间商中介的业务大体上一致。

②费用偿还请求权。即在居间未成功的情况下，居间商享有向委托人主张偿还从事居间活动支出的必要费用的权利。因为在居间目的未能实现的情况下，居间商不能对其实际实施的居间行为获得相应佣金，这已经令其承受了相当大的风险，因而不应令其另行承担为此花费的必要费用。而在居间目的实现的情况下，居间商不享有费用偿还请求权。因为居间商基于居间的成功而获得了相应的佣金，实际上已包含对居间商支付的必要费用的补偿，或者说是把居间商垫付的居间费用当作居间商为获取报酬的一种投资或成本。❶

（2）居间商承担如下义务。

①高度的注意义务。居间商为居间行为时，应当承担高度的注意义务。这是因为，基于居间合同，委托人对居间商为其提供必要信息及提供必要服务给予了较高的期望，相信居间商能为其提供合适的订约机会，因此，居间商应当对受托的事务尽到高度的注意义务。指示居间的居间商应按委托人的指示寻找可能与委托人订立合同的人，并向委托人指明该第三人的姓名或名称。媒介性居间的居间商不仅要向委托人报告订立合同的机会，而且有义务在双方当事人之间斡旋，促成双方当事人订立合同。

②如实报告义务。居间商依据诚实信用原则，就对订约有影响之事项（如相对人的信用、房屋的瑕疵等），向委托人负有报告的义务。媒介居间❷的居间商应将订约事项报告于双方当事人；报告居间❸的居间商应将订约事项报告于委托人。

③隐名居间❹的保密、介入义务。居间商的保密义务是指隐名居间的居间商负有不将隐名当事人的姓名或企业名称向对方公开的义务。居间商的介入义务是指在第三人无法知悉对方当事人或对方当事人难以切实履行义务时，隐名居间的居间商承担的合同履行义务人的义务。由于隐名居间的居间商履行保密义务势必使第三人的权益难以得到有效保障，因此，法律赋予第三人请求居间商

---

❶ 樊涛. 中国商法总论［M］. 北京：法律出版社，2016：202-203.
❷ 媒介居间是指居间人为委托人提供媒介服务的居间。
❸ 报告居间，又称指示居间，是指居间人仅为委托人报告订约机会的居间。
❹ 隐名居间是指在实施居间的过程中，居间人不得将委托人的姓名或名称向对方公开的居间。

作为合同履行义务人的权利。

(三) 行纪商

1. 行纪商的概念

行纪商是以自己的名义为他人即委托人从事商事活动的商事主体。

在大陆法系国家,行纪商是一个独立的商事主体,其通常以自己的名义为委托人购买或销售货物、有价证券,并以此作为职业。

2. 行纪商的法律特征

(1) 行纪商的身份与职业经营密切相关。即行纪商必须从事职业性的行纪经营,以行纪交易之缔结作为其正常的经营业务。但是在特殊情况下,如果商人本身并不是行纪商,但他在商事经营中偶尔采用行纪行为的方式从事商事交易,也可视为行纪商,适用商法中关于行纪商事行为的有关规定。

(2) 行纪商是以自己的名义实施行纪行为。行纪商与第三人为商事行为时,不是以委托人的名义,而是必须以自己的名义进行。这是行纪商与代理商、居间商的区别。行纪商在接受委托后,是以自己的名义与第三人进行交易,与第三人直接发生商事法律关系,成为契约中的当事人,独立享受权利,承担义务。而委托人和第三人不发生关系。如股民向中信证券公司发出交易指令后,中信证券公司以自己的名义向上海、深圳证券交易所买入或卖出股票,而股民与上海、深圳证券交易所不发生法律关系。

(3) 行纪商为委托人的利益而为商事行为。行纪商虽然是以自己的名义从事商事活动,但是他履行行纪行为而产生的交易后果不是为其本人,而是为了委托人。行纪行为之履行对委托人产生经济后果。正因为此,行纪商在商事行纪行为中扮演的角色与其他商事中间人在商事中介中的作用有重要的差异。如中信证券公司代股民在上海证券交易所购买了股票,其所产生的收益或亏损均由该股民来承担。

(4) 行纪商必须遵从委托人的指示。因其所产生的权利与义务最终由委托人承受,风险也由委托人承担。因此,行纪商在办理受托的行纪事务时,必须对委托人负责,在委托人指示的权限内进行,不得超越权限。如股民向中信证券公司发出以 8.65 元的价格买入上海建工 1 万股的指令,则中信证券公司必须执行上述指令。否则,造成的损失,应该由中信证券公司承担责任。

(5) 行纪商在办理行纪事务时所产生的一切费用由委托人负担。行纪商不仅以委托人的费用为其办理行纪事务,而且,行纪商与第三人所立契约以及因这种契约而产生的权利与义务,也可以直接转让给委托人,并由委托人承担最后的交易结果。如中信证券公司按照股民的指令,以 9.25 元的价格卖出上海建工1万股，则该股民应承受该笔交易所产生的佣金、过户费、印花税等费用。

3. 行纪商的作用

在传统商法理论中，行纪商的出现具有以下几个方面的重要意义：（1）有利于国际贸易分工更加具体化和形式多样化；（2）有利于生产者通过异地商人参与贸易而促进交易的发展；（3）有利于增强交易对方的安全感。以异地商人名义出售产品，并适用当地的交易习惯和法律，可以使整个交易获得更大的便利和优惠，获得更多的保护。

4. 行纪商的权利和义务

（1）行纪商享有如下权利。

①报酬请求权。行纪合同为有偿合同，行纪人对委托人享有报酬请求权。行纪报酬请求权的条件是行纪交易业务的履行。只有第三人借助行纪人的中介，对行纪行为标的物进行了给付，满足了委托人的要求、实现了委托人的利益，达到了行纪行为的目的，行纪人对委托人才享有报酬请求权。但是，由于委托人自身过失导致行纪交易业务不能履行或未能全部履行的，不影响行纪人的报酬请求权。

②委托物的留置权。为了保证行纪人的报酬请求权的实现，行纪人占有委托物的，对委托物享有留置权。但是，当事人特别约定不得对委托物行使留置权的除外。

③委托物的提存权。即在一定的交易活动中，当债务关系中的债权人发生受领迟延或债权人不明确时，不负特殊义务的债务人享有将债务的标的物在约定的官方仓库或存放地予以寄存的权利。法律赋予行纪人提存委托物的目的在于，终止行纪合同，减少行纪人的保管义务和意外灭失的责任。❶

④委托物的拍卖权，也称为自助变卖权，是指在债权人受领迟延的情况下，债务人对不宜于进行提存的动产在给付履行地予以官方拍卖的权利。

（2）行纪商承担如下义务。

①遵从委托人指示的义务。行纪人是为委托人的利益而产生的，因此，行纪人必须遵从委托人的指示去从事行纪交易活动，真正贯彻委托人的旨意，切实维护委托人的利益。否则，交易活动的结果对委托人不生效，委托人可以据此向行纪人提出损害赔偿请求。

②委托物的保管义务。行纪人占有委托物的，应当妥善保管委托物，负有善良管理人的注意义务，不得使用委托物。否则，应承担损害赔偿义务。

---

❶ 樊涛. 中国商法总论［M］. 北京：法律出版社，2016：209.

③合理处分委托物的义务。委托物交付给行纪人时有瑕疵或者容易腐烂、变质的，经委托人同意，行纪人可以处分该物；与委托人不能及时取得联系的，行纪人可以合理处分。行纪人合理处分委托物应符合以下三个条件：第一，标的物必须为委托出卖物；第二，该出卖物于达到行纪人时有瑕疵；第三，须为保护委托人的利益。行纪人应选择最有利于委托人的方式处分委托物。

④交易费用的负担义务。行纪人处理委托事务支出的费用，由行纪人负担，但当事人另有约定的除外。因为行纪合同为有偿合同，行纪人从事行纪活动，自应承担商业风险。该风险相当于为获得利润而支付的成本，原则上应由行纪人自行负担，而行纪人可以通过向委托人收取报酬来弥补。

⑤直接履行义务。行纪人的直接履行义务包括行纪人对于交易相对人的直接履行义务和行纪人对委托人的直接履行义务。首先，行纪人对交易相对人的直接履行义务。行纪合同成立后，行纪人以自己的名义与第三人进行交易行为。行纪人与第三人为交易的当事人，基于交易行为，直接产生权利义务关系。而委托人与第三人之间并无任何法律上的关系，即使第三人不履行债务，委托人也不得对第三人主张权利。其次，行纪人对于委托人的直接履行义务。第三人不履行义务致使委托人受到损害的，行纪人应当承担损害赔偿责任，但行纪人与委托人另有约定的除外。行纪人向委托人承担第三人不履行合同义务的赔偿责任，显然加重了行纪人的责任和负担，这在保障委托人权益的同时，很可能妨碍商事行纪行为的开展。

三、我国商法中的经纪人

经纪人是指在经济活动中，以收取佣金为目的，为促成他人交易而从事居间、行纪或者代理等经纪业务的公民、法人和其他经济组织。

在我国，经纪人可划分为一般经纪人和特殊经纪人。一般经纪人是指从事国家允许公开交易，又不属于特殊行业的商品交易的中间商。特殊经纪人是指从事金融、保险、证券、期货、科技、房地产等行业，须通过专业培训，经考核合格获得专业经纪人员资格证书后才能上岗的专业经纪人。本书主要研究我国的特殊经纪人。

（一）证券经纪人

1. 证券经纪人的概念

根据《证券法》《证券公司监督管理条例》和《证券经纪人管理暂行规定》之规定，证券经纪人是指接受证券公司的委托，代理其从事客户招揽和客户服务等活动的证券公司以外的自然人。

2. 证券经纪人的执业条件

根据《证券经纪人管理暂行规定》，证券经纪人需要具备四个条件才能够执业。

（1）必须具有证券从业资格，并且具备与一般证券从业人员相同的执业条件。包括最近三年未受过刑事处罚；不属于因违法行为或者违纪行为被开除的证券交易所、证券登记结算机构、证券服务机构、证券公司的从业人员和被开除的国家机关工作人员；未被中国证监会认定为证券市场禁入者，或者已过禁入期的；品行端正，具有良好的职业道德；法律、行政法规和中国证监会规定的其他条件。

（2）要求证券经纪人只能接受一家证券公司的委托，且应当专门代理证券公司从事客户招揽和客户服务等活动。证券经纪人与证券公司之间的法律关系是委托代理关系，其产生的根据就是他们之间的委托合同。

（3）必须通过证券公司在中国证券业协会进行执业注册登记。证券公司应当对证券经纪人进行不少于60个小时的执业前培训，其中法律法规和职业道德的培训时间不少于20个小时，并对证券经纪人执业前培训的效果进行测试。在与证券经纪人签订委托合同、对其进行执业前培训并经测试合格后，向中国证券业协会为其进行执业注册登记。执业注册登记事项包括证券经纪人的姓名、身份证号码、代理权限、代理期间、服务的证券营业部、执业地域范围和公司查询与投诉电话等。

（4）取得由证券公司颁发的证券经纪人证书。证券公司应当在为证券经纪人进行执业注册登记后，按照协会的规定打印由协会统一印制、编号的证券经纪人证书，并加盖公司公章，颁发给证券经纪人。取得证券经纪人证书后，证券经纪人方可执业。证券经纪人应当在执业过程中向客户出示证券经纪人证书，明示其与证券公司的委托代理关系，并在委托合同约定的代理权限、代理期间、执业地域范围内从事客户招揽和客户服务等活动。

3. 证券经纪人的执业规范

《证券经纪人管理暂行规定》规定，证券经纪人从事客户招揽和客户服务等活动，应当遵守法律、行政法规、监管机构和行政管理部门的规定、自律规则以及职业道德，自觉接受所服务的证券公司的管理，履行委托合同约定的义务，向客户充分提示证券投资的风险。此外，《证券经纪人管理暂行规定》列举了证券经纪人可以从事的行为及禁止的行为。

（1）证券经纪人在执业过程中，可以根据证券公司的授权，从事下列部分或者全部活动：①向客户介绍证券公司和证券市场的基本情况；②向客户介绍证券投资的基本知识及开户、交易、资金存取等业务流程；③向客户介绍与证券交易有关的法律、行政法规、证监会规定、自律规则和证券公司的有关规定；④向客户传递由证券公司统一提供的研究报告及与证券投资有关的信息；⑤向客户传递由证券公司统一提供的证券类金融产品宣传推介材料及有关信息；⑥法律、行政法规和证监会规定证券经纪人可以从事的其他活动。

（2）证券经纪人在职业活动中不得有下列行为：①替客户办理账户开立、注销、转移、证券认购、交易或者资金存取、划转、查询等事宜；②提供、传播虚假或者误导客户的信息，或者诱使客户进行不必要的证券买卖；③与客户约定分享投资收益，对客户证券买卖的收益或者赔偿证券买卖的损失作出承诺；④采取贬低竞争对手、进入竞争对手营业场所劝导客户等不正当手段招揽客户；⑤泄漏客户的商业秘密或者个人隐私；⑥为客户之间的融资提供中介、担保或者其他便利；⑦为客户提供非法的服务场所或者交易设施，或者通过互联网络、新闻媒体从事客户招揽和客户服务等活动；⑧委托他人代理其从事客户招揽和客户服务等活动；⑨损害客户合法权益或者扰乱市场秩序的其他行为。上述规定大部分是一般证券从业人员都应禁止的职业规范，值得强调的主要有两项：一是不得通过互联网络、新闻媒体从事客户招揽和客户服务等活动；二是不得委托他人代理其从事客户招揽和客户服务等活动。

4. 证券经纪人的制度保障

《证券经纪人管理暂行规定》对证券经纪人的制度保障作了如下安排。

（1）职业培训。包括执业前培训和后续职业培训。证券公司应当对证券经纪人进行不少于60个小时的执业前培训，其中法律法规和职业道德的培训时间不少于20个小时，并对证券经纪人执业前培训的效果进行测试。证券公司应当按照协会的规定，组织对证券经纪人的后续职业培训。

（2）经纪人证书管理。证券公司应当在为证券经纪人进行执业注册登记后，按照协会的规定打印证券经纪人证书，并加盖公司公章，颁发给证券经纪人。证券经纪人证书载明事项发生变动的，证券公司应当将该证书收回，向协会变更该人员的执业注册登记，并按照规定办理新证书的打印和颁发事宜。证券公司终止与证券经纪人的委托关系的，应当收回其证券经纪人证书，并自委托关系终止之日起5个工作日内向协会注销该人员的执业注册登记。证券公司因故未能收回证券经纪人证书的，应当自委托关系终止之日起10个工作日内，通过证监会指定报纸和公司网站等媒体公告该证书作废。

（3）建立健全客户投诉和纠纷处理机制。证券公司应当建立健全客户投诉和纠纷处理机制，明确处理流程，妥善处理客户投诉和与客户之间的纠纷，持续做好客户投诉和纠纷处理工作。证券公司应当保证在营业时间内,有专门人员受理客户投诉、接待客户来访。证券公司的客户投诉渠道和纠纷处理流程,应当在公司网站和证券营业部的营业场所公示。证券经纪人被投诉情况以及证券公司对客户投诉、纠纷和不稳定事件的防范和处理效果,作为衡量证券公司内部管理能力和客户服务水平的重要指标,纳入其分类评价范围。

(4)档案管理。证券公司应当建立健全证券经纪人档案,实现证券经纪人执业过程留痕。证券经纪人档案应当记载证券经纪人的个人基本信息、证券从业资格状态、代理权限、代理期间、服务的证券营业部、执业地域范围、执业前及后续职业培训情况、执业活动情况、客户投诉及处理情况、违法违规及超越代理权限行为的处理情况和绩效考核情况等信息。

(5)年度报告制度。证券公司应当在每年1月31日之前,向住所地证监会派出机构报送证券经纪人管理年度报告。年度报告应当至少包括下列内容:本年度与证券经纪人有关的管理制度、内控机制和技术系统的运行和改进情况;本年度证券经纪人数量的变动情况,报告期末证券经纪人的数量及在证券营业部的分布情况;本年度证券经纪人委托合同执行情况、证券经纪人报酬支付和合法权益保障情况;本年度证券经纪人执业前培训和后续职业培训的内容、方式、时间和接受培训的人数以及下一年度的培训计划;本年度与证券经纪人有关的客户投诉和纠纷及其处理情况,当前可能出现集中投诉的事项、形成原因及拟采取的化解措施。此外,证券公司应当将证券经纪人的执业行为纳入公司合规管理范围,并建立科学合理的证券经纪人绩效考核制度,将证券经纪人执业行为的合规性纳入其绩效考核范围。证券公司应当将证券营业部对证券经纪人管理的有效性纳入其绩效考核范围。证券公司应当建立健全证券经纪人执业支持系统、信息查询系统、异常交易和操作监控制度、客户回访制度,为经纪人执业提供方便,监督经纪人的执业行为。

(二)期货经纪人

1. 期货经纪人的概念

期货经纪人是指专门从事商品期货、金融期货、期权等品种交易的中介,以自身名义介入期货交易或代客买卖期货(包括出市代表和其他从事客户开发、开户、执行委托、结算等业务),在期货交易中进行分析、判断,通过价格涨跌波动赚钱的人员。包括交易所期货经纪人和一般期货经纪人。

我国调整期货经纪人的现行法律主要包括《期货公司监督管理办法》《期货交易管理条例》《期货从业人员管理办法》《期货从业人员执业行为准则》。

2. 交易所期货经纪人

（1）交易所期货经纪人的概念。

交易所期货经纪人即期货经纪公司，是指依法设立的、接受客户委托、按照客户的指令、以自己的名义为客户进行期货交易并收取交易手续费的中介组织。我国的期货经纪公司是经中国证监会批准，并在国家工商行政管理局登记注册的独立法人。

（2）交易所期货经纪人设立的条件。

申请设立期货公司，应当具备下列条件：①注册资本最低限额为人民币3000万元。国务院期货监督管理机构根据审慎监管原则和各项业务的风险程度，可以提高注册资本最低限额。注册资本应当是实缴资本。股东应当以货币或者期货公司经营必需的非货币财产出资，货币出资比例不得低于85%。②有具备任职条件的董事、监事，具备任职资格的高级管理人员不少于3人，具有期货从业人员资格的人员不少于15人。③有符合法律、行政法规规定的公司章程。④主要股东以及实际控制人具有持续盈利能力，信誉良好，最近3年无重大违法违规记录。⑤有合格的经营场所和业务设施。⑥有健全的风险管理和内部控制制度。⑦国务院期货监督管理机构规定的其他条件。

（3）交易所期货经纪人设立的程序。

①名称核准。申请人向工商行政管理机关申请公司名称预先核准登记。

②前置审批。期货公司业务实行许可制度，由国务院期货监督管理机构按照商品期货、金融期货业务种类颁发许可证。申请设立期货公司，应当向中国证监会提交下列申请材料：申请书；公司章程草案；经营计划；发起人名单及其审计报告或者个人金融资产证明；拟任用高级管理人员和从业人员名单、简历和相关资格证明；拟订的期货业务制度、内部控制制度和风险管理制度文本；场地、设备、资金证明文件；律师事务所出具的法律意见书；中国证监会规定的其他申请材料。国务院期货监督管理机构应当在受理期货公司设立申请之日起6个月内，根据审慎监管原则进行审查，作出批准或者不批准的决定。未经国务院期货监督管理机构批准，任何单位和个人不得委托或者接受他人委托持有或者管理期货公司的股权。

③设立登记，领取营业执照。申请人持设立申请书、证监会的批文等材料到工商行政管理机关申请设立登记。工商行政管理机关准予登记，发给营业执照。

（4）交易所期货经纪人的职责。

按照中国证监会的规定，期货经纪公司不能从事自营业务，只能为客户进行代理买卖期货合约、办理结算和交割手续；对客户账户进行管理，控制客户交易风险；为客户提供期货市场信息，进行期货交易咨询，充当客户的交易顾问等。根据《期货交易管理条例》第13条、第17~18条之规定，按照《期货交易管理条例》设立的期货公司，可以依法从事商品期货经纪业务；期货公司除申请经营境内期货经纪业务外，还可以申请经营境外期货经纪、期货投资咨询以及国务院期货监督管理机构规定的其他期货业务；期货公司从事经纪业务，接受客户委托，以自己的名义为客户进行期货交易，交易结果由客户承担。这足以表明期货经纪公司的期货经纪人身份。

3. 一般期货经纪人

（1）一般期货经纪人的概念。

一般期货经纪人是指在交易所外从事期货经纪活动的个人或组织。一般期货经纪人主要承担开发客户的职责，为期货公司或客户报告订约机会或媒介订约，同时，他们也要为客户的交易提供信息咨询服务或提供具体建议，指导客户交易。《期货从业人员管理办法》第4条第4项就是对一般期货经纪人的表述，其所称期货从业人员是指为期货公司提供中间介绍业务的机构中从事期货经营业务的管理人员和专业人员。

（2）一般期货经纪人的任职要求。

《期货从业人员管理办法》第8~10条对此作了规定：①取得从业资格考试合格证明。参加从业资格考试的，应当符合下列条件：年满18周岁；具有完全民事行为能力；具有高中以上文化程度；中国证监会规定的其他条件。通过从业资格考试的，取得协会颁发的从业资格考试合格证明。未取得从业资格的人员，不得在机构中开展期货业务活动。②申请从业资格。取得从业资格考试合格证明，在申请从业资格前应当参加协会组织的后续职业培训。机构任用具有从业资格考试合格证明且符合下列条件的人员从事期货业务的，应当为其办理从业资格申请：品行端正，具有良好的职业道德；已被本机构聘用；最近3年内未受过刑事处罚或者中国证监会等金融监管机构的行政处罚；未被中国证监会等金融监管机构采取市场禁入措施，或者禁入期已经届满；最近3年内未因违法违规行为被撤销证券、期货从业资格；中国证监会规定的其他条件。

（3）一般期货经纪人的执业规则。

期货从业人员必须遵守有关法律、行政法规和中国证监会的规定，遵守协会和期货交易所的自律规则，不得从事或者协同他人从事欺诈、内幕交易、操纵期货交易价格、编造并传播有关期货交易的虚假信息等违法违规行为。

期货从业人员应当遵守下列执业行为规范：诚实守信，恪尽职守，促进机构规范运作，维护期货行业声誉；以专业的技能，谨慎、勤勉尽责地为客户提供服务，保守客户的商业秘密，维护客户的合法权益；向客户提供专业服务时，充分揭示期货交易风险，不得作出不当承诺或者保证，不得进行虚假宣传，诱骗客户参与期货交易；当自身利益或者相关方利益与客户的利益发生冲突或者存在潜在利益冲突时，及时向客户进行披露，并且坚持客户合法利益优先的原则；不得挪用客户的期货保证金或者其他资产；具有良好的职业道德与守法意识，抵制商业贿赂，不得从事不正当竞争行为和不正当交易行为；不得为迎合客户的不合理要求而损害社会公共利益、所在机构或者他人的合法权益；不得以本人或者他人名义从事期货交易；协会规定的其他执业行为规范。

(三) 保险经纪人

1. 保险经纪人的概念

根据《保险法》和《保险经纪人监管规定》之规定，保险经纪人是指基于投保人的利益，为投保人与保险公司订立保险合同提供中介服务，并依法收取佣金的机构，包括保险经纪公司及其分支机构。保险经纪人是独立的中介者。

2. 保险经纪人应具备的条件

保险经纪公司经营保险经纪业务，应当具备下列条件。

(1) 股东无法律禁入的情形，且出资资金自有、真实、合法。根据《保险经纪人监管规定》之规定，保险经纪人应当采取有限责任公司或股份有限公司的形式。单位或者个人有下列情形之一的，不得成为保险经纪公司的股东：最近5年内受到刑罚或者重大行政处罚；因涉嫌重大违法犯罪正接受有关部门调查；因严重失信行为被国家有关单位确定为失信联合惩戒对象且应当在保险领域受到相应惩戒，或者最近5年内具有其他严重失信不良记录；依据法律、行政法规不能投资企业；中国保监会根据审慎监管原则认定的其他不适合成为保险经纪公司股东的情形。并且，股东的出资资金必须是自有的、合法的、真实的，不得用银行贷款及各种形式的非自有资金投资。

(2) 注册资本符合《保险经纪人监管规定》的要求，且按照中国保监会的有关规定托管。该规定第10条规定，经营区域不限为工商注册登记地所在省、自治区、直辖市、计划单列市的保险经纪公司的注册资本最低限额为1000万元；经营区域不限于工商注册登记地所在省、自治区、直辖市、计划单列市的保险经纪公司的注册资本最低限额为5000万元。保险经纪公司的注册资本必须为实缴货币资本。

(3) 营业执照记载的经营范围符合中国保监会的有关规定。

(4) 有合法的公司章程。

（5）有合法的公司名称。保险经纪人的名称中应当包含"保险经纪"字样。保险经纪人的字号不得与现有的保险专业中介机构相同，与保险专业中介机构具有同一实际控制人的保险经纪人除外。

（6）有符合规定的任职资格条件的高级管理人员。保险经纪人高级管理人员是指在任职前取得中国保监会派出机构核准的任职资格的总经理、副总经理、省级分公司主要负责人、对公司经营管理行使重要职权的其他人员。其应当具备下列条件：大学专科以上学历；从事金融工作3年以上或者从事经济工作5年以上；具有履行职责所需的经营管理能力，熟悉保险法律、行政法规及中国保监会的相关规定；诚实守信，品行良好。从事金融工作10年以上的人员，可以不受大学专科以上学历的限制。

（7）有符合中国保监会规定的治理结构和内控制度，商业模式科学合理可行。

（8）有与业务规模相适应的固定住所。我国《保险法》第123条要求，保险经纪人应当有自己的经营场所。

（9）有符合中国保监会规定的业务、财务信息管理系统。

（10）法律、行政法规和中国保监会规定的其他条件。

3. 保险经纪人的设立程序

（1）进行公司登记领取营业执照。要设立保险经纪公司，申请人需向工商行政管理机关申请公司登记，领取营业执照。

（2）申请行政许可。保险经纪公司的申请人在领取营业执照后，及时按照中国保监会的要求提交申请材料，并进行相关信息披露。中国保监会及其派出机构按照法定的职责和程序实施行政许可。中国保监会及其派出机构收到经营保险经纪业务申请后，应当采取谈话、函询、现场验收等方式了解、审查申请人股东的经营记录以及申请人的市场发展战略、业务发展计划、内控制度建设、人员结构、信息系统配置及运行等有关事项，并进行风险测试和提示。

（3）颁发行政许可证。中国保监会及其派出机构依法作出批准保险经纪公司经营保险经纪业务的决定的，应当向申请人颁发许可证。申请人取得许可证后，方可开展保险经纪业务，并应当及时在中国保监会规定的监管信息系统中登记相关信息。中国保监会及其派出机构决定不予批准的，应当作出书面决定并说明理由。申请人应当自收到中国保监会及其派出机构书面决定之日起15日内书面报告工商注册登记所在地的工商行政管理部门。公司继续存续的，不得从事保险经纪业务，并应当依法办理名称、营业范围和公司章程等事项的工商变更登记，确保其名称中无"保险经纪"字样。

经营区域不限于工商注册登记地所在省、自治区、直辖市、计划单列市的保险经纪公司向工商注册登记地以外派出保险经纪从业人员，为投保人或者被保险人是自然人的保险业务提供服务的，应当在当地设立分支机构。设立分支机构时应当首先设立省级分公司，指定其负责办理行政许可申请、监管报告和报表提交等相关事宜，并负责管理其他分支机构。保险经纪公司分支机构包括分公司、营业部。

4. 保险经纪人的权利和义务

根据《保险法》和《保险经纪人监管规定》之规定，保险经纪人享有以下的权利和承担以下的义务。

（1）保险经纪人享有如下权利：①依法经营权。保险经纪人可以经营下列全部或者部分业务：为投保人拟订投保方案、选择保险公司以及办理投保手续；协助被保险人或者受益人进行索赔；再保险经纪业务；为委托人提供防灾、防损或者风险评估、风险管理咨询服务；中国保监会规定的与保险经纪有关的其他业务。②佣金请求权。保险经纪人依照合同履行相关义务后，有权向投保人收取约定的佣金。③法定条件下保证金的动用权。保险经纪公司可以动用保证金的法定情形包括：注册资本减少；许可证被注销；投保符合条件的职业责任保险；中国保监会规定的其他情形。保险经纪公司应当自动用保证金之日起5日内书面报告中国保监会派出机构。

（2）保险经纪人承担如下义务：①正确使用许可证和营业执照的义务。保险经纪公司应当将许可证、营业执照置于住所或者营业场所显著位置。保险经纪公司分支机构应当将加盖所属法人公章的许可证复印件、营业执照置于营业场所显著位置。保险经纪人不得伪造、变造、出租、出借、转让许可证。②建立完善的公司治理结构和制度的义务。保险经纪人应当根据法律、行政法规和中国保监会的有关规定，依照职责明晰、强化制衡、加强风险管理的原则，建立完善的公司治理结构和制度；明确管控责任，构建合规体系，注重自我约束，加强内部追责，确保稳健运营。③合法经营的义务。第一，在承保的业务范围和经营区域内进行经营的义务。第二，依法开展互联网经营保险经纪业务。第三，依法开展再保险的义务。第四，确保保险经纪从业人员的活动合法的义务。保险经纪人不得委托未通过本机构进行执业登记的个人从事保险经纪业务；应当对保险经纪从业人员进行执业登记信息管理，及时登记个人信息及授权范围等事项以及接受处罚、聘任关系终止等情况，确保执业登记信息的真实、准确、完整。④建立专门账簿的义务。保险经纪人应当建立专门账簿，记载保险经纪业务收支情况。保险经纪人应当开立独立的客户资金专用账户，专门用于存放客户资金；投保人支付给保险公司的保险费；为投保人、被保险人和受益人代领的退保金、保险金。保险经纪人应当开立独立的佣金收取账户。保险经纪人开立、使用其他银行账户的，应当符合中国保监会的规定。⑤建立、保存完整规范的业务档案的义务。保险经纪人应当建立完整规范的业务档案，业务档案至少应当包括下列内容：通过本机构签订保单的主要情况，包括保险人、投保人、被保险人名称或者姓名、保单号、产品名称、保险金额、保险费、缴费方式、投保日期、保险期间等；保险合同对应的佣金金额和收取方式等；保险费交付保险公司的情况，保险金或者退保金的代领以及交付投保人、被保险人或者受益人的情况；为保险合同签订提供经纪服务的从业人员姓名、领取报酬金额、领取报酬账户等；中国保监会规定的其他业务信息。保险经纪人的记录应当真实、完整。保险经纪人应当妥善保管业务档案、会计账簿、业务台账、客户告知书以及佣金收入的原始凭证等有关资料，保管期限自保险合同终止之日起计算，保险期间在1年以下的不得少于5年；保险期间超过1年的不得少于10年。⑥投保信息真实性的保证义务。保险经纪人应当向保险公司提供真实、完整的投保信息，并应当与保险公司依法约定对投保信息保密、合理使用等事项。⑦信守合同的义务。保险经纪人从事保险经纪业务，应当与委托人签订委托合同，依法约定双方的权利义务及其他事项。委托合同不得违反法律、行政法规及中国保监会有关规定。保险经纪人从事保险经纪业务，涉及向保险公司解付保险费、收取佣金的，应当与保险公司依法约定解付保险费、支付佣金的时限和违约赔偿责任等事项。保险经纪人在开展业务过程中，应当制作并出示规范的客户告知书。客户告知书至少应当包括以下事项：保险经纪人的名称、营业场所、业务范围、联系方式；保险经纪人获取报酬的方式，包括是否向保险公司收取佣金等情况；保险经纪人及其高级管理人员与经纪业务相关的保险公司、其他保险中介机构是否存在关联关系；投诉渠道及纠纷解决方式。⑧维护投保人利益的义务。保险经纪人向投保人提出保险建议的，应当根据客户的需求和风险承受能力等情况，在客观分析市场上同类保险产品的基础上，推荐符合其利益的保险产品；应当按照中国保监会的要求向投保人披露保险产品相关信息。⑨报送审计报告的义务。保险经纪公司应当在每一会计年度结束后聘请会计师事务所对本公司的资产、负债、利润等财务状况进行审计，并在每一会计年度结束后4个月内向中国保监会派出机构报送相关审计报告。保险经纪公司应当根据规定向中国保监会派出机构提交专项外部审计报告。保险经纪人应当按照中国保监会的有关规定及时、准确、完整地报送报告、报表、文件和资料，并根据要求提交相关的电子文本。保险经纪人报送的报告、报表、文件和资料应当由法定代表人、主要负责人或者其授权人签字,并加盖机构印章。

⑩依法交付监管费、保证金的义务。保险经纪公司应当按规定将监管费交付到中国保监会指定账户;应当自取得许可证之日起 20 日内投保职业责任保险或者缴存保证金,自投保职业责任保险或者缴存保证金之日起 10 日内,将职业责任保险保单复印件或者保证金存款协议复印件、保证金入账原始凭证复印件报送中国保监会派出机构,并在中国保监会规定的监管信息系统中登记相关信息。保险经纪公司投保职业责任保险的,该保险应当持续有效,投保的职业责任保险对一次事故的赔偿限额不得低于人民币 100 万元;一年期保单的累计赔偿限额不得低于人民币 1000 万元,且不得低于保险经纪人上年度的主营业务收入。保险经纪公司缴存保证金的,应当按注册资本的 5%缴存,保险经纪公司增加注册资本的,应当按比例增加保证金数额。保险经纪公司应当足额缴存保证金。保证金应当以银行存款形式专户存储到商业银行,或者以中国保监会认可的其他形式缴存。

5. 保险经纪人和保险代理人的区别

保险经纪人和保险代理人虽然都是保险中介人,但两者之间有着根本的区别。

(1) 代表的利益不同。保险经纪人接受客户委托,代表的是客户的利益;而保险代理人为保险公司代理业务,代表的是保险公司的利益。

(2) 提供的服务不同。保险经纪人为客户提供风险管理、保险安排、协助索赔与追偿等全过程服务;而保险代理人一般只代理保险公司销售保险产品、代为收取保险费。

(3) 服务的对象不同。保险经纪人的客户主要是收入相对稳定的中高端消费人群及大中型企业和项目;而保险代理人的客户主要是个人。

(4) 承担的法律责任不同。客户与保险经纪人是委托与受托关系,如果因为保险经纪人的过错造成客户的损失,保险经纪人对客户承担相应的经济赔偿责任。而保险代理人与保险公司是代理与被代理关系,被代理保险公司仅对保险代理人在授权范围内的行为后果负责。

6. 保险经纪从业人员

(1) 保险经纪从业人员的从业资格。

①品行良好。这是保险经纪从业人员的前提条件。保险涉及千家万户,影响社会的安宁,因此,对保险经纪从业人员作这样的要求是必要的。保险经纪人不得聘任以下人员作为保险经纪从业人员:因贪污、贿赂、侵占财产、挪用财产或者破坏社会主义市场经济秩序,被判处刑罚,执行期满未逾 5 年;被金

融监管机构决定在一定期限内禁止进入金融行业,期限未满;因严重失信行为被国家有关单位确定为失信联合惩戒对象且应当在保险领域受到相应惩戒,或者最近5年内具有其他严重失信不良记录;法律、行政法规和中国保监会规定的其他情形。

②具有较强的保险经纪业务能力。保险经纪从业人员应当具有从事保险经纪业务所需的专业能力。保险经纪人应当加强对保险经纪从业人员的岗前培训和后续教育,培训内容至少应当包括业务知识、法律知识及职业道德。

(2) 保险经纪从业人员的义务。

①保险经纪从业人员只限于通过一家保险经纪人进行执业登记。保险经纪从业人员变更所属保险经纪人的,新所属保险经纪人应当为其进行执业登记,原所属保险经纪人应当及时注销执业登记。

②保险经纪从业人员不得销售非保险金融产品,经相关金融监管部门审批的非保险金融产品除外;销售符合条件的非保险金融产品前,应当具备相应的资质要求。

③保险经纪从业人员应当在所属保险经纪人的授权范围内从事业务活动。

(四) 明星经纪人

1. 明星经纪人的概念

明星经纪人主要是负责代理明星艺人与广大商家洽谈演出、拍摄广告、拍戏、记者会、各类文化经纪活动的中间人。

2. 明星经纪人的类型

明星经纪人大体分为两类:服务型经纪人和专业型经纪人。其都需要通过专业机构培训后持证上岗。

(1) 服务型经纪人。即艺人出名后,帮助艺人处理一些事情,为各种演出活动牵线搭桥而从中收取佣金的个人或组织,实际上就是演艺中介。

(2) 专业型经纪人。即具有开拓市场能力的中间人。他们开发艺人的潜质,帮助艺人寻找机会。这样的经纪人懂艺术、会管理,依托广泛的社会关系,凭借敏锐的市场意识和善于经营的头脑,"包装"艺人。目前所提的多是专业型经纪人。经纪人的工作很多,很琐碎。艺人没有签约之前,要做调查,了解艺人的人品、才艺;签约之后要做好艺人的推广与宣传工作,根据艺人各自的特点,为他们确定更能为观众所接受的角色,通过这些角色把他们推出去,使他们成为"腕儿"。经纪人和演员是一种很复杂的关系,或是同事、朋友、合作伙伴等。

（五）文化经纪人

1. 文化经纪人的概念

随着国际文化交流的深入以及中国文化产业的迅速发展，在全球范围内，文化产业已经成为 21 世纪最有发展前景和最具市场潜力的新行业，文化经纪人也成为国际上公认的"金领职业"。

文化经纪人是指与文化市场相关的众多行业的经纪人群体，即在演出、出版、影视、娱乐、美术、文物等文化市场上为供求双方充当媒介而收取佣金的经纪人。

2. 文化经纪人的从业资格

（1）取得文化经纪人资格证。参加并通过每年 5 月、10 月的文化经纪人资格考试，取得文化经纪人资格证，具备从事文化经纪的资格，但是还不具备从事经纪事务的权利。

（2）获得从业资质。文化经纪人取得经纪人资格证以后，要进入从事经营文化、演出及经纪业务的经纪机构，并在市工商局合同科和市文化局备案后，方可开展经纪业务，受国家法律保护。

要想成为一个优秀的文化经纪人，必须具备良好的艺术鉴赏能力、各种复杂活动的统筹安排能力，且须熟悉有关法律规章，善谈判、具说服力。

（六）体育经纪人

1. 体育经纪人的概念

根据我国《体育经纪人国家职业标准》之规定，体育经纪人是指从事体育赛事、体育组织的品牌包装、经营策划、无形资产开发以及运动员的转会、参赛等中介活动的个人或组织。

体育经纪人按组织形式划分为个体经纪人、合伙经纪人或经纪人事务所、经纪公司等。

从客户性质上分，有运动员（队）经纪人、体育比赛经纪人、体育组织经纪人、体育保险经纪人、体育旅游经纪人等。

2. 体育经纪人的作用

体育经纪人是沟通体育市场供需双方不可或缺的一个群体，加速体育产品的流通，提高交易效率和成功率，改进投资主体的决策，促进生产要素合理流动和资源优化配置，繁荣社会文化，丰富人民的精神生活。这是一种新兴的现代职业，同时又是一种比较自由化和社会化的职业。

3. 体育经纪人的申报条件

《体育经纪人国家职业标准》将体育经纪人分为三个等级：三级体育经纪人

（国家职业资格三级）、二级体育经纪人（国家职业资格二级）、一级体育经纪人（国家职业资格一级）。

（1）三级体育经纪人的申报条件。

具备以下条件之一者，可申报三级体育经纪人的考试和考核：①连续从事本职业工作6年以上；②具有大学体育类各专业专科及以上学历证书；③具有相关专业大学专科及以上学历证书；④具有其他专业大学专科及以上学历证书，连续从事本职业工作1年以上；⑤具有其他专业大学专科及以上学历证书，经本职业国家职业资格三级正规培训达规定标准学时数，并取得结业证书。

（2）二级体育经纪人的申报条件。

具备以下条件之一者，可申报二级体育经纪人的考试和考核：①连续从事本职业工作13年以上；②取得本职业三级职业资格证书后，连续从事本职业工作5年以上；③取得本职业三级职业资格证书后，连续从事本职业工作4年以上，经本职业国家职业资格二级正规培训达规定标准学时数，并取得结业证书；④取得相关专业大学本科及以上学历证书后，连续从事本职业工作5年以上；⑤具有相关专业大学本科及以上学历，取得本职业国家职业资格三级证书后，连续从事本职业工作4年以上；⑥具有相关专业大学本科及以上学历，取得本职业国家职业资格三级证书后，连续从事本职业工作3年以上，经本职业国家职业资格二级正规培训达规定标准学时数，并取得结业证书；⑦取得研究生学历或硕士以上学位证书后，连续从事本职业工作2年以上。

（3）一级体育经纪人的申报条件。

具备以下条件之一者，可申报一级体育经纪人的考试与考核：①连续从事本职业工作19年以上；②取得本职业国家职业资格二级证书后，连续从事本职业工作4年以上；③取得本职业国家职业资格二级证书后，连续从事本职业工作3年以上，经本职业国家职业资格一级正规培训达规定标准学时数，并取得结业证书；④取得相关专业大学本科及以上学历证书后，连续从事本职业工作13年以上；⑤具有研究生学历或硕士以上学位证书，连续从事本职业工作10年以上。

4. 体育经纪人的任职资格的获得

（1）晋级培训。全日制职业学校教育，根据其培养目标和教学计划确定。晋级培训期限：三级体育经纪人不少于160标准学时；二级体育经纪人不少于120标准学时；一级体育经纪人不少于80标准学时。

（2）通过考试与考核而获得体育经纪人执业资格证。体育经纪人的考试包括理论知识考试和专业能力考核，采用闭卷或上机考试的方式进行。理论知识包括：①职业道德基本知识和职业守则；②基础知识即体育产业知识、体育市场知识、体育经纪人活动基本知识、运动项目知识、体育管理知识、体育市场营销知识、体育赞助知识、体育无形资产知识、信息技术基础知识和法律法规知识。专业能力的考核包括：①体育经纪业务调研，即信息收集、信息整理和信息分析的能力；②体育经纪业务权利获取，即业务接洽、业务谈判和合同签订；③体育经济谋划，即方案构想、文案撰写；④体育经纪业务实施，即公关协调、市场推广和活动监控；⑤体育经纪业务总结，即资料归档和客户管理；⑥指导与培训。理论知识考试和专业能力考核实行百分制，成绩皆达60分及以上者为合格。二级、一级体育经纪人还须进行综合评审。

（七）技术经纪人

1. 技术经纪人的概念

根据《技术经纪资格认定暂行办法》和《全国技术经纪人培训大纲》之规定，技术经纪人是指在技术市场中以促进成果转化为目的，为促成他人技术交易而从事居间、行纪或者代理等经纪业务、收取佣金的公民、法人和其他经济组织，包括技术经纪人事务所、技术经纪人公司、个体技术经纪人员及兼营技术经纪的其他组织。

2. 技术经纪人的任职资格

（1）申请技术经纪资格培训考核。根据《技术经纪资格认定暂行办法》之规定，同时具备下列条件的人员可参加技术经纪资格培训考核：具有完全民事行为能力的中国公民；大专以上文化程度，具有3年以上相关工作经验；初步具有从事技术经纪活动所需要的专业技术知识和技能；已取得国家科委或省级技术市场管理部门颁发的《技术市场经营与管理资格证书》；有固定的住所。

（2）取得技术经纪资格证书。全国技术经纪资格培训考核每年按计划进行。技术经纪资格考核方式分为笔试和业务考核。经省级科委技术市场管理部门组织培训与考核，合格者方可取得技术经纪资格证书。

3. 从事技术经纪业务的组织的设立

（1）必须有3名以上具有技术经纪资格的从业人员。

（2）从事技术经纪业务的经纪人事务所、经纪人公司、个体技术经纪人及兼营技术经纪的其他经纪组织的设立，除依据有关法律、法规办理审批手续外，还须经各地方科委审核批准，方可向工商行政管理机关申请注册、登记。

（八）劳务经纪人

1. 劳务经纪人的概念

劳务经纪人是指通过居间服务促成求职者入职到目标企业，并向其中一方收取佣金的机构与个人。

2. 劳务经纪人的任职资格

（1）认可蓝领招聘行业的市场前景，并愿意长期服务于蓝领招聘行业；

（2）能够承受进入本职业初期承受较大压力与快节奏工作的能力；

（3）具备诚实守信的基本品德，严格遵守劳务经纪人执业规则；

（4）有优秀的语言表达能力和沟通能力；

（5）熟练掌握劳动法和其他劳务相关法律法规；

（6）愿意接受蓝领求职者或目标企业的客观公正评价，认可劳务经纪人的信誉体系。

3. 劳务经纪人的执业规则

（1）在提供职业介绍服务过程中遵守相关法律，遵守诚信从业原则；

（2）在提供职业介绍服务过程中收取佣金透明化；

（3）在提供职业介绍服务过程中重视求职者权益，不做有损求职者利益的行为；

（4）在提供职业介绍服务过程中重视人力资源市场的多样性，保守商业秘密，重视专业知识和服务质量；

（5）在提供职业介绍服务过程中重视公平竞争；

（6）不做有损行业形象的行为。

（九）人才经纪人

人才经纪人是根据人才的求职意向，结合人才现状，为其匹配工作，收取佣金的个人、法人或其他组织。

人才经纪人的服务对象是具有一定的专业知识或专门技能，进行创造性劳动的人力资源中能力和素质较高的求职者。人才经纪人可为求职者提供专业的全方位服务，直至求职成功。在经济快速发展的国内，人才经纪人的职业前景相当看好。国内最早开始提供人才经纪人服务的专业公司是深圳市一览网络股份有限公司，其服务名称为：一览职通车。

（十）房地产经纪人

1. 房地产经纪人的概念

房地产经纪人是指通过全国房地产经纪人资格考试，依法取得房地产经纪人资格，并经过注册登记，从事房地产经纪活动的专业人员。

2. 房地产经纪人的类别

2015年6月25日人力资源社会保障部、住房城乡建设部联合发布《房地产经纪专业人员职业资格制度暂行规定》和《房地产经纪专业人员执业资格考试实施办法》，2017年6月20日中国房地产估价师与房地产经纪人学会发布《房地产经纪专业人员职业资格证书登记服务办法》对房地产经纪人类别、任职资格、执业资格考试等作了详尽规定。

3. 房地产经纪人任职资格

根据《房地产经纪专业人员职业资格制度暂行规定》之规定，国家设立房地产经纪专业人员水平评价类职业资格制度，面向全社会提供房地产经纪专业人员能力水平评价服务，纳入全国专业技术人员职业资格证书制度统一规划。房地产经纪专业人员职业资格分为房地产经纪人协理、房地产经纪人和高级房地产经纪人3个级别。房地产经纪人协理和房地产经纪人职业资格实行统一考试的评价方式。高级房地产经纪人职业资格评价的具体办法另行规定。

申请参加房地产经纪专业人员职业资格考试应当具备的基本条件：遵守国家法律、法规和行业标准与规范；秉承诚信、公平、公正的基本原则；恪守职业道德。申请参加房地产经纪人协理职业资格考试的人员，除具备基本条件外，还必须具备中专或者高中及以上学历。申请参加房地产经纪人职业资格考试的人员，除具备基本条件外，还必须符合下列条件之一：通过考试取得房地产经纪人协理职业资格证书后，从事房地产经纪业务工作满6年；取得大专学历，工作满6年，其中从事房地产经纪业务工作满3年；取得大学本科学历，工作满4年，其中从事房地产经纪业务工作满2年；取得双学士学位或研究生班毕业，工作满3年，其中从事房地产经纪业务工作满1年；取得硕士学历（学位），工作满2年，其中从事房地产经纪业务工作满1年；取得博士学历（学位）。

房地产经纪人协理、房地产经纪人职业资格考试合格，由中国房地产估价师与房地产经纪人学会颁发人力资源社会保障部、住房城乡建设部监制，中国房地产估价师与房地产经纪人学会用印的相应级别《中华人民共和国房地产经纪专业人员职业资格证书》（以下简称房地产经纪专业人员资格证书）。该证书在全国范围有效。通过房地产经纪人协理、房地产经纪人职业资格考试，取得相应级别职业资格证书的人员，表明其已具备从事房地产经纪专业相应级别专业岗位工作的执业能力和水平。

4. 房地产经纪人的执业能力

取得相应级别房地产经纪专业人员资格证书的人员，应当遵守国家法律、法规及房地产经纪行业相关制度规则，坚持诚信、公平、公正的原则，保守商业秘密，保障委托人合法权益，恪守职业道德。

取得房地产经纪人协理职业资格证书的人员应当具备的职业能力：了解房

地产经纪行业的法律法规和管理规定；基本掌握房地产交易流程，具有一定的房地产交易运作能力；独立完成房地产经纪业务的一般性工作；在房地产经纪人的指导下，完成较复杂的房地产经纪业务。

取得房地产经纪人职业资格证书的人员应当具备的职业能力：熟悉房地产经纪行业的法律法规和管理规定；熟悉房地产交易流程，能完成较为复杂的房地产经纪工作，处理解决房地产经纪业务的疑难问题；运用丰富的房地产经纪实践经验，分析判断房地产经纪市场的发展趋势，开拓创新房地产经纪业务；指导房地产经纪人协理和协助高级房地产经纪人工作。

取得相应级别房地产经纪专业人员资格证书的人员，应当按照国家专业技术人员继续教育及房地产经纪行业管理的有关规定，参加继续教育，不断更新专业知识，提高职业素质和业务能力。

5. 房地产经纪专业人员资格证书的登记服务制度

取得房地产经纪专业人员职业资格证书的人员，按照《房地产经纪专业人员职业资格证书登记服务办法》进行登记，应当自觉接受中国房地产估价师与房地产经纪人学会（以下简称"中房学"）的自律管理和社会公众的监督。"中房学"负责全国房地产经纪专业人员职业资格证书登记服务的具体工作，建立全国房地产经纪专业人员信用档案，将登记情况等信息通过信用档案及时向社会公布，提供社会查询，接受社会监督。

房地产经纪专业人员职业资格证书登记服务工作（以下简称登记服务工作）包括初始登记、延续登记、变更登记，以及登记注销和登记取消。初始登记、延续登记的有效期为3年，有效期起始之日为登记结果公告之日。初始登记、延续登记有效期间的变更登记，不改变初始登记、延续登记的有效期。

中房学建立全国房地产经纪专业人员职业资格证书登记服务系统（以下简称登记服务系统）。登记服务工作实行在登记服务系统上办理。中房学、地方登记服务机构通过登记服务系统办理登记服务工作；申请登记的房地产经纪专业人员（以下简称申请人）通过登记服务系统提交登记申请材料，查询登记进度和登记结果，打印登记证书。房地产经纪专业人员登记证书（以下简称登记证书）是房地产经纪专业人员从事房地产经纪活动的有效证件，执行房地产经纪业务时应当主动向委托人出示。

（1）初始登记。

初始登记服务工作按照下列程序办理。

①提出登记申请。申请人应当具备下列条件：取得房地产经纪专业人员职业资格证书；受聘于经住房城乡建设（房地产）主管部门备案的房地产经纪机

构（含分支机构，以下简称受聘机构）；达到中房学规定的继续教育合格标准；最近3年内未被登记取消；无法律法规或者相关规定不予登记的情形。申请人取得房地产经纪专业人员职业资格证书后首次申请登记，或者登记注销、登记取消后重新申请登记的，应当申请初始登记。

申请初始登记的，应当提交下列登记申请材料：初始登记申请表影印件、房地产经纪专业人员职业资格证书影印件和身份证件影印件、与受聘机构的劳动关系证明影印件、受聘机构营业执照影印件和备案证明影印件。取得房地产经纪专业人员职业资格证书超过3年申请初始登记的，申请之日前3年内应当达到中房学规定的继续教育合格标准。申请人应当对其提交的登记申请材料的真实性、完整性、合法性和有效性负责，不得隐瞒真实情况或者提供虚假材料。登记申请材料的原件由申请人妥善保管，以备接受检查。

②受理。地方登记服务机构自申请人提交登记申请之日起5个工作日内提出受理意见，逾期未受理的，视为同意受理。

③登记并公告。中房学自收到地方登记服务机构受理意见起10个工作日内公告登记结果。予以登记的，申请人自登记结果公告之日起可通过登记服务系统打印登记证书。不予登记的，申请人可通过登记服务系统查询不予登记的原因。

（2）延续登记。

登记有效期届满继续从事房地产经纪活动的，应当于登记有效期届满前90日内申请延续登记。登记有效期届满后申请登记的，按照延续登记办理。

申请延续登记的，应当提交下列登记申请材料：延续登记申请表影印件、与受聘机构的劳动关系证明影印件、受聘机构营业执照影印件和备案证明影印件。申请人应当在延续登记申请之日前3年内达到中房学规定的继续教育合格标准。申请延续登记并同时变更受聘机构的，还应当提供与原受聘机构解除劳动关系的证明影印件或者原受聘机构依法终止的相关证明影印件。

（3）变更登记。

在登记有效期间有下列情形之一的，应当申请变更登记：①变更受聘机构；②受聘机构名称变更；③申请人姓名或者身份证件号码变更。

申请变更受聘机构的，应当提交下列登记申请材料：变更登记申请表影印件、与原受聘机构解除劳动关系的证明影印件或者原受聘机构依法终止的相关证明影印件、与新受聘机构的劳动关系证明影印件、新受聘机构营业执照影印件和备案证明影印件。

申请变更受聘机构名称的，应当提交下列登记申请材料：变更登记申请表影印件、工商行政管理部门出具的受聘机构名称变更核准通知书和名称变更后的营业执照影印件、受聘机构名称变更后的备案证明影印件。

申请变更姓名或者身份证件号码的，应当提交下列登记申请材料：变更登记申请表影印件、公安机关出具的相关证明影印件、姓名或者身份证件号码变更后的身份证件影印件。

（4）登记注销。

有下列情形之一的，本人或者有关单位应当申请登记注销：①已与受聘机构解除劳动合同且无新受聘机构的；②受聘机构的备案证明过期且不备案的；③受聘机构依法终止且无新受聘机构的；④中房学规定的其他情形。

（5）登记取消。

有下列情形之一的，中房学予以登记取消，记入信用档案并向社会公示：①以欺骗、贿赂等不正当手段获准登记的；②涂改、转让、出租、出借登记证书的；③受到刑事处罚的；④法律法规及中房学规定应当予以登记取消的其他情形。地方登记服务机构、有关单位和个人应当及时报告中房学，经查实后，予以登记取消；情节严重的，收回其职业资格证书。登记取消的，中房学向社会公告其登记证书作废。

房地产经纪专业人员死亡、不具有完全民事行为能力或者登记有效期届满未申请延续登记的，其登记证书失效。

（十一）汽车经纪人

1. 汽车经纪人的概念

汽车经纪人是指在汽车整车（包括新、旧车辆）、汽车总成、零部件的销售的整个过程中，为促成他人的交易成功而从事专业销售和售后服务、收取佣金、获得市场准入资格的专业经纪人员。

汽车经纪人是在汽车销售过程中，从事专业销售及售后服务的"一站式"人才。其对汽车消费提供咨询、代理、保险、信贷、零部件供应咨询、贸易、环保，甚至加入汽车俱乐部等一系列服务。

2. 汽车经纪人的职业资格

汽车经纪人职业资格需经人力资源和社会保障部加入职业目录、明确职业类别并制定关于汽车经纪人的职业标准，才能正式形成职业资格。依据国家劳动法要求以职业资格作为准入的职业，就必须持有相关职业资格证书，才能合法上岗，职业资格是个人从事相关职业的依据。但国家部级劳动人事部门并无相关文件，汽车经纪人尚未进入国家职业目录。因此，现阶段汽车经纪人职业并未列入职业分类范围，地方颁发的所谓汽车经纪人职业资格，没有任何实际意义。汽车经纪人的主管机关是商务部门（国家商务部、各地工商局）。汽车经纪人属于商务活动主体，必须持有工商部门颁发的相当于营业执照的执业资格，才能从事经纪活动，否则其经营行为就属于无证经营，系违法行为。

3. 汽车经纪人的工作要求

（1）诚信的品德：诚实守信；（2）合理的知识结构：汽车知识、营销知识、心理学知识等其他相关知识；（3）积极的心态：热爱工作、激情投入；（4）优秀的沟通能力：能使客户了解公司、产品、服务、给他们带来什么、解决什么，并掌握他们的需求和具备的条件；（5）较强的学习能力。

第二节　商事辅助人

一、商事辅助人的概念

（一）商事辅助人的含义

商事辅助人，又称为商事使用人，是指在商事交易过程中受商事主体委任或支配，辅助商事主体从事商事经营活动的人。

商事辅助人本身不是商事主体，不是独立对外的法律关系的主体。❶但是，在对外经济交往中，其以商事主体的名义为法律行为，并且其行为的全部后果由商事主体承担。

（二）商事辅助人与商事主体的区别

（1）产生的根据不同。商事辅助人在商事活动中的能力范围是基于商事主体的授权。而商事主体是一种法律拟制的主体，它所享有的权利能力和行为能力具有特殊性，该特殊性首先表现在能力的形成上，即商事主体的形成一般须经过国家的特别授权程序。

（2）行为的性质不同。商事辅助人是为了获得佣金而为商事主体提供服务，其行为本身不能视为经营性活动。而商事主体是从事以营利为目的的经营性活动的主体。商事主体只能是特定商事行为的主体，商事主体能力的存在与其所实施的经营性活动密切相连。

（3）享受权利的范围不同。商事辅助人只是在其同商事主体签订的雇佣或委任合同的授权范围内履行义务、享受权利，受到合同而非商法的制约。商事主体是商事法律关系中的当事人，即在商法上享有权利并承担义务。

---

❶ 范健. 商法 [M]. 北京：高等教育出版社、北京大学出版社，2002：45.

（三）商事辅助人与代理商区别

（1）主体的资格不同。代理商必须是经过商事登记的公司或自然人；商事辅助人只能是自然人。

（2）是否有偿。代理商的行为属于一种商事行为，其行为是有偿的；商事辅助人的行为不限于此。

（3）进行活动时是否显名。代理商不必显名，既可以以被代理人的名义，也可以自己的名义从事代理活动；商事辅助人必须显名，只能以商事主体的名义从事活动。

（4）是否具有独立性。代理商具有独立性，有自己的商号、经营场所和商事账簿，以自己的商事名称通过营业为商事主体办理业务，其营业支出由自己负担。而商事辅助人不具有独立性，未经商事主体特别允许，商事辅助人不得兼任其他业务。

二、商事辅助人的法律特征

（1）辅助性。商事辅助人的行为只是辅助商事主体的行为，按商事主体的指令或根据合同约定做好辅助性工作。

（2）从属性。商事辅助人在商事活动中仅能以商事主体的名义在商事主体的授权范围之内从事商事活动。

三、商事辅助人的类型

基于商事主体与商事辅助人之间的委任关系而形成的商事辅助人，包括经理人和代办人。

（一）经理人

1. 经理人的概念

经理人是指接受他人的授权而为他人进行商务管理及经营的人。《日本商法典》第37条规定："商人可以选任经理人，使其经营本店或分店的营业。"

2. 经理人的法律特征

（1）经理人是被商事主体通过特殊方式授予经理权的人，是典型的直接代理人。❶ 经理人是商法中的一种特殊行为主体，他以其所享有的特殊权能——经理权为其产生和存在的基础。经理人所享有的经理权，从法律性质上说，是一种特殊的代理权，它以民法上的代理权为基础。只有完全商人才可以授予代理

---

❶ 范健. 商法［M］. 北京：高等教育出版社、北京大学出版社，2002：46.

人以经理权；小商人不可以授予他人代理权，即不可以任用经理人。经理权生效的条件有二：一是商事主体通过明确的意思表示方式授予经理权；二是在商事登记部门履行登记。二者缺一不可。

（2）经理人的主要职责是为商事主体管理事务，并为商事名称签名。经理人的职责是对内管理商事主体的日常经营活动，对外代理商事主体处理各类业务。经理人在行使权利时，最重要的形式是其必须将自己的签名附加在商事名称上，并且在这个签名上附有标明经理权权限的标记，以使经理人的代理行为与个人行为相区别。

（3）经理人所享有的经理权受到权限范围的限制。虽然立法上规定的经理权的权限范围颇为广泛，如"从事各种诉讼和非诉讼活动和在商事经营过程中进行法律活动的权利"❶但在实际生活中，不少经理权在被授予时不同程度地受到限制，如规定经理权只有在一定业务中、一定种类的业务中或一定情况下才能被使用。但根据法律的规定，这种限制只是商事主体内部的管理行为，对第三人无效，除非第三人已明知经理权已经受到限制。此外，立法本身也在一定程度上限定了经理权的权限范围，如经理人不享有处置不动产财产的权利，除非他已获得商事主体的专门授权。这些规定的目的在于，防止经理人对经理权的滥用，始终保留商事主体对企业核心部分的处分权。

（4）经理人所享有的经理权的非单一性和非排他性。商事主体可以同时聘用几位经理人，因此，经理权可以分为共同经理权和分经理权。

（二）代办人

1. 代办人的概念

代办人，又叫代办商，是指受商事主体委托于一定处所或一定地区内以商事主体的名义办理其事务之全部或一部的人。

2. 代办人以商人的特别授权——代办权为其产生和存在的基础

代办权具有不同于经理权的特殊权能。两者的区别具体表现在如下方面。

（1）授予的主体不同。经理权只能由大商人向经理人授予，且必须由商人亲自授予；小商人不能授予他人以经理权，但可以向他人授予代办权，且授予时可以由商人亲自进行，也可以由其代理人为之。

（2）授予的方式不同。经理权必须通过明示的方式来授予；而代办权可以通过默示的方式来授予。因而，在商事代办权中，可以存在容忍代办权和表见代办权。

---

❶ 《德国商法典》第 49 条第 1 款。

（3）权限范围不同。经理人的权限广泛，对内有管理权，对外有代表权。在法律上，经理人的行为可以对商人直接生效。所以，一旦授予他人以经理权，商人便承担由此产生的风险和责任。而代办人的权限较小，一般被限定在对外业务范围内。法律对代办商的权利也予以严格限制，如代办人不享有对不动产的转让与抵押、汇票、本票债务的接受、消费贷款的接纳、诉讼之实施等方面的代办权，除非代办人获得了专门的授权。因此，在商事交往中，第三人可以相信，经理人对于他所经营的商事拥有除法律规定以外的代理权；第三人不可以相信代办人也拥有同样的权利，除非代办人能够提供自己拥有该权利的证明。

（4）与商事名称的关系不同。代办人可以为数商事名称代理或介绍；而经理人则仅隶属于一个商事名称。

（5）是否履行登记。经理权涉及范围相当广泛，必须履行工商登记；但代办权已经被限定在一定的范围内，不必履行工商登记。

（6）权利的类型不同。经理权可以分为共同经理权和分经理权。而代办权可以分为全权代办权、种类代办权、特种代办权、总代办权等多种类型。

【重点阅读书目】

书名	编著者	出版社	出版时间	章节
商法学	商法学编写组	高等教育出版社	2019	第2章
中国商法总论	樊涛	法律出版社	2016	第2章
商法新论	陈本寒	武汉大学出版社	2014	第3章
商法	范健	高等教育出版社、北京大学出版社	2011	第2章
商法学	范健、王建文	法律出版社	2012	第2章
商法学	朱羿锟	北京大学出版社	2012	第2章
商法学	覃有土	高等教育出版社	2012	第2章
商法概论	覃有土	武汉大学出版社	2010	第2章
商法总论	王瑞	法律出版社	2010	第4章
商法学	施天涛	法律出版社	2010	第1章
商法总论	樊涛、王延川	知识产权出版社	2010	第5~6章
商法总论	张璁	北京大学出版社	2009	第2~5章
商法总论	任先行	北京大学出版社	2007	第3~4章
商法总论	徐学鹿	人民法院出版社	2004	第8章
商法通论	赵中孚	中国人民大学出版社	2004	第2章

续表

书名	编著者	出版社	出版时间	章节
商法学	赵旭东	高等教育出版社	2007	第 2 章
商法	赵万一	中国人民大学出版社	2003	第 2 章

【必读法律法规】

名称	颁布时间（年）	章节
房地产经纪专业人员职业资格制度暂行规定	2015	全文
房地产经纪专业人员职业资格考试实施办法	2015	全文
房地产经纪专业人员职业资格证书登记服务办法	2017	全文
保险法	2015	全文
保险经纪人监管规定	2018	全文
证券法	2014	全文
证券公司监督管理条例	2014	全文
证券经纪人管理暂行规定	2009	全文
期货公司监督管理办法	2017	全文
期货交易管理条例	2017	全文
期货从业人员管理办法	2007	全文
期货从业人员执业行为准则	2008	全文
技术经纪资格认定暂行办法	1997	全文
全国技术经纪人培训大纲	1997	全文

【思考题】

1. 商事中间人有哪些种类？各有何特征？
2. 我国的商事经纪人有哪些种类？
3. 如何界定我国商事经纪人的性质？
4. 商事辅助人有哪些类别？他们与基本商事主体是什么关系？

第五章　商事名称

第一节　商事名称概述

一、商事名称的概念

商事名称，又称商业名称或商号，是指商事主体在从事商事行为时所使用的、用以表彰自己独特法律地位的名称。[1] 即商事主体在商事交易中为法律行为时，用以署名或让代理人与他人进行商事交往的名称。

二、商事名称的法律意义

商事名称在商法实践中具有极为重要的意义。

1. 商事名称是商事主体人格化、特定化的标志

商事主体在商事活动中使用特定的商事名称，能够使其与其他商事主体区分开来。

2. 商事名称具有一定的经济价值

商事名称是商誉的重要载体，能够维系和表彰商事主体的商业信誉，具有一定的经济价值，成为商事主体无形资产的主要内容。

三、商事名称的法律特征

商事名称作为商事主体从事商事行为时所使用的名称，在法律上具有以下几个方面的特征。

1. 标识性

商事名称是商事主体用以代表自己的名称。为了使商事主体的营业活动具有个性，各国法律都要求商事主体必须有自己的商事名称。商事名称最重要的

---

[1] 覃有土. 商法学 [M]. 北京：高等教育出版社，2004：66.

机能就是在营业上代表商事主体，并作为商事主体的外在表征在商事主体营业过程中依附于商事主体。但商事名称仅仅是一个名称，这个名称本身不是法律上权利义务的承担者，不等于承担权利义务的行为人。因此，商事名称不等同于商事主体，如同公司的名称不等同于公司一样。

2. 专有性

商事名称是商事主体在从事商事行为时才能使用的专有名称。商事主体的活动可以分为两部分：一部分是商事主体为他自己及家庭谋生的活动，通常称为"家计"；另一部分是商事主体为其追求营利的活动，通常称为"营业"。商人在其营业上所为行为应使用商事名称，但营业外的行为则不能、也不应使用商事名称。

3. 价值性

商事名称与商事主体的特定经营对象和商誉密切相连。商事名称是从总体上或营业上代表商事主体的，都与商事主体的经营活动联系在一起；同时，商事主体在长期的实践中会形成一定的业务关系和一定的商誉，而这些商誉在一定程度上又直接和商事主体的商事名称有牵连关系。商事名称是商誉的载体，这就使商事名称具有了特定的价值。其价值的大小一般是随着商人经营状况的优劣、商誉的好坏而变化的。

四、商事名称与其他商事标记的区别

1. 商事名称与注册商标的区别

注册商标是商品生产者、销售者用以表明自己商品可以区别于他人的同一种商品或者类似商品的一种独特标志。商事名称与商标的联系，主要表现为二者同属于工业产权的范畴；都具有财产性，属于绝对权，都可以有偿转让；并且商事主体以自己的商事名称作为文字商标申请注册的情况比较常见。如中国北京同仁堂（集团）有限责任公司的"同仁堂"既是字号，同时又是企业的注册商标。因此，商事名称就与商标具有重叠性了，很容易使人将商事名称误认为商标。实际上作为表现商人营业本身标志的商事名称，与表现特定种类商品的商标之间的差别是比较明显的。

（1）构成要素不同。商标通常由文字、图形、线条、记号或颜色等组成，因而形成文字商标、图形商标或组合商标。而商事名称则只能由文字构成，而不能使用图形、记号等表示，并且各国立法均要求商事名称必须使用本国文字表示。在我国，法律、法规规定商事名称应使用规范的汉字；民族自治地方的商事名称可以使用其民族通用的民族文字；如果需要使用外文表示商事名称，

其外文名称应当与中文名称相一致,并报工商行政管理机关登记。

(2) 表彰的对象不同。商事名称必须与特定企业厂商相联系而存在,从营业上代表商人,其表彰的对象是商事主体的特定的营业行为。而商标是从商品上代表商人,不能脱离其所依附的特定商品而存在,其表彰对象是特定商品。

(3) 适用的法律不同。商事名称受企业法、公司法、商业登记法、民法通则等法律、法规的调整,并依据这些法律、法规的规定向国家授权的各级工商行政管理机关进行登记。而商标则必须依商标法的有关规定统一向国家商标局核准注册。

(4) 强制性程度不同。商事名称实行强制注册制度,在商事主体登记中,商事名称是必不可少的登记事项。一般来说,一个商事主体只能有一个商事名称。商标注册实行强制性和自愿性相结合的原则,并且同一个商事主体可以拥有多个注册商标。

(5) 发生效力的范围不同。商事名称专用权原则上只在登记管理机关的辖区内有效。而商标由于是统一向国家商标局核准注册的,商标专用权在全国范围内有效。

(6) 发生效力的期限不同。商标专用权是有有效期限的,在注册有效期内发生效力;过了有效期,不申请续展,商标专用权将会丧失。而商事名称则没有法定期限的限制,一般只能随商事主体及其营业的消亡而终止。

2. 商事名称与服务商标

服务商标,又称服务标记或劳务标志,是指提供服务的经营者为将自己提供的服务与他人提供的服务相区别而使用的标志。服务商标往往对一个企业具有明显的人格标识意义,与商事名称较为相似。它与商号、企业名称之间的联系往往是密不可分的。同时,它们也有明显的区别。

(1) 构成要素不同。服务商标是由文字、图形、字母、数字、三维标志、声音和颜色以及上述要素的组合而构成。而商事名称则只能由文字构成,而不能使用图形、记号等表示,并且各国立法均要求商事名称必须使用本国文字表示。

(2) 表彰的对象不同。商事名称必须与特定企业厂商相联系而存在,从营业上代表商人,其表彰的对象是商事主体的特定的营业行为。而服务商标作为某种商业性质的服务项目用以满足消费者的需求,表彰的对象是特定的服务(如旅游服务、修理服务、保险服务、娱乐服务、交通服务、邮电服务等)。

此外,在发生效力的范围、效力的期限等方面也存在明显的区别。

3. 商事名称与商事名称缩写

西方国家商法中规定,商事名称缩写由商事名称缩略而成,它通常可以被作为电报上的地址来使用。如果商人使用的商事名称缩写与流行的商事名称缩略规则相一致，那么这种商事名称缩写在法律上享有与商事名称同等的效力。

4. 商事名称与商店招牌

商店招牌（包括厂牌）是指商事主体挂在营业所门前作为标志的牌子。它只是商事主体住所地告示，起一个营业场所的广告作用。多数情况下，商店招牌与商事名称相一致，但有时，商事主体不用商事名称作为招牌，而使用其他的文字、图案、符号作招牌。

5. 商事名称与行号

行号是大陆法系国家商法中的一个概念，它是指商事营业所的名称。大陆法系国家的法学家们认为，行号与商事名称的最大区别在于：行号指明的仅仅是企业；商事名称指明的则是企业的承担者，即商事主体。大陆法系国家商事名称与行号的区别，近似于我国商事名称与商店招牌的区别。

6. 商事名称与商事经营者的姓名

姓名是自然人所具有的、由文字组成的表明自己身份的符号。商事名称仅仅是商事主体的名称，商事主体在从事商事行为时应该使用商事名称。商事名称与姓名都具有表明自己身份的作用，但两者也存在明显的区别。

（1）性质不同。姓名作为表明自然人身份的符号，法律在保护时是将其作为一种人格权看待的。即姓名仅具有人身权的性质。商事名称作为表明商事主体的符号，法律在保护时，不仅作为一种人格权加以保护，而且作为一种财产权加以保护。即商事名称具有人身权和财产权双重性质。

（2）构成要素不同。姓名是由文字组成的，具体由什么文字构成，法律不作规定，起名者可自由决定。日常生活中，还可以起笔名、艺名。从法律上讲，公民的姓名应指身份证上的姓名。而商事名称的构成要素一般应由行政区划名称、字号、行业或者经营特点、组织形式四部分构成。一般来说，商事名称与商事经营者的姓名是不一致的。如果商事主体以其姓名作为商事名称，应当添加字样以示区别，往往是使用表明其营业性质的字样，如亨利汽车厂、夏文辉医疗美容诊所、肥肥钓具等。但注意的是，当使用者以商事经营者的姓名作为商事名称使用时，则须区分使用者是否在从事商事行为时使用了该名称。如果使用者不是在从事商事行为时使用该名称的，则只能认为是使用者个人的行为，不能认为是与商事名称有关的商事行为。

（3）关联的对象不同。姓名是和作为对主体人格一般道德水平和行为方式的社会评价即名誉联系在一起的。商事名称则是与商誉紧密相连的，特定的商事名称联系着特别的商誉。

（4）能否依法转让。由于姓名仅具有人身权属性，与特定的人身不可分离，因此，它是不允许转让的。而商事名称不仅具有人身权属性，而且具有财产权属性，因此，商事名称权是可以依法转让的。同时，商事名称越有名，能给商事主体带来越多的经济利益。

7. 商事名称与原产地标记

原产地标记，也称为地理标志，是指区分一地产品与另一地同类产品的标记。

二者的区别在于，原产地标记并非由某一企业专有，而商事名称则为某一企业专有。因此，一般来说，不允许某一企业将某个原产地名称作为商标或商事名称使用。

8. 商事名称与商誉

商誉是商事主体的名誉，是关于商事主体的职业道德、经营能力、资信状况、商品或服务质量的综合性社会评价。商事名称是商誉的载体，商誉的好坏又会直接影响到商事主体及其所依附的商事名称，两者相辅相成，但也存在明显区别。

（1）取得的方式不同。商事名称是商事主体依照法定程序向主管机关申请登记，经核准登记后，而取得专有使用权。而商誉是伴随着商事主体的经营活动而自然产生的，而且商誉一经产生即受到法律保护。

（2）存在的形态不同。商事名称是以特定的文字形态存在，是具体的，看得见、摸得着的，具有相对稳定性。而商誉是一种社会评价，始终处于信息状态，并且可以通过"内在的、外在的多种表现形态来反映"。所以，商誉是抽象的、无形的且富于变化的。

（3）保护的方式不同。商事名称具有特定的表现形态，法律采用直接禁止商事主体使用同一注册地域内同行业其他商事主体的商事名称的方法保护商事名称权。商誉是涉及商事主体的生产、产品、销售、服务等多方面的综合社会评价，法律采用间接保护的手段，通过禁止他人散布有关商事主体的商业道德、资信状况、商品质量或服务质量的不真实信息的方法来保护商事主体的商誉权。

五、商事名称的分类

1. 简单商事名称与组合商事名称

根据商事名称构成部分的复杂程度不同，可以将商事名称分为简单商事名称与组合商事名称。

简单商事名称是指仅仅由一个姓名组成的商事名称。在大陆法系国家，根据商法典的规定，如果商事名称仅由一个姓名组成，这个商事名称就属于简单商事名称。

组合商事名称是指由核心部分和附属部分组成的商事名称。组合商事名称中可以有多个附属部分。附属部分和核心部分具有同样的意义和地位。

2. 独资商事名称和公司商事名称

根据商事名称的组成内容的不同，可将商事名称分为独资商事名称和公司商事名称。

独资商事名称是指由经营者的姓名加经营内容组成的商事名称。如亨利汽车修理厂等。从独资商事名称中人们可以看到独资商事主体的法律性质。

公司商事名称是指使用专用标记，向人们揭示商事主体为某种性质的公司的商事名称。

3. 人名商事名称、物名商事名称、混合商事名称

根据商事名称命名的方式不同，可以将商事名称分为人名商事名称、物名商事名称和混合商事名称。

人名商事名称是指由经营者的姓名来命名的商事名称。这类商事名称不仅包括独资商事名称，而且包括一些以经营者姓名命名的公司商事名称。如襄阳华凯欣悦宾馆、襄阳夏文辉医疗美容诊所等就是人名商事名称。

物名商事名称是指以企业经营的标的物来命名的商事名称。公司商事名称属于物名商事名称。如贵州茅台酒股份有限公司、酒鬼酒股份有限公司等。

混合商事名称是指以人名和企业经营的标的物共同命名的商事名称。如狗不理包子店就是混合商事名称。

4. 原始商事名称、派生商事名称和继获商事名称

根据商事名称的取得方式不同，可将商事名称分为原始商事名称、派生商事名称和继获商事名称。

原始商事名称是指商事主体创设时命名的商事名称。

派生商事名称是指商事名称所有人拥有与原商事名称中使用的相同的姓名，并在其中附加表示派生关系之标记的商事名称。如孙子从祖父那里继承一个独资企业的商事名称，现有商事名称持有人须在原有商事名称后附加表示派生关系之标记，以便他人识别。

继获商事名称是指商事主体的经营内容发生变化或商事名称持有人发生变化，商事名称仍然被其共同使用的商事名称。

第二节　商事名称的取得、转让与废止

一、商事名称的取得

(一) 商事名称的选定

1. 商事名称的选定的概念

商事名称的选定是指商事主体按照法律的要求决定自己的商事名称的行为。

2. 商事名称选定的原则

在商事名称选定问题上，各国规定了不同的原则。

(1) 商事名称自由原则，又称商事名称自由主义，是指商事主体根据自己的需要自由选定商事名称以及自由确定商事名称的内容，法律不加限制的原则。采用商事名称自由原则的国家主要有美国、英国、日本等。依照该原则，商事主体可以自由地选择商事名称，至于其商事名称是否与商事主体的姓名、营业种类、经营范围相符合，法律原则上不加过问。

(2) 商事名称真实原则，又称商事名称真实主义，或者商事名称初始原则，是指法律对商事名称的选定予以严格限制，即商事名称必须真实反映商事主体的基本营业状况和权属情况的原则。依该原则，商事名称必须与商事主体的营业种类、经营范围、资金状况等相一致，否则，法律将禁止使用。采用商事名称真实原则的国家，主要有德国、法国和瑞士等。在我国，商事名称制度奉行何种原则，学者们观点不一。从《企业名称登记管理规定》的内容来看，我国采用的是商事名称真实原则。

3. 商事名称选定的限制

无论奉行商事名称真实原则，还是商事名称自由原则的国家，都程度不同地对商事名称的选定作了限制。主要表现在以下方面。

(1) 不允许非法人营业主体使用公司等商法人名称；

(2) 公司名称中必须标明公司的种类，而不允许只使用单纯"公司"字样；

(3) 同类业务公司不得使用相同或类似的名称；

(4) 不允许使用国名、国际、联邦字样和可能造成公众误解或有欺骗性的字样，以及法律明文禁止使用的其他字样；

(5) 法律允许商人使用与其营业主不同的姓名作为商事名称，但必须进行商事登记。

我国在商事名称选定上实行的是大陆法系国家的商事名称真实主义。法律对商事名称的选用作了如下限制。

（1）对商事名称结构的限制表现在如下方面。

商事名称的结构是指商事名称的组成成分以及各成分的组成顺序。根据《企业名称登记管理规定》，商事主体的商事名称应由以下四部分组成。

①商事主体所在的县级以上行政区划名称。即商事名称应包含商事主体所在的省、自治区、直辖市或市、州、县等行政区划名称，但是经国家工商行政管理局核准的下列企业的企业名称中可以不冠以所在地行政区域的名称：经申请并获同意在企业名称中使用"中国""中华"或冠以"国际"等字样的企业，如中国石油天然气集团公司、中国石油化工股份有限公司、中华会计网校；历史悠久、字号驰名的商事主体；外商投资的商事主体。

②主体的具体字号。即可以区别于其他商事主体的特有文字。商事名称中的字号应当由两个以上的字组成。商事主体可以使用本地或异地地名作字号，县级以上行政区划名称不得用作字号，但行政区划的地名具有其他含义的除外。这里所说的"地名具有其他含义"是指地名作为词汇具有确定含义，且该含义强于作为地名的含义，不会误导公众。如凤凰、长寿、长乐、仙桃、和平等地名有多种含义，而地名本身的含义并不突出，它们的其他含义强于地名本身的含义。如"凤凰"有"吉祥之鸟"之意，强于湖南"凤凰县"的含义；"长寿"是"健康长寿"之意，强于重庆"长寿区"的含义；"长乐"是"长久快乐"之意，强于福建"长乐区"的含义等，更易于被一般公众所接受。私营企业可以使用投资人姓名作字号。

③依照国家的行业分类标准划分的主体行业或经营特点。

④主体的组织结构或责任形式。如中航工业航宇救生装备有限公司、上海汽车集团股份有限公司。

（2）对商事名称的内容的限制具体表现在三个方面。

①对公司名称的特别规定。依照公司法设立的有限责任公司，必须在公司名称中标明"有限责任公司"字样；依照公司法规定设立的股份有限公司，必须在公司名称中标明"股份有限公司"字样；依特别法的规定而组建的公司，商事名称的表示应依特别法的规定。如商业银行、保险公司、证券公司的商事名称中，应分别有银行、保险、证券的字样。

②对联营企业名称的特殊规定。联营企业的名称可以使用联营成员的字号，但不得使用联营成员的商事名称。联营商事企业应当在其商事名称中标明"联营"或者"联合"字样。

③商事名称中使用"总"公司或其他类似字样的限制。商事名称中要使用"总"公司或类似字样的,必须下设三个以上分支机构;不能独立承担商事责任的分支机构,其名称应当冠以其所从属商事主体的名称,缀以"分公司""分厂""分店"的字样,并表明该分支机构的行业和所在地行政区划名称或地名(如华佗大药房长虹路分店等);能够独立承担商事责任的分支机构,应当使用独立的商事名称,并可以使用其从属的商事主体商事名称中的字号;能够独立承担商事责任的分支机构再设分支机构的,所设立分支机构不得在其名称中使用总机构的商事名称。

(3)对商事名称形式的限制表现在如下方面。

①实行商事名称单一制原则。为了维护商事交易的正常秩序,商事主体原则上只允许使用一个商事名称,并且在同一行政区域内一个商事名称只能由一个商事主体使用。在同一工商行政管理机关辖区内,新选定的商事名称不得与已经登记注册的同行业的商事名称相同或近似;在特殊情况下,经省级以上工商行政管理机关批准,商事主体可以在规定的范围内使用一个从属商事名称。《公司登记管理条例》第11条规定:"公司名称应当符合国家有关规定。公司只能使用一个名称。经公司登记机关核准登记的公司名称受法律保护。"

②商事名称不得违反公序良俗。《企业名称登记管理规定》第9条规定,企业名称不得含有有损于国家、社会公共利益的内容和文字。

③使用具有唯一性或可辨认性的商事名称。具体包括:可能对公众和社会造成欺骗或误解的商事名称;以外国国家(地区)名称、国际组织名称作为内容的商事名称;以党政名称、党政机关名称、群众组织名称、社会团体名称及部队番号作为内容的商事名称;以汉语拼音字母、数字作为文字的商事名称,但外文名称中使用的除外;其他法律、行政法规禁止使用的商事名称。

④对商事名称使用的文字的限制。商事名称的选定必须遵守语言文字的统一要求,除民族自治地方的企业可以使用当地通用的民族语言外,其他商事名称应使用汉字。如果在企业名称中需要增加外文名称的,该外文名称应该与所翻译的中文名称相一致。

(二)商事名称的登记

1. 商事名称登记的概念

商事名称是商人信用的外在标志,商事名称的登记制度旨在防止他人滥用其商业名称,从而影响其商业信誉。因此,商事主体选定商事名称后,还需进行登记,方可取得商事名称的专有使用权。在多数国家,商事名称的登记是使商事名称获得法律保护的必要条件。

商事名称的登记是指商事主体对所选定的商事名称按照法定要求和程序，在商事登记机关办理注册手续，获得专有使用权并实现公示的过程。

2. 商事名称登记的时间

根据我国法律的有关规定，商事名称的登记时间包括两种情况。

（1）同时登记。商事名称与商事主体之创设同时办理，内资企业一般是采取这种登记程序。

（2）预先登记。即商事名称可以在商事主体正式登记之前办理预先登记。外资企业和有特殊情况的内资企业（如公司）实行这种登记程序。

3. 商事名称登记的种类

（1）商事名称创设登记，即商事主体创设时商事名称的登记。它是商事主体创立之必经程序。

（2）商事名称变更登记，即商事主体在经营期间变更原登记商事名称之全部或一部分，而在登记机关所履行的登记。

（3）商事名称转让登记，即商事主体对已登记之商事名称所获得的专有使用权，转让给其他商事主体独立享有或与自己共同享有时而必须履行的登记。

（4）商事名称废止登记，即商事主体终止经营时为废止商事名称之继续被使用而履行的登记。

（5）商事名称撤销登记，即当法定事由发生时，主管机关依职权撤销商事主体经营资格以及商事名称所进行的登记。

（6）商事名称继承登记，即商事名称权人死亡，由继承人继承其经营及商事名称所进行的登记。

4. 商事名称登记的效力

商事名称一经合法登记，使用人对该商事名称即取得专有使用权；其他商事主体负有不侵犯其商事名称专用权的义务。具体说来，商事名称登记的效力主要表现在以下几个方面。

（1）创设效力。进行登记是取得商事名称专有使用权即商事名称权的前提，即登记是商事名称取得法律保护的法定要件。商事名称一经合法登记，使用人对该商事名称即取得专有使用权。未经登记的商事名称，仅为事实上的商事名称，不发生专用权，不受法律保护。

（2）排他效力。商事名称一经登记，登记人即取得商事名称权，在登记机关辖区内发生排斥他人为相同或类似的商事名称的登记或使用之效力。根据我国《企业名称登记管理规定》，在登记主管机关辖区内不得使用与登记注册的同行业名称相同或者近似的商事名称。在我国，排他效力的产生，应当满足以下条件：第一，必须是名称相同或近似。判断商事名称近似时，应当按照社会一般见解认为是否会在具体的商业交易中致他人误解为标准。第二，必须是同一行业。

（3）救济效力。商事名称一经登记，登记人即取得商事名称权，在登记机关的辖区内，在同一行业一旦他人非法使用相同或相似的商事名称，商事名称权人可以要求其停止侵权行为；造成损害的，可以对其主张损害赔偿。

二、商事名称的转让

（一）商事名称转让的概念

商事名称的转让是指商事主体将自己已登记之商事名称所获得的专有使用权的全部或一部转让给其他商事主体的行为。

（二）商事名称转让的立法例

商事名称作为一种特殊的财产形式，其转让的合法性得到各国立法的肯定。但对于商事名称如何转让，国际上存在两种立法例。

（1）绝对转让主义。在立法上奉行不得单独转让的原则，即商事名称应当连同营业一起转让，也就是说，商事名称不得与使用此商事名称的营业分离而转让，它必须与营业一起转让，或者在营业废止时转让。主要以德国、瑞士、意大利、日本、韩国等国为代表。

（2）相对转让主义。在立法上奉行"可单独转让原则"，即商事名称不必连同营业一起转让，也就是说，商事名称可以与营业相分离而转让，商事主体不仅可以单独转让商事名称而不转让营业，而且多处营业可以同时使用一个商事名称，商事名称转让后，转让人仍享有商事名称使用权和其他权利；受让人也取得商事名称使用权和其他权利。但为了避免商事名称混同而产生的误解，这些国家的立法规定，商事名称转让后不得再作签名，用作签名的商事名称不得转让。奉行这一立法原则的国家不多，主要有法国。

在我国，商事名称是否可以转让以及如何转让，法律的规定不统一，也不十分明确。1985年颁布的《工商企业名称管理暂行规定》中提出名称可以单独转让，也可以随同企业一起转让。而1991年颁布的《企业名称登记管理规定》提出名称可以随企业的一部分转让，但这一部分的概念在法律上颇不明确。此外，商事名称是否可以因企业营业废止而转让，法律的规定也不甚明确。事实上，在实践中，商事名称权人通常采用联营、加盟连锁、许可使用的方式变相地转让自己的名称。

（三）商事名称转让须履行商事名称转让登记程序

商事名称之转让只有在履行转让登记之后才能生效。否则，不得对抗善意第三人。

三、商事名称的废止

（一）商事名称废止的概念

商事名称的废止是指商事名称因不再被使用而从法律上失去效力的事实状态。

（二）商事名称废止的原因

（1）商事主体在商事名称登记之后的法定期限内不使用该商事名称。实施了商事名称申请登记或预先登记者，在登记之后的法定期限内不使用该商事名称，该商事名称将通过办理注销登记手续而废止，或因未办理注销登记手续而自行废止。

（2）商事主体与商事名称同时发生变更而导致原有商事名称终止。

（3）商事主体改换了其他商事名称而导致原有商事名称终止。

关于商事名称的废止问题，大陆法系国家的商法典都有较为明确的规定，不仅规定了商事名称自愿终止的程序，而且规定了强制终止的程序。我国立法未作明确规定，仅在《企业名称登记管理规定》中对预先登记的商事名称的废止作了规定。可见，我国对商事名称废止的立法还有待于完善。

（三）商事名称废止须履行商事名称废止登记程序

大陆法系国家的商法典对商号的废止都有比较明确的规定，不仅规定了自愿废止的程序，还规定了强制废止的程序。我国《企业法人登记管理条例》《公司登记管理条例》等对商号之废止，都没有作出专门规定，而在《企业名称登记管理规定》中，仅对预先登记之商号的废止作了规定。这不得不说是我国商事法律的缺憾。

第三节　商事名称权

一、商事名称权的概念

商事名称权，即商业名称权或商号权，是指商事主体对其依法登记的商事名称所享有的排他性的专有使用权。

二、商事名称权的性质

对于商事名称权具有何种性质,理论界一直有不同的看法,概括起来主要有三种观点。

1. 人格权说

该说认为商事名称权本质上是一种人格权。它是公民姓名权在商人领域的延伸,其权利属性为人格权之一种,主要表现在:商事名称权同商事主体本身紧密联系在一起,是商事主体在营业上用以表彰自己的名称,它同商事主体的存在共始终;商事名称权一经取得,即在一定区域内排斥其他商事主体使用相同或类似的商事名称,与财产无关。这些都符合人格权的一些基本要求,因此,商事名称权属于人格权。

2. 财产权说

该说认为商事名称权是一种主要以财产权为内容的民事权利。商事主体取得商事名称权后,不但可以取得经济上的利益,而且可以将该权利转让、继承,取得转让利益。因此,商事名称权属于无体财产权的一种,而不能认为是人格权。因为属于人格权的公民姓名权是不能被转让或继承的。

3. 折中说

该说认为商事名称权兼具人格权和财产权的双重性质,即商事名称权既具有姓名权的排他效力,又具有财产权的创设效力,可以转让或继承。它是商事主体表示自己的名称所生之权,同自然人的姓名权具有同样的性质;同时,商事名称权又是商事主体在营业上表示自己的外在表象,可以成为转让的对象,具有财产权的性质。所以,既不能单纯地将其划入人格权范畴,也不能单纯地将其划入财产权范畴。

比较上述三种观点,笔者认为,第三种观点更为妥当,符合商事名称权的实际情况。

三、商事名称权的法律特征

商事名称权作为一种特殊的法律权利,具有以下几个方面的法律特征。

1. 法定性

法定性,即商事名称权是通过商事登记而取得的法定权利。商事名称权的取得必须履行登记注册手续,即只有经过依法登记注册后,商事主体才能取得对该商事名称的专有使用权;未经登记的商事名称一般不受法律保护。

2. 专有性

专有性,即商事主体对其登记注册的商事名称享有专有使用权。未经商事名称权人同意，他人不得使用商事名称权人已经登记注册的商事名称。否则，商事名称权人可以请求其停止使用并可以请求其赔偿由此而给自己造成的损失。

3. 公开性

商事名称登记注册的目的之一便是使商事名称公之于世，为人所知。商事名称之创设、变更、废止、转让或继承等都必须通过登记等程序而公开；未经登记程序者，不得对抗善意第三人。

4. 区域性

各国法律普遍规定，商事名称登记的效力受一定区域范围内使用之限制。除全国驰名的大企业的商事名称可以在全国范围内享有专有使用权外，其他商事名称只能在登记机关的所在的地区范围内有效。

5. 可转让性

由于商事名称权本身具有人身权和财产权的双重属性，因此，各国商法理论和商事立法普遍肯定商事名称权的可转让性。但在如何转让的问题上，各国存在差异。

四、对商事名称权的保护

商事名称作为商事主体经营活动及其产品或服务的代表、商事主体信誉的标志，有必要通过法律加以保护。合法使用的商事名称必须受到法律保护，这是各国法律中奉行的一个基本原则。商事名称权保护的法律渊源包括商法、民法、反不正当竞争法、商标法等。商法的保护方法主要有两种。

1. 商事名称管理机关行使商事名称管理权

商事名称管理机关对商事名称行使管理权，主要是商事名称主管机关对违法使用商事名称的行为人（如合伙企业以有限责任公司的名义进行经营、有限责任公司以股份有限公司的名义进行经营），可以通过行政的或司法的途径禁止其使用，并予以处罚。

2. 商事名称权人行使商事名称保护权

商事名称权人对违法使用其已登记注册的商事名称，有权通过司法途径要求侵权人停止侵害、赔偿损失。

【重点阅读书目】

书名	编著者	出版社	出版时间	章节
商法学	商法学编写组	高等教育出版社	2019	第2章
中国商法总论	樊涛	法律出版社	2016	第4章
商法	范健	高等教育出版社、北京大学出版社	2011	第5章
商法学	范健、王建文	法律出版社	2012	第5章
商法学	朱羿锟	北京大学出版社	2012	第4章
商法学	覃有土	高等教育出版社	2012	第4章
商法概论	覃有土	武汉大学出版社	2010	第4章
商法学	施天涛、王延川	法律出版社	2010	第4章
商法总论	樊涛、王延川	知识产权出版社	2010	第7章
商法总论	张璎	北京大学出版社	2009	第9章
商法总论	任先行	北京大学出版社	2007	第6章
商法通论	赵中孚	中国人民大学出版社	2013	第5章
商法学	赵旭东	高等教育出版社	2007	第5章
商法	赵万一	中国人民大学出版社	2003	第5章

【必读法律法规】

名称	颁布时间（年）	章节
民法通则	1986	第2~3章
民法总则	2017	第2~5章
公司法	2018	第2章、第4章
合伙企业法	2006	第2~3章
公司登记管理条例	2016	全文
企业法人登记管理条例	2016	全文
企业法人登记管理条例施行细则	2014	全文

续表

名称	颁布时间（年）	章节
企业名称登记管理规定	2012	全文
个体工商户名称登记管理办法	2009	全文

【思考题】

1. 商事名称与商标的区别有哪些？
2. 我国商事名称选定的限制有哪些？
3. 商事名称登记的效力有哪些？

第六章 基本商事行为

第一节 商事行为概述

一、商事行为的概念

商事行为,又叫商业行为、经营行为、营业行为,是指商事主体所从事的以营利为目的的经营行为。

二、商事行为的法律特征

商事行为作为一种特殊的民事法律行为,具有民事法律行为的共性,同时又有其自身的特征。

1. 商事行为是商事主体所从事的行为

从法律行为的本质考察,任何法律行为都是特定主体所从事的行为,主体的行为能力对于行为的有效性起着决定性作用。因此,从这个意义上说,商事行为以商事主体为前提,是具有商事权利能力和商事行为能力的商事主体所从事的行为;不具有商事权利能力和行为能力的非商事主体所从事的行为不能被认定为商事行为,不能适用商法。

2. 商事行为是以营利为目的的行为

营利是商法的特性,又是商事行为的特性。商事行为的根本目的就在于营利,营利是商事行为的出发点和归宿。商事行为作为一种以营利为目的的行为,着眼点在于行为的目标,而不在于行为的结果。[1] 是否实现营利,并不是判断商事行为成立与否的依据。因此,从理论上看,商事行为是一种推定法律行为。许多国家立法中就明确规定,只要是以商事主体的名义实施的行为,必然是商事行为。

---

[1] 范健. 商法 [M]. 北京:高等教育出版社、北京大学出版社,2011:54.

3. 商事行为是持续性的营业行为

营业一般是指经营业务的意思。持续性营业则是在有效期内连续不断地反复经营同一性质的业务。商事行为就是一种持续性营业行为。商事主体至少在一定时期内连续、不间断地从事某种同一性质的营利活动，因而是一种职业性营利行为。因此，商事行为不仅是一种营利行为，而且是一种具有连续性和同一性的营利行为。一般主体从事一次或为数不多的几次营利行为，不构成商事行为；一般主体从事的营利行为虽然有连续性，但其从事的不是同一性质、同种类型的营利行为，也不构成商事行为。

4. 商事行为是体现商事交易特点的行为

商事行为作为以商事交易为内容的法律行为，具有商事交易的特点。

（1）商事行为是与风险、风险防范紧密相连的行为。商事活动是一种风险与利益并存的活动，获利越高，风险越大，高风险下的高利润，常常是推动商事发展的动力，也是商事交易的特点。商事行为作为一种受法律调整的行为，从行为的自发性而言，它具有高风险的特征；从法律对商事行为的规范性而言，行为的有序性和受法律调整性，又充分体现了其对风险的自觉防范。

（2）商事行为是保密性和公开性并存的行为。一方面，商事行为作为一种具有经营性和竞争性特点的行为，与经营手段、经营方法、经营经验等密切相关。这些因素常常是导致竞争失败的重要因素，常常构成商事主体所特有的商业秘密。❶从此意义上讲，商事行为是一种具有一定保密性的行为。另一方面，商事交易行为是一种以交易相对人之存在为前提的行为，交易过程和交易结果都直接影响着交易相对人，甚至社会公众的利益。为了保证交易安全，交易相对人或社会公众对交易对方的情况、交易的内容有所了解，则成为促成交易的先决条件。从此意义上讲，商事行为又是一种具有公开性的行为。商事行为的公开性，常常通过强制性法律规范予以实现，如法律所规定的商事登记制度、商事年检制度、上市公司信息披露制度。

（3）商事行为是注重商事效率的行为。商事交易的特点之一是商事效益与商事效率紧密相连，只有高效率才能实现高效益。从各国商法实践来看，商事行为的高效率主要体现在交易形态定型化（如格式合同）、交易客体证券化（如票据、提单）、筹资行为股票化（如上市公司股票发行）。

三、商事行为与民事行为的区别

商事行为与民事行为都是平等主体进行的行为，都具有财产内容，其联系

---

❶ 范健. 商法 [M]. 北京：高等教育出版社、北京大学出版社，2002：50.

是十分密切的。但是二者的区别也是明显的，具体表现在如下方面。

1. 是否具有营利性

商事行为一定具有营利性质，商人是为了谋取商业利益的社会阶层，商人通过营业达到赚取商业利益的目的。民事行为原则上不具有营利性质，民事主体虽然可以通过民事行为而获取利益，但获取利益不能等同于营利性，民事行为原则上不具有营利性，财产的交换不以营利作为主要目的。在商法产生之前，民事行为中包含营利性行为和非营利性行为两类，但当商法体系出现并逐渐完善之后，营利性民事行为就逐渐从民法中淡出，营利性行为归商法调整。

2. 意思表示对行为成立的意义不同

意思表示是民事行为成立的基本要件之一。意思表示是指行为人的内心要有与相对方建立某种民事法律关系的想法，而且该意思必须通过行为人的行为向对方表达出来。如果没有意思表示，民事行为就不成立或无效或被撤销。在许多场合，商事行为强调行为人的外在表现，而不考虑内在表示如何。商法如此规定，目的是在交易过程中保护交易的安全、迅捷。如在票据立法中，各国一般都规定票据的文义性，如果票据上所记载的内容与实际不一致，按照票据所记载的文义为准。

3. 对行为方式的要求不同

民事行为的方式要求较高主要是为了保证行为所产生的后果更为公平。商事行为的方式较为自由，主要是因为在商事活动中，为了保证交易的迅捷以促进整个社会经济的发展，所以，对商事行为的方式要求比较自由。

四、商事行为的分类

对商事行为，依据不同的标准，可以进行不同的划分。

1. 单方商事行为与双方商事行为

以行为主体双方是否均为商事主体为标准，可以将商事行为分为单方商事行为与双方商事行为。这一分类主要存在于德国和日本。

单方商事行为是指在商事交易中，行为的一方当事人为商事主体而另一方为非商事主体所从事的行为。学界把这种行为称为"混合交易行为"。如销售商与消费者之间的买卖行为、运输商与乘客之间的交易行为、银行与储户之间的存款或取款行为等，都是单方商事行为。

双方商事行为是指在商事交易中，具有商事主体资格的双方当事人所实施的营利性行为。如制造商与销售商之间的买卖行为、批发商与零售商之间的购销行为、代理行为与居间行为等。对双方商事行为的法律性质和法律适用问题，各国商法的理论和实践均认为适用商法的有关规定。至于双方商事行为的主体是商自然人，还是商法人，则不影响其性质的认定和法律的适用。

这种分类的意义主要在于，解决商事行为的法律性质和法律适用问题，有助于对民法的一般规则和商法的特殊规则的关系的认识。对单方商事行为的性质，应界定为商事行为和一般民事行为的结合。在法律适用问题上，应采取对商事主体适用商法的有关规定；对非商事主体适用民法和消费者权益保护法的有关规定。

2. 绝对商事行为和相对商事行为

依据行为的性质和确认条件的不同，商事行为可以分为绝对商事行为和相对商事行为。这一分类仅在实行客观主义或折中主义原则的国家具有法律意义。

绝对商事行为，又称为客观商事行为，是指依照行为的客观性和法律的规定就必然认定的商事行为。它具有客观绝对性、法律确定性和事实推定性，并不以行为主体是否为商事主体和行为本身是否具有营利性为构成要件，仅仅以行为的形式为认定要件。在许多国家，票据行为、证券交易行为、融资租赁行为、保险行为、海商事行为等均为绝对商事行为。绝对商事行为通常由法律"限定列举"，并非"例示列举"，不得作类推性的扩大解释。只有商法明文规定的，才能认定为商事行为，适用商法。绝对商事行为基本上属于传统的商事活动。

相对商事行为，又称"主观商事行为"或"营业商事行为"，是指以行为的主观性和行为自身的性质而认定的商事行为，即在商法规定的范围内，由商人作为营业而进行的行为。这里所说的"作为营业"，是指反复、持续从事营利活动。它具有相对性和条件性，以行为主体是否为商事主体和行为本身是否具有营利性为构成要件。相对商事行为必须是商事主体在营业条件下所实施的行为。

这一分类的意义在于，解决商事行为的标准和条件问题，为司法实践确认商事行为带来了方便，有利于解决民法和商法的适用顺序问题。

3. 基本商事行为与辅助商事行为

依据商事行为所处的地位的不同，商事行为可以分为基本商事行为和辅助商事行为。

基本商事行为是指直接从事营利性活动的商事行为。如买卖商事行为等。在传统商法学者看来，基本商事行为具有"直接媒介商品交易"的属性，是直接以营利性目的为内容的商事行为。

辅助商事行为，又称"附属商事行为"，是指行为本身并不直接达到商事主体所要达到的经营目的,但可以对以营利为目的的商事行为的实现起到辅助作用的商事行为。

这一分类的意义在于,有助于在理论和司法实践中确认具体商事行为的性质。

4. 完全商事行为和推定商事行为

依据适用商法的根据的不同,可以将商事行为分为完全商事行为和推定商事行为。

完全商事行为,又称"传统商事行为""固有商事行为""纯然商事行为",是指依照商法的规定或列举可以直接认定的商事行为。

推定商事行为,又称为"准商事行为""非完全商事行为""非固有商事行为",是指不能直接依照商法的规定或列举加以认定,而必须通过事实或法律推定方可确认其具有商事行为性质的行为,即准用商法有关商事行为规范的行为。一般是指虚拟商人(在日本包括民事公司、店铺经营者和矿业营业者等)的营业行为。虚拟商人所从事的行为本身并不是商法所规定的商事行为,所以,只能当作准商事行为对待。根据《日本商法典》第52~53条的规定,依商法规定设立的以营利为目的的社团,虽然不以实施商事行为为业,也视为公司;该公司的行为,准用商事行为的规定。

这种分类的意义在于,既突出了完全商事行为这一重点,又增强了商法的稳定性和覆盖面,使商事行为制度更加适应现代化复杂的商事活动和市场经济的发展需要。

五、确立商事行为的意义

1. 商事行为是最为广泛、最为重要的商事法律事实

在现代生活中,绝大多数商事法律关系的设立、变更和终止都是通过商事法律行为来实现的。如订立各种商事合同、从事各种商事活动。

2. 商事行为是构成现代商法的立法基础之一

商法的规定或者是为规范商事主体而设,或者是为规范商事行为而设,而其他规定则具有辅助意义。因此,商事行为是商法中十分重要的内容。

3. 有利于商事行为的认定和对其适用商法的规则

在民商分立的国家,民事行为适用民法,而商事行为适用商法。商事行为制度所体现的正是各国对民法与商法的关系和民法一般规则与商法特殊规则的认识问题。

4. 防范交易风险、促进经济发展和维护市场秩序

商法确认的商事行为制度,对于繁荣工商业、防范交易风险、促进经济发

展和维护市场秩序具有十分重要的意义。

第二节　基本商事行为

基本商事行为是指直接从事营利性活动的商事行为，即具有"直接媒介财货交易"的属性的商事行为。它包括商事物权行为、商事债权行为、商事交互结算行为、商事买卖行为、商事期货交易行为、连锁经营行为、基础设施和公用事业特许经营行为、电子商务行为等。

一、商事物权行为

（一）商事流质预约的认可

在民法上，流质预约被禁止。出质人和质权人不得在合同中约定，质权人未受清偿时，质物的所有权转移为质权人所有。此项规定的目的在于防止债权人利用其有利的地位损害债务人的利益。但在商事活动中，由于商人自己能够计算其经济利益的得失，同时，也为保障商事交易的顺利进行，维护信用交易的公平，多数国家的商法都承认商事交易中的流质预约。如《日本商法典》第515条规定，民法关于禁止流质预约的规定不适用于因商事行为债权而设定的质权。韩国商法典亦有类似的规定。

（二）商事留置权

1. 商事留置权的起源

留置权在沿革上有民事留置权与商事留置权之分。据学界考证，民事留置权乃发轫于罗马法上的恶意抗辩和欺诈抗辩的拒绝给付权，"此种以公平原理为基础之拒绝给付权，仅系一种人之抗辩，乃对人之权利，且系分散规定，而无统一之制度。然此种原理其后深深影响大陆法系。"[1] 该种制度最终在大陆法系发展成为民法上的留置权制度。当然，关于民事留置权的效力，又有物权性效力与债权性效力之分。至于商事留置权，学界通说认为，其乃是源于中世纪意大利商人团体的习惯法，不同于民事上一般留置权的起源与发展。

2. 商事留置权的含义

商事留置权是指在经营关系中发生债权债务关系，当债务人不履行到期债务时，债权人得以留置其已经合法占有的债务人的动产并就该动产优先受偿的权利。

---

[1] 谢在全. 民法物权论（下）[M]. 北京：中国政法大学出版社，1999：848.

我国《物权法》第231条规定:"债权人留置的动产,应当与债权属于同一法律关系,但企业之间留置的除外。"该条以对一般留置权成立要件中"同一法律关系"做出例外规定的形式创制了我国法上的商事留置权。

3. 我国商事留置权的成立要件

(1) 主体要件——商事留置权的主体均为企业。在民事留置权制度中,其权利义务主体只要求是普通债权人、债务人即可。而商事留置权制度中权利义务的主体要求债权人和债务人都是企业。物权法明确规定,商事留置权的发生只能是在"企业之间",即商事留置权制度中,权利义务的主体都只能是企业。在经济学上,企业泛指一种以营利为目的的经济实体。在我国已有的民商事立法上"企业"的概念,既包括法人类的企业(如全民所有制企业、公司等),也包括非法人类的企业(如合伙企业、个人独资企业等)。

(2) 前提要件——债权已届清偿期且未受偿。从以下三个方面来理解:①主张行使留置权的人必须对他人享有债权。这是留置权行使的前提条件。如果在当事人之间不存在债权,就不存在主张留置权的根据。根据1995年的《担保法》和1999年的《合同法》的相关规定,留置权主要限于保管合同、运输合同、加工承揽合同等有限的几类合同关系,这一过窄的范围规定早已受到学者们的诟病。《物权法》第230条仅规定"债务人不履行到期债务",在符合其他条件时即可发生留置权,并没有对留置权制度适用的范围作出明确的限定。因此,遵循"法不禁止即可为"的格言,我国《物权法》上留置权制度的适用范围不仅包括合同关系,而且包括不当得利、无因管理、侵权行为等引起的债权债务关系。所以,企业间在营业关系中因不当得利、无因管理而引起的债权债务关系,在符合其他条件时自然可以适用商事留置权制度。而且企业间发生商业侵权关系时,如诋毁他人商誉、盗取他人商业秘密时,亦有商事留置权适用的余地。②债权须发生于营业关系之中。营业也称经营,是商法上的一个核心概念。学界一般认为营业的目的在于营利,而且其行为具有持续性、公开性等特征。德国著名商法学家卡纳里斯对营业的详细定义为:"一种独立的、有偿的,包括不特定的多种行为的、向外公示的行为,但是艺术、科学的活动和那些其成果需要高度人身性的自由职业不包括在内。"从事营业活动是企业的存在目的,企业不可能像自然人一样,还有基于纯粹的生活关系而发生的留置。企业在正常经营过程中,符合法律和企业章程规定而发生的债,均属于营业关系中发生的债权。当然,基于《物权法》第231条的限制,其债权的相对人即债务人也必须是企业。企业之间的营业关系,还必须是以企业的名义进行、由企业承担后果的商业关系,这就排除了企业经营者或员工私人之间的商业往来。

除非构成对企业的表见代理,否则企业成员间私人的商业关系并不能形成企业之间的营业关系。③债权已届清偿期且未受偿。清偿期未到,债权人不能行使留置权,因为此时债务人享有期限利益;并且,尚不能确定债务人不能清偿债务,因此,不能提前行使留置权。只有到了清偿期,且未受偿的情况下,债权人才有行使留置权之必要。

(3) 标的物要件——留置的财产须为在双方营业关系中合法占有的债务人的动产。从以下三个方面来理解。①留置的财产必须是债务人的动产。这里包含两层意思:首先,必须是债务人的财产,对债务人以外的人的财产不能行使留置权;其次,必须是债务人的动产,对债务人的不动产也不能行使留置权。②占有债务人的动产必须有合法依据。债权人行使留置权必须通过合法手段来占有债务人的动产。违法占有他人动产的行为不为法律所认可,不能作为担保财产加以留置。③对动产的占有须发生在双方之间的营业关系之中。首先,在商事留置权中,债权人对债务人动产占有的取得,必须发生于营业关系之中。我国两部主要的民法典草案学者建议稿中,均明确要求商事留置权须发生于债权人与债务人之间的营业关系之中。虽然《物权法》第231条没有明确规定留置的发生应基于企业间的营业关系,但是基于商事留置权的制度价值主要在于保障企业间商事交易的安全与效率,因此应认为商事留置权的成立要求债权人对债务人动产的占有须发生于营业关系之中;非发生于营业关系中的占有,即使债权人已经取得对债务人动产的占有,也不符合商事留置权的条件,不能发生商事留置权的效力。其次,对动产占有的发生,必须是在债权人和债务人双方之间的营业关系之中。如果不是基于双方之间直接的营业关系而取得的占有,亦不能成立商事留置权。否则,将构成对债权人的过度保护而给债务人带来莫测的商业风险。

(4) 关联性要件——留置的标的物与被担保债权具有一般关联性。作为法定担保物权的留置权,立法上之所以要求留置的动产与债权之间具有某种牵连性,是为了在债权人利益和债务人利益之间取得一种平衡以实现公正。而商事留置权与民事留置权不同,就在于对留置的标的物与债权之间的牵连性的要求不同。它不强调留置的标的物与被担保债权的个别关联性,而只要求二者之间的一般关联性,即在商人之间,因双方商事行为发生的债权在未受偿之前,债权人可以留置其因商事行为已经占有的债务人的财产,而不要求该财产属于被担保债权本身的标的物,不要求二者之间有直接的关系。商事留置权与民事留置权的这一区别在许多大陆法国家的商法中都有所体现,反映在我国物权法上,便是对"同一法律关系"的例外规定。

笔者认为，商事留置权中，留置的标的物与所担保债权的一般关联性应从以下几个方面加以判断：①对动产的占有须先于债权或与债权同时发生。债权人的债权发生在前，而占有债务人的动产在后，此时债权人能否取得对债务人动产的留置权？对于这一问题，在我国台湾地区学界不无争议，长期存在肯定说与否定说两种不同的观点。史尚宽先生认为，对于商事留置权而言，其"债权只须因营业而发生，无须于动产之占有取得前即已成立"。❶ 但是，由于我国《物权法》第 230 条已经明确规定："债务人不履行到期债务，债权人可以留置已经合法占有的债务人的动产"。据此，债权人对动产的占有应发生于债权之前，或占有与债权同时发生，但不得后于债权的发生。商事留置权制度仅在牵连性方面对民事留置权制度有所突破，在其他方面则与民事留置权相同。因此，在商事留置权制度中，债权人的债权须后于对动产的占有而发生，即债权人对债务人对动产的占有发生在前、债权发生在后，或者两者同时发生。②占有动产的主体与债权人应具有同一性。在留置权中，占有动产的留置权人应当与债权人具有同一性，即留置权人与债权人是同一主体，当然，"至占有之方式，自不以直接占有为限，间接占有或利用占有辅助人而为占有，与第三人共同占有，均无不可。"❷ 商事留置权在这一方面与民事留置权并无二致。但由于商事留置权的主体是作为一种经济组织的企业，其与自然人相比又有一定的特殊性。具体而言，占有债务人动产的主体，如果是公司法人，则可以是公司本身，也可以公司的分公司，但不可以是子公司，即使是母公司的全资子公司亦是不可。因为子公司已经具有独立的法人资格，有自己独立的人格和意思机关，子公司占有了母公司债务人的动产，母公司并不因此而取得对债务人的商事留置权，否则将导致母子公司的人格混同，有违"法人人格独立"之精神，有害于商事经营之秩序。

二、商事债权行为

1. 商事债权的特殊性

商事债权行为作为民事法律行为的特殊形态，表现为一种特殊形式的债权行为。债的关系首先表现为一种民事法律关系，因此，商事债权行为的构成要件以民事法律行为的构成要件为基础，同时适用商法的特殊规定，这些特殊的规定在法律效力上优先于民法的规定。

---

❶ 史尚宽. 物权法论［M］. 北京：中国政法大学出版社，2000：500.
❷ 谢在全. 民法物权论［M］. 北京：中国政法大学出版社，1999：858.

在西方国家的商法典和商法学理论中,商事债权的特殊性主要表现在商事合同缔结过程中要约和承诺的特殊性上,具体涉及对意思表示之缄默和缄默之错误的特殊性规定等内容。商事行为中的意思表示与民事行为中的意思表示比较,其差异表现在缄默问题上。

2. 缄默作为对要约的承诺应具备的条件

一般来说,缄默作为一种消极的行为或不作为的行为,不具有意思表示的效果,如我国《合同法》第 20 条的规定。但在例外情况下,如双方已有约定或法律有明确规定,则缄默可当作对要约的承诺。

3. 缄默作为对要约的承诺的三种情况

《德国商法典》第 36 条和第 362 条对缄默作了三种规定。

(1) 对事务处理要约的缄默。无论是完全商人还是小商人,只要有人向其提出缔结事务处理契约之要约,他们则必须对要约作出回答,如果他们对要约示以缄默,按法律规定,则可认为他们已接受要约。《德国商法典》第 362 条规定,"如果与商人保持有业务联系的行为人,向处理他人事务的商人提出处理该事务之要约,该商人必须毫不迟疑地对要约予以回答;商人之缄默视为要约之承诺。"

(2) 对交易确认证书的缄默。在商事交易中,当事人往往先就交易内容口头协商,在达成一致意向后,其中一方当事人则会通过书面方式来确认口头谈判结果。这种书面形式就是"确认证书"。它以文字形式记载双方当事人是否已经缔结契约以及契约的内容。确认证书的内容也可以偏离或修改事先的约定。当接受人接到证书时,发现内容不能接受,应毫不迟疑地作出否定性反应。否则,他的缄默则作为同意看待。许多法学家们认为虽然交易确认证书的基本原则在法律上尚无明文规定,但是,从学理上和商务惯例上看,它可以被视为商事习惯法。

(3) 缄默错误。在民事契约缔结时,如果表意人由于疏忽过失或其他种种原因,在意思表示中发生错误,即意思与表示不一致时,通常可以撤销。但是商法人对他人的要约,以及商人对他人提供的交易确认证书表示缄默时,其意思表示发生错误,则不能撤销,除非是对要约内容而不是对缔约结果产生错误。

三、商事交互结算行为

1. 商事交互结算行为的含义

商事交互结算行为,即商法上的交易计算行为,是在世界各国商法上普遍采用的通过双方的约定,以计算结果和计算后所产生的余额的确定来实现债务了结的结算方法。

一位德国法学家在讲述商事交互结算行为时作了这样一个比喻：两人玩一副纸牌，每一局输赢不予立刻支付，而只是记入各自账本，直至全场结束，依据账本进行依次总结算，并根据计算结果进行输赢差额支付。

2. 商事交互结算行为的性质

商事交互结算行为是把在一定期间内由商事交易所产生的债权债务进行一次性结算的特殊商事行为。它实际上是一种活期账务结算，通过双方的约定，以计算结果和计算后所产生的余额的确定来实现债务了结。在这种债务了结方式中，借助于定期结算，交易双方当事人在商事业务往来中形成的债权和债务不断得以清算，从而避免了单方面独立的债权和债务的生效。

3. 商事交互结算行为的法律特征

（1）当事人中至少有一方是商人；

（2）交互结算合同属于诺成合同；

（3）当事人双方之间必须有经常性、持续性的交易关系。如运输业者之间、保险公司与其代理商之间在一定期间内存在持续性交易时，交互结算就得到承认；就一定期间内由交易产生的债权债务总额进行抵消，对余额进行支付；商事交互结算根据合同、特别是持续性合同的终了而停止。但是，当事人随时可以就在将来对交互结算合同的解约告知对方。

四、商事买卖行为

（一）商事买卖行为的含义

商事买卖行为是商法中最重要、最常见的特殊商事行为之一，是一种特殊而专门的商事交易形式。它是一种由至少一方从事着商事行为的当事人缔结的关于物或有价证券的买卖活动。

（二）商事买卖行为中的迟延责任

1. 买受人受领迟延

买受人受领迟延是指买受人未能接受他所购买的货物，并由此而承担的法律责任。我国《合同法》第143条、第146条对于买受人受领迟延情况下标的物风险转移问题作出了明确规定。该规定可视为关于买受人受领迟延的一般规定。《德国民法典》第293条对此规定："如果债权人未能接受向其所提出的给付，他则负迟延责任。"商法中受领迟延的概念与民法中受领迟延的概念没有差异；民法中对受领迟延法律后果的规定也适用于商事买卖的受领迟延。只不过商法在民法的基础上扩大了出售人在受领迟延情况下的权限，即他可以寄存受

领迟延物和自助销售迟延物,以使自己得以迅速摆脱迟延物。❶

(1)买卖受领迟延物之寄存。

①被寄存的标的物可以是商事买卖中任何受领迟延物。关于出售人有权寄存受领迟延物,虽然民法、商法对之都有规定,但其内容有些差异。《德国民法典》第372条规定:"如果债权人迟延受领金钱、有价证券、其他证券,以及贵重物品,债务人可以替债权人将这些东西寄存于公共寄存处。因债权人本身的其他原因,或者非因过失而不能确知谁是债权人,致债务人不能或者无把握履行其债务的,亦同。"根据这一条款,在民事买卖受领迟延中,可寄存的迟延受领物仅为金钱、有价证券、其他证券以及贵重物品。而商法对可寄存的迟延受领物种类未作限制。一般来说,商事买卖中的买卖标的物,即买卖对象都可以在受领迟延的情况下被寄存。日本民法典与日本商法典则未对可寄存的迟延受领物作任何限定,其区别仅表现为后者为买受人受领迟延提供了更加具体的规则。

②出售人可以将受领迟延物在公共仓库寄存,或以其他安全方式予以保存,其费用和风险由买受人承担。关于受领迟延物的寄存地,《德国民法典》第374条第1款规定:"寄存应在给付地的寄存处为之。如果债务人在其他地方进行寄存,他应向债权人赔偿因此而造成的损失。"与民法中的规定不同,在商事买卖中,按照《德国商法典》第373条第1款的规定:"如果买受人受领货物迟延,出售人可以将货物在公共仓库寄存,或以其他安全方式予以保存,其费用和风险由买受人承担。"商法中的这一规定表明,商事买卖中的寄存不必局限在给付地寄存处为之,无论在何处进行寄存和保管,出售人都不必由此而承担费用。寄存或保管中所花的费用和遭受的风险由买受人承担。显然,因买受人受领货物迟延而寄存货物时,对买受人的要求,商事买卖较之民事买卖要严格得多。对此,日本商法典与韩国商法典均未作规定,应认为直接适用民法之一般规定。笔者认为,在商事买卖中,若买卖行为对于买受人而言属于商事行为,则应当使该买受人承担比一般买受人更加严格的责任。因此,德国商法上这种区别性的规定较为合理。我国《合同法》第101条就买受人受领迟延情况下债务人可以将标的物提存作了规定,但是未就具体提存地作出明确规定。对此,笔者认为,不仅应当予以规定,而且应当在民法和商法中予以区别性规定。

③出售人享有对迟延受领物的取回权。关于迟延受领物之取回权的规定,民法和商法也不一样。在民法中,寄存是在官方的寄存处为之,寄存标的物在寄存处寄存之后,一旦债权人向寄存处表示接受该物,寄存标的物的所有权立

---

❶ 范健,王建文.商法论[M].北京:高等教育出版社,2003:775.

刻移转给债权人，由此而产生债务人寄存物取回权消灭。《德国民法典》第378条规定："一旦寄存物取回权消灭，债务人通过寄存而免其债务可以看作他在寄存时已向债权人履行给付。"从民法所规定的此类情况可以看到，民事买卖中的迟延受领物之寄存具有清偿效应。但这种清偿效应在商事买卖中则不存在。商事买卖迟延受领物不必在官方的寄存处寄存，而只需寄存在公共仓库，并且其寄存的目的也仅在于解除出售人对出售物的保管负担，而未实现所有权转让之效力，因此，出售人享有对迟延受领物的取回权。

（2）买卖受领迟延物之自助销售。

①商法允许债务人对所有的迟延受领货物或有价证券实行自助销售。依照德国民、商法，在民、商买卖标的物受领迟延情况下，出售人即债务人不仅有权将该物进行寄存，同时也有权对该物实行自助销售。但是，自助销售的形成条件、适用范围以及具体做法在民、商法律中的规定则不一样。在德国民法中，买卖受领迟延物的寄存与自助销售处于对立关系，相互排斥。《德国民法典》第383条第1款规定："如果债务标的物为动产，并且不适宜寄存，在债权人迟延时，债务人可以在给付地将该物拍卖，并将拍卖的价金寄存。于第372条第2款之情形，如果物品发生腐坏或寄存费用过高，同样可以适用此规定。"根据这一条款，可寄存物必须予以寄存，只有不可寄存物才允许进行自助销售。与民法中的规定不一样，德国商法允许债务人对所有的迟延受领货物或有价证券实行自助销售。并且，实行自助销售还是进行寄存，法律授予债务人以决定权。当然，债务人也可以对此采用先寄存，后自助销售的做法。

②自助销售的方式包括提交官方拍卖和按照交易所或市场标价自行出售该物。关于自助销售的方式，相对于民法，商法又规定了两种做法。第一，提交官方拍卖。拍卖之前，出售人应向迟延受领人提出因受领迟延而拍卖标的物的警告，并将拍卖的时间和地点通知迟延受领人；在官方拍卖之后，应将拍卖的情况告知迟延受领人。第二，按照交易所或市场标价自行出售该物。如果迟延受领物有交易所或市场价格，那么，在由债务人自行交易的情况下，必须由官方授权的中间商或被官方授予拍卖权的人来确定该标的物的出售价格。《德国商法典》第373条第5款规定："官方拍卖前，出售人必须通知买受人拍卖的时间和地点；在任何一种出售方式中，出售人都必须将已经执行的出售情况及时通知买受人。如果出售人未履行此规定，他则负损害赔偿义务。通知无法执行，则属例外。"

2. 买受人指定迟延

（1）商事买卖中的指定是买受人的一种义务。指定买卖是商事买卖之一，它指在商事买卖活动中，"如果只有买受人有权对形状、规格或类似的问题提出较详细的要求,买受人则负有义务去提出这些要求。"❶ 在许多情况下,买卖交易当事人双方的买卖约定并没有涉及买受物的全部性质(如形状、规格、质量、种类等),这就给买受人留下了一定的决定余地。在这种情况下,给付的最终履行,即契约的最终实现还有赖于买受人及时就购置物的具体要求提出指定。如果买受人在订约之后不能及时作出指定,则会妨碍出卖人及时而正确地履行契约,会妨碍契约所约定事项及时实现。由此,从法律责任上看,在指定买卖中,指定责任与一定的法律后果联系在一起。商事买卖中的指定是买受人的一种义务,甚至是买受人的主要义务之一。

(2) 买受人指定迟延的法律后果。如果买受人指定迟延,出售人则因此享有如下权利。①履行指定请求权,即出售人可以要求买受人履行指定。②代为指定权,即出售人享有代替买受人而作出指定的权利。③解约权,即出售人享有撤销买卖契约的权利。④损害赔偿请求权,即出售人享有要求买受人因不履行指定而作出迟延损害赔偿的权利。《德国商法典》第 375 条第 2 款详细地规定,如果买受人迟延履行给付之指定义务,出售人可以代替买受人完成这些指定之履行,或者根据《民法典》第 326 条规定,提出不履行之损害赔偿,或者撤销其契约。在第一种情形下,出售人必须将由其代为履行的指定及时通知买受人,并且同时就其他的指定做法向买受人确定一个合适的期限。如果买受人在此期间没有采用其他的指定做法,出售人所代为履行的指定则生效。

3. 期货买卖中的迟延责任

期货买卖是从现货买卖的基础上发展起来的现货买卖的高级形式,主要适用于少数大宗商品的买卖。在德国商法中,期货买卖是指按照契约的规定,至少契约当事人中的一方"应该严格按确定的时间或在一定的期间内作出给付"。在期货买卖中,如果给付未能在双方契约所约定的时间内履行,同样可以导致迟延责任。《德国商法典》第 376 条第 1 款则相应指出:"如果约定一方应于一定时间或一定期间内作出给付,当给付未能一定时间或未能在一定期间内发生,另一方则可以撤销其契约,或者,鉴于债务人迟延,债权人可以因债务未履行而提出损害赔偿,并以此来代替债务履行之请求。如果在时间或期间届满之后,债权人立刻向债务人提出,坚持要求其履行债务,那么,债权人此时仅享有债务履行请求权。"从以上两个法律条款可以清晰地看到商事期货买卖的迟延责任包括以下方面。

(1) 商事期货买卖的债权人有条件地享有债务继续履行请求权。根据德国民法的规定,在定有履行期限的债权行为中,当债务人发生迟延,债权人则不

---

❶ 范健,王建文. 商法论 [M]. 高等教育出版社,2003:778.

可以要求债务继续被履行。债权人之所以不享有这种权利，是因为按照民事定期行为理论，在双方约定的有效时间过去之后，债务履行请求权之行使则属于一种完全不正常现象。民法上的这一观点虽然在理论上是正确的，但它对于商事期货交易来说，并非起到了完全的积极作用。在商事期货交易中，交易之成功与时间的预见性联系在一起。如果所预见时间稍有差错，契约则随之失效，这对交易双方都会有所不利。有鉴于此，德国商法则主张在期货买卖中，即使给付时间已过，债权人依然可以坚持向债务人提出债务履行之请求。不过，对于这一某种程度上超越了法律理论的一般原则的做法，其适用程度受到了严格的限制。商法规定，只有在债务履行时间和期间刚过，债权人立刻提出，坚持债务给付之继续履行时，债权人才享有履行请求权；并且一旦他提出继续履行之给付要求，他则由此仅仅享有履行请求权，基于债务人未能及时履行给付而致使债权人所享有的其他请求权亦随着给付履行权的继续提出而丧失。

（2）商事期货买卖的债权人无条件地享有契约撤销权。根据民法的规定，在定有履行期限的债权中，只有当给付未能如期履行，并且双方对给付日期未能重新约定时，债权人才享有契约撤销权。与此不同，在商事期货买卖中，根据商法的规定，只要债务人未能及时履行给付，债权人就因此而享有契约撤销权；撤销权的成立不需要其他的前提条件，既不需要某一方的过失，也不需要债务人的迟延，更不需要债权人曾为此确定过给付延长日期而未收到效果。

（3）商事期货买卖的债权人无条件地享有损害赔偿请求权。根据民法的规定，一旦发生债务人给付迟延，债权人并不立刻享有债务不履行之损害赔偿请求权。债权人若要获得此项权利，则需具备一定的前提条件。对此，《德国民法典》第326条规定："当双务契约当事人之一方，就其所负担之给付有迟延时，他方必须规定相应期间，请求其作出给付，并声明于此期间届满后拒绝受领其给付。如果在规定的相应时间届满时，对方仍未作出给付，债权人可以请求不履行之损害赔偿，或解除契约；但不得复为履行之请求。"与民法中的规定相反，在商事期货买卖中，只要债务人发生迟延，债权人就享有损害赔偿请求权。延期决定、拒绝受领之警告、未达到结果的延期届满等民法中所规定的前提条件，在此均不需要。

（三）商事买卖行为中给付标的物瑕疵责任的特殊性

德国、日本等国商法就商事买卖中瑕疵责任设置了特殊规范，其主要涉及四个方面的内容。

1. 商事买卖中瑕疵责任的构成要件

（1）买卖活动必须是一种双方的商事行为。包括：①要求交易双方当事人都是商人。对买受人来说，他必须是商人。因为如果他是非商人，则不苛求其对买受物立刻进行检查并迅速对物之瑕疵提出指控。对出售人来说，他同样必须是商人。因为只有他是商人，才享有这种典型的具有一定保护价值的利益，即可以迅速和顺利处理买受人所指控的有关事宜，及时了结业务，摆脱其责任。②交易双方当事人都从事着商事行为。买受人和出售人的货物买卖活动都属于商事企业的经营活动，而不是一种私人活动。

（2）买卖标的物必须已交付。出售人必须已经向买受人交付了买卖标的物。这里所说的交付仅是指买受人对买受物已存在一种事实上的和空间上的占有关系，基于这种关系，买受人可以检查所收货物的性质。

（3）买受标的物必须有瑕疵。由出售人所交付的买卖标的物必须存在瑕疵，即存在品质、种类、数量方面的瑕疵。①品质瑕疵。品质瑕疵属于质量瑕疵，表现为价值瑕疵或效用瑕疵。出卖人的出卖物在转移于买受人时，存在灭失或减少其价值之瑕疵，或者存在灭失其通常效用或契约预订效用之瑕疵。如未造成明显价值或效用之瑕疵，则不得视为瑕疵。②种类瑕疵。给付标的物之种类与买卖所约定的标的物种类不一致。③数量瑕疵。其表现为给付标的物数量少于或多于约定的数量。

（4）买受人没有免除瑕疵给付及时通告之义务。商事买卖中的瑕疵责任是一种在一定程度上有利于出卖人的瑕疵责任。当出现给付物的瑕疵时，买受人负有及时通知买受物瑕疵的义务。但是，如果由于可归责于出售人的特殊原因致使交易标的物瑕疵，买受人可以免除及时通告买受瑕疵物的义务。一般说来，在两种情况下，买受人可以免除其及时通告买受瑕疵物的义务。第一种情况是，如果由出卖人所交付的买卖标的物有着十分明显的瑕疵，以致出卖人本身也不得不认为，买受人绝对不可能接受此物。于此情形，买受人在接到该给付标的物之后，不负有立刻通告其瑕疵的义务。第二种情况是，如果出卖人恶意隐瞒物之瑕疵，或恶意伪造物之性质，买受人在接到买受标的物之后，同样不负有立即通告其瑕疵的义务。

2. 商事买卖中给付标的物瑕疵及时通知之正常规则

在买受物瑕疵责任确定中，对买受人至关重要的是，瑕疵通知和通知之及时。这两个方面的内容构成买受标的物瑕疵及时通知的正常规则。

（1）买受标的物瑕疵通知。买受标的物瑕疵通知是一种不拘形式的、由买受人向出卖人作出的有关物之瑕疵的通报。在这种通报中，买受人必须通过瑕疵通报而使出卖人知晓瑕疵的种类、范围、程度，如有多种或多处瑕疵，则应具体列出。如果瑕疵通知是以书面形式为之，则必须保证足够的通知送达时间。

通知送达迟延之风险由出卖人承担；通知丢失之风险则由买受人承担。因为从法律理论上讲，瑕疵通知是一种须有相应承受人的意思表示。只有当通知送达出卖人，买受人的意思表示才生效。

（2）买受标的物瑕疵及时通知。买受标的物瑕疵通知同时又是一种及时的、不负迟延责任的通知。关于及时通知的判断，应区别明显的瑕疵和隐蔽的瑕疵两种情况加以研判。

①对于明显的瑕疵，买受人在接到给付之后应毫不迟疑地提出物之瑕疵或者及时对给付标的物进行检查并及时将物之瑕疵通知出卖人。所谓明显的瑕疵，是指瑕疵明显存在，买受人不需检查便知晓，或者仅通过正常检查就可以发现瑕疵的情形。在第一种情形下，买受人在接到给付之后应立刻提出物之瑕疵；在第二种情况下，瑕疵及时通知期间与第一种情形相比可适当延长，此情况下的及时包括两个方面的内容，及时对给付标的物进行检查和及时对所发现的瑕疵通知出卖人。

②对于隐蔽的瑕疵，买受人应在发现瑕疵后立即通知出卖人。所谓隐蔽的瑕疵，是指通过正常检查而未被发现，或者由于一种免检担保而未被检查发现的瑕疵。❶《德国商法典》第 377 条第 3 款规定："对于检查时无法辨认其瑕疵的物品，若于事后对该物提出瑕疵问题，必须在发现瑕疵后立即提出，否则，即使出现瑕疵，也视为已接受给付物。"

3. 瑕疵通知之法律效果

（1）正常规则下瑕疵通知之法律效果。正常规则是指买受人按照商法的规定，在接受买受物之后立刻进行检查，并及时将瑕疵情况通知出卖人。基于瑕疵的性质，买受人享有相应的权利：①品质瑕疵的担保请求权。对品质瑕疵，买受人享有担保请求权，即可以请求解除买卖契约或减少价金，或请求交付无瑕疵的标的物，或提出损害赔偿权。②种类瑕疵的担保请求权。对种类瑕疵，买受人享有担保请求权，即可以请求解除买卖契约或减少价金，或者提出损害赔偿，或者要求出卖人重新给付契约中所约定的标的物。③数量瑕疵的继续给付请求权。对数量瑕疵，买受人可以要求出卖人依约继续给付未给付的部分。

（2）非正常规则下瑕疵通知之法律效果。非正常规则是指买受人并未按照商法所规定的在接受买受物之后立刻进行检查，并及时将瑕疵情况通知出卖人，由此导致检查或通知迟延。于此情形，根据商法的规定，视为买受人已认为受领物符合契约约定的要求，并已接受给付，因此，买受人便不能向出卖人主张

---

❶ 范健，王建文. 商法论 [M]. 北京：高等教育出版社，2003：788.

其基于货物瑕疵而产生的权利。①买受人不享有品质瑕疵担保请求权。即使事后买受人发现买受物有质量瑕疵，他也必须接受并保留该物，同时必须如数支付所约定的价金。②买受人承担种类瑕疵的不利后果。如果买受人事后发现买受物有种类上的差错，他须自己承担这方面的责任，由此而造成的不利因素不可转嫁给出卖人。基于买受人未能及时提出瑕疵问题，他对买受物价格支付分为两种情况：第一，如果给付物的价值低于订购所约定的标的物的价值，买受人须如数支付约定的价金；第二，如果给付物的价值高于订购所约定的标的物的价值，买受人未能及时履行瑕疵通知义务，他应对不利结果承担责任，而不可以将其转嫁给出卖人，因此，他还必须对超出约定价金的多余部分作出支付。③买受人承担数量瑕疵的不利后果。如果买受人事后发现买受物有数量上的差错，他由此而承担的法律后果同样分为两种情况：第一，当实际给付标的物数量少于契约约定的数量，买受人不再享有要求未给付部分继续给付的请求权。根据商法的规定，已作出的部分给付可以视为完全给付。由此出卖人的利益可以得到保护，出卖人可以要求买受人支付契约中约定的全部价金。第二，当实际给付标的物多于契约所约定的数额，买受人应支付全部实际给付标的物的价金，而不应仅支付契约中约定的部分，从而给出卖人造成不利。

4. 买受人的保管义务与紧急变卖

当买受人在接到出卖人提供的给付标的物之后发现该物有瑕疵，对于这种有瑕疵货物的处理过程，德国、日本等国商法对买受人的权利和义务作了相应的规定。

（1）买受人对瑕疵物的临时保管义务。即使买受人由于物之瑕疵或其他原因对出卖人给付的标的物表示不满，他也有义务对已供给的标的物予以临时保管。如果买受人没有遵循商法的规定而履行其保管义务，由此而造成损失的，买受人应向出卖人承担损害赔偿责任。

（2）买受人对瑕疵物的紧急变卖权。买受人对所保管的瑕疵物发生变质或会导致其他危险时，有权予以变卖，并将变卖结果与供货人结算。

五、商事期货交易行为

1. 商事期货交易行为的概念

商事期货交易是指按照期货交易所的规定，由期货买卖双方在交易所内预先签订商品买卖合同，而货物的交割和货款的支付要在约定的远期进行的一种买卖行为。

2. 商事期货交易行为的特征

商事期货交易行为具有如下几个特征：

（1）商事期货交易行为必须在期货交易所内进行。

（2）商事期货交易行为必须遵守期货交易所的交易规则。

（3）商事期货交易行为买卖标的物是标准化合约。期货买卖与现货买卖相比，其最大的差异在于，现货买卖交易的标的是货物，期货买卖交易的标的是合约本身。

（4）商事期货交易行为具有高风险、高收益的特点。它比一般商品交易行为具有更大的投机性和风险性。

3. 商事期货交易行为与股票交易行为的区别

（1）交易机制不同。股票交易属于单向交易，只能做多，先买后卖，低买高卖才能赚钱。而期货交易属于双向交易，既可做多，先买后卖，低买高卖，又可做空，先卖后买，高卖低买，只要方向做对了，做多做空均能赚钱。

（2）交易制度不同。股票交易实行T+1制度，当日买进，次日才能卖出，不能落袋为安或控制风险。而期货交易实行T+0制度，当日买进或卖出，当日可以了结交易，可以见好就收或及时止损。

（3）保证金制度不同。股票交易实行全额保证金制度，必须按照股票的实际价值全额买进或卖出。有多少资金，只能买进等额的股票。而期货交易实行比例保证金制度，交易者只须缴纳合约价值5%~15%的保证金作为履约保证，即可进行数倍于保证金的交易。杠杆作用明显，以小博大。

（4）资金利用率不同。股票实行T+1制度和全额保证金制度，资金每个交易日只能买入一次，买进后就被占用了，资金利用率小。而期货交易实行T+0制度和比例保证金制度，每笔资金可以交易多次，资金利用率很高。

商事期货交易行为与股票交易行为的区别见表6-1。

表6-1 商事期货交易行为与股票交易行为的区别

项目	商事期货交易	股票交易
交易机制	做多、做空	做多
交易制度	T+0	T+1
保证金制度	比例保证金制度	全额保证金制度
资金利用率	大	小

4. 商事期货交易行为的实质

期货买卖具有一定的投机性，它是从物的交易变成了期货合约的交易。

六、连锁经营行为

（一）连锁经营行为的概念

连锁经营行为是指经营同类商品或服务的若干个企业，以一定的形式组成一个联合体，在整体规划下进行专业化分工，并在分工基础上实施集中化管理，把独立的经营活动组合成整体的规模经营，从而实现规模效益的商事行为。

连锁经营行为的实质，是企业运用无形资产进行资本运营，实现低风险资本扩张和规模经营的有效方法和途径，这也是连锁经营行为能得以迅速发展的根本原因所在。

（二）连锁经营行为的法律特征

2003年《文化部关于加强互联网上网服务营业场所连锁经营管理的通知》第2条规定，互联网上网服务营业场所连锁经营，是指若干互联网上网服务营业场所在连锁经营企业总部的统一管理下，严格按照连锁经营的组织规范，统一经营方针、统一服务规范、统一形象标识、统一营业场所风格，并且统一上网首页和统一计算机远程管理的经营组织形式。2003年农业部、国家工商行政管理总局、中华全国供销合作总社联合发布的《关于推进农资连锁经营发展的意见》第1条规定，连锁经营是指经营同类商品、使用统一商号的若干门店，在同一总部的管理下，采取统一采购或授予经营权等方式，实现规模经济效益的一种现代商品流通方式。连锁经营行为具有以下法律特征。

（1）经营同类商品。连锁经营的门店的一个显著特征就是经营同类商品的门店。只有这样的门店才有必要进行连锁，增强自己的竞争力。

（2）使用统一商号。直营连锁由公司总部采取纵深式的管理方式，直接下令掌管所有的零售点，必然使用统一商号。自由连锁由不同资本的多数商店自发组织成总部，必然使用统一商号。特许连锁是特许人将自己拥有的商标、商号、产品、专利和专有技术、经营模式等经营资源以特许经营合同的形式授予受许人使用。

（3）统一经营策略。连锁经营实行统一经营策略，表现在统一经营方针、统一服务规范、统一形象标识、统一营业场所风格等方面。

（三）连锁经营行为的类型

根据《文化部关于加强互联网上网服务营业场所连锁经营管理的通知》之规定，互联网连锁经营主要包括直营连锁和特许（或称加盟）连锁两种组织形式。连锁经营企业对直营连锁门店的控股比例不得低于51%。不符合上述要求的，不得以连锁名义从事经营活动。《关于推进农资连锁经营发展的意见》第1

条规定，农资连锁经营主要有直营连锁、自由连锁和特许（加盟）连锁等类型。综上所述，我国连锁经营行为包括三种形式：直营连锁经营行为、自由连锁经营行为和特许连锁经营行为。

（四）直营连锁经营行为

1. 直营连锁经营行为的概念

直营连锁经营行为是指总公司直接经营的连锁店，即由公司总部直接经营、投资、管理各个零售点的经营行为。总部采取纵深式的管理方式，直接下令掌管所有的零售点，零售点必须完全接受总部指挥。直营连锁的主要任务在于"渠道经营"，即透过经营渠道的拓展从消费者手中获取利润。因此，直营连锁实际上是一种"管理产业"。这是大型垄断商业资本通过吞并、兼并或独资、控股等途径，发展壮大自身实力和规模的一种形式。直营连锁经营行为本质上是处于同一流通阶段经营同类商品和提供相同服务，并在同一经营资本及同一总部集权性管理机构统一领导下进行共同经营活动。

2. 直营连锁经营行为的特点

（1）所有权和经营权集中统一于总部。具体表现在以下方面：所有成员企业必须是单一所有者，归一个公司、一个联合组织或单一个人所有；由总部集中领导、统一管理（如人事、采购、计划、广告、会计和经营方针都集中统一）；实行统一核算制度；各直营连锁店经理是雇员而不是所有者；各直营连锁店实行标准化经营管理。

（2）直营连锁的人员组织形式是由总公司直接管理。直营连锁的组织体系，一般分为3个层次：上层是公司总部负责整体事业的组织系统；中层是负责若干个分店的区域性管理组织和负责专项业务；下层是分店或成员店。这样的组织形式具有统一资本、集中管理、分散销售的特点，同时给直营连锁店的发展带来了两个方面的影响。其积极影响表现在：第一，可以统一调动资金，统一经营战略，统一开发和运用整体性事业；第二，作为同一大型商业资本所有者拥有雄厚的实力，有利于同金融界、生产厂商打交道；第三，在人才培养使用、新技术产品开发推广、信息和管理现代化方面，易于发挥整体优势；第四，众多的成员店可深入消费腹地扩大销售。其不利影响表现在：第一，成员店自主权小，积极性、创造性和主动性受到限制；第二，需要拥有一定规模的自有资本，发展速度受到限制；第三，大规模的直营连锁店管理系统庞杂，容易产生官僚化经营，使企业的交易成本大大提高。

（五）自由连锁经营行为

1. 自由连锁经营行为的概念

自由连锁经营行为是指由不同资本的多数商店自发组织成总部，实行共同进货、配送的连锁经营行为。

2. 自由连锁经营行为的特点

（1）建立在各连锁店自愿基础之上。正基于此，自由连锁经营行为，又称自愿连锁经营行为、志同连锁经营行为、任意连锁经营行为。

（2）各连锁店在保留单个资本所有权的基础上实行联合，商品所有权是属于连锁主所有，而运作技术及商店品牌则归总部持有。

（3）总部同连锁店之间是协商、服务关系。集中订货和统一送货，统一制定销售战略，统一使用物流及信息设施。自愿连锁体系的运作一方面虽维系在各个连锁店对"命运共同体"认同所产生的团结力量上，但同时也兼顾"命运共同体"合作发展的前提，另一方面则要同时保持对连锁店自主性的运作，各连锁店不仅独立核算、自负盈亏、人事自主，而且在经营品种、经营方式、经营策略上也有很大的自主权，但要按销售额或毛利的一定比例向总部上交连锁金及指导费。

（六）特许连锁经营行为

1. 特许连锁经营行为的概念

根据中国商务部和中国特许经营协会对特许经营的定义可知：特许经营，是指特许人将自己拥有的商标、商号、产品、专利和专有技术、经营模式等经营资源以特许经营合同的形式授予受许人使用，受许人按合同规定在特许人统一的业务模式下从事经营活动，并向特许人支付相应的费用的行为。

特许连锁经营行为，也叫加盟连锁经营行为，是指主导企业把自己开发的产品、服务的营业系统（包括商标、商号等企业形象、经营技术、营业场合和区域）以营业合同的形式，授予加盟店在规定区域内的经销权或营业权的行为。

最初的加盟连锁来源于19世纪80年代，美国胜家（SINGER）缝纫机公司建立了第一个经销商网络，经销人付费给胜家公司以换取在一定区域内出售的权利。风靡世界的肯德基、麦当劳、7-11便利店都是特许连锁组织的典型代表。

2. 特许连锁经营行为的法律特征

（1）特许连锁经营行为基于特许人和受许人之间的特许经营合同而产生。

（2）特许人将允许受许人使用自己的商号、商标、服务标记、经营诀窍、商业和技术方法、持续体系及其他工业和知识产权。

(3) 受许人自己对其业务进行投资，并拥有其业务。
(4) 受许人需向特许人支付费用。
(5) 特许经营是一种持续性关系。

3. 特许连锁经营行为不同于直营连锁经营行为

特许连锁经营行为与直营连锁经营行为的区别在于以下方面。

(1) 产权关系不同。特许连锁经营行为是基于独立主体之间的合同关系而产生。各个特许加盟店的资本是相互独立的，与总部之间没有资产纽带。而直营连锁店都属于同一资本所有，各个连锁店由总部所有并直接运营、集中管理。这是特许连锁经营行为与直营连锁经营行为最本质的区别。特许连锁经营行为的总部由于利用他人的资金迅速扩大产品的市场占有率，所需资金较少。相比之下，直营连锁的发展更易受到资金和人员的限制。

(2) 法律关系不同。特许连锁经营行为的特许人（总部）和被特许人（加盟店）之间的关系是合同关系，双方通过订立特许经营合同建立起关系，并通过合同明确各自的权利和义务。而直营连锁经营行为的总部与分店之间的关系则由内部管理制度进行调整。

(3) 管理模式不同。特许连锁经营行为的核心是特许经营权的转让，特许人（总部）是转让方，被特许人（加盟店）是接受方，特许经营体系是通过特许者与被特许者签订特许经营合同形成的。各个加盟店的人事和财务关系相互独立，特许人无权进行干涉。而在直营连锁经营中，总部对各分店拥有所有权，对分店经营中的各项具体事务均有决定权，分店经理作为总部的一名雇员，完全按总部意志行事。

(4) 涉及的经营领域不完全相同。而特许连锁经营行为的范围非常广泛，包括商业、零售业、服务业、餐饮业、制造业、高科技信息产业、制造业。而直营连锁的范围一般限于商业和服务业。

4. 特许连锁经营行为不同于自由连锁经营行为

特许连锁经营行为与自由连锁经营行为的区别表现在以下方面。

(1) 成立的依据不同。特许连锁经营行为的总部和加盟店依照一对一的特许经营合同成立的。而自由连锁经营行为的连锁店是按自发的意志、自愿共同结成的。

(2) 加盟店之间的关系不同。特许连锁经营行为的加盟店与总部之间存在纵向关系，各加盟店没有横向联系。自由连锁经营行为的连锁店之间则存在横向联系。

(3) 是否存在利润返还。特许连锁经营行为中没有总部对加盟店的利润返还机制。而自由连锁经营行为是由连锁店集资组成，所以连锁店可以得到由总部利润中作为战略性投资的、持续性的利润返还。

（4）经营自主权不同。自由连锁成员店的经营自主权比特许连锁的加盟店多，相互联系更为松散。

（5）能否自由退出。特许连锁在合同期内不能自由退出加盟，而自由连锁店可以自由退出。

（6）向总部缴纳的费用不同。自由连锁总部一般是非营利性机构，不收或收取少量的会费。特许连锁经营行为中则有特许经营费用和保证金等。

（7）特许经营体系通常依托于特许人开发的某些独特的产品、服务、经营方法、商号、商誉或者专利之上。而自由连锁则没有这些特点。

5. 特许连锁经营行为的成立要件

根据2007年5月1日起施行的《商业特许经营管理条例》《商业特许经营信息披露管理办法》和2012年2月1日起施行的《商业特许经营备案管理办法》之规定，特许连锁经营行为须具备以下构成要件。

（1）特许人对特许经营的标的拥有所有权。特许人必须对商标、服务标志、独特概念、专利、商业秘密、经营诀窍等拥有所有权。这是特许经营行为的前提条件。对特许的标的不享有所有权的，无权授权他人经营。

（2）特许人以特许经营合同的形式授权受许人使用拥有所有权的特许经营的标的。特许人将自己的商标、商号、产品、专利、技术秘密、配方、经营管理模式等无形资产以特许经营合同的形式授予被特许人（受许人）使用。其中，品牌和技术是核心，品牌一般表现为特许人拥有或有权授予他人使用的注册商标、商号、企业标志等；技术包括特许人授予被特许人使用的专有技术、管理技术等。

（3）特许人提供或有义务保持持续的兴趣。特许人从事特许经营活动应当拥有成熟的经营模式，并具备为受许人持续提供经营指导、技术支持和业务培训等服务的能力。

（4）受许人需要依照特许经营合同向特许人支付特许经营费。

6. 商业特许连锁经营行为

（1）商业特许连锁经营行为的概念。

商业特许连锁经营行为是指拥有注册商标、企业标志、专利、专有技术等经营资源的企业（以下简称特许人）以合同形式将其拥有的经营资源许可其他经营者（以下简称受许人）使用，受许人按照合同约定在统一的经营模式下开展经营，并向特许人支付特许经营费用的经营活动。

商业特许连锁经营行为设立的目的是规范商业特许经营活动，促进商业特许经营健康、有序发展，维护市场秩序。

（2）商业特许连锁经营行为的特许人资格。

①特许人必须是企业。我国《商业特许经营管理条例》第3条规定，企业以外的其他单位和个人不得作为特许人从事特许经营活动。

②特许人从事特许经营活动应当拥有成熟的经营模式，并具备为受许人持续提供经营指导、技术支持和业务培训等服务的能力。

③特许人从事特许经营活动应当拥有至少2个直营店，并且经营时间超过1年。

（3）商业特许连锁经营行为发生的根据是特许连锁经营合同。

从事特许连续经营活动，特许人和受许人应当采用书面形式订立特许连锁经营合同。特许连锁经营合同主要内容包括：特许人、被特许人的基本情况；特许经营的内容、期限；特许经营费用的种类、金额及其支付方式；经营指导、技术支持以及业务培训等服务的具体内容和提供方式；产品或者服务的质量、标准要求和保证措施；产品或者服务的促销与广告宣传；特许连锁经营行为中的消费者权益保护和赔偿责任的承担；特许连锁经营合同的变更、解除和终止；违约责任；争议的解决方式；特许人与被特许人约定的其他事项。特许人和被特许人应当在特许连锁经营合同中约定，被特许人在特许连锁经营合同订立后一定期限内，可以单方解除合同。特许连锁经营合同约定的特许经营期限应当不少于3年。但是，被特许人同意的除外。特许人和被特许人续签特许连锁经营合同的，不适用前款规定。

（4）商业特许连锁经营行为的备案。

特许人应当自首次订立特许连锁经营合同之日起15日内，依照《商业特许经营管理条例》的规定向商务主管部门备案。在省、自治区、直辖市范围内从事特许连锁经营活动的，应当向所在地省、自治区、直辖市人民政府商务主管部门备案；跨省、自治区、直辖市范围从事特许经营活动的，应当向国务院商务主管部门备案。特许人向商务主管部门备案，应当提交下列文件、资料：营业执照复印件或者企业登记（注册）证书复印件；特许连锁经营合同样本；特许连锁经营操作手册；市场计划书；表明其符合《商业特许经营管理条例》第7条规定的书面承诺及相关证明材料；国务院商务主管部门规定的其他文件、资料。特许连锁经营的产品或者服务，依法应当经批准方可经营的，特许人还应当提交有关批准文件。商务主管部门应当自收到特许人提交的符合《商业特许经营管理条例》第8条规定的文件、资料之日起10日内予以备案，并通知特许人。特许人提交的文件、资料不完备的，商务主管部门可以要求其在7日内补充提交文件、资料。商务主管部门应当将备案的特许人名单在政府网站上公布，并及时更新。

（5）商业特许连锁经营行为的特许人的权利与义务。

商业特许连锁经营行为的特许人享有如下权利：①经营模式的推广权。特许人有权将自己成熟的技术和经营模式向社会推广宣传，让更多人知晓，并参与其中。②持续指导的权利。特许人有权向受许人持续提供经营指导、技术支持、业务培训等服务。③收取相关费用的权利，包括特许经营费、推广宣传费等。

商业特许连锁经营行为的特许人承担如下义务：①信息真实披露义务。特许人应当依照国务院商务主管部门的规定，建立并实行完备的信息披露制度。特许人应当在订立商业特许连锁经营合同之日前至少30日，以书面形式向被特许人提供《商业特许经营管理条例》法律规定的信息，并提供商业特许连锁经营合同文本。特许人应当向被特许人提供以下信息：特许人的名称、住所、法定代表人、注册资本额、经营范围以及从事商业特许连锁经营活动的基本情况；特许人的注册商标、企业标志、专利、专有技术和经营模式的基本情况；特许经营费用的种类、金额和支付方式（包括是否收取保证金以及保证金的返还条件和返还方式）；向被特许人提供产品、服务、设备的价格和条件；为被特许人持续提供经营指导、技术支持、业务培训等服务的具体内容、提供方式和实施计划；对被特许人的经营活动进行指导、监督的具体办法；特许经营网点投资预算；在中国境内现有的被特许人的数量、分布地域以及经营状况评估；最近2年的经会计师事务所审计的财务会计报告摘要和审计报告摘要；最近5年内与特许经营相关的诉讼和仲裁情况；特许人及其法定代表人是否有重大违法经营记录；国务院商务主管部门规定的其他信息。特许人向被特许人提供的信息应当真实、准确、完整，不得隐瞒有关信息，或者提供虚假信息。特许人向被特许人提供的信息发生重大变更的，应当及时通知被特许人。特许人隐瞒有关信息或者提供虚假信息的，被特许人可以解除特许经营合同。②持续性的扶持义务。特许人应当向被特许人提供特许经营操作手册，并按照约定的内容和方式为被特许人持续提供经营指导、技术支持、业务培训等服务。③相关费用使用情况的说明、及时披露义务。特许人要求被特许人在订立特许经营合同前支付费用的，应当以书面形式向受许人说明该部分费用的用途以及退还的条件、方式；特许人向受许人收取的推广、宣传费用，应当按照合同约定的用途使用。推广、宣传费用的使用情况应当及时向被特许人披露。④真实宣传的义务。特许人在推广、宣传活动中，不得有欺骗、误导的行为，其发布的广告中不得含有宣传被特许人从事特许经营活动收益的内容。⑤商业特许连锁经营报告义务。特许人应当在每年第一季度将其上一年度订立商业特许连锁经营合同的情况向商务主管部门报告。

（6）商业特许连锁经营行为的受许人的权利和义务。

商业特许连锁经营行为的受许人享有如下权利：①信息真实披露请求权。受许人有权知晓特许经营的相关情况，要求特许人真实、准确、完整地披露特许经营的信息。②持续性的扶持请求权。受许人需要得到特许人的长期的指导、扶持，才能很快地进入角色，熟练地进行经营。③费用使用情况的知情权。受许人对交付的推广宣传费用等的使用情况有权要求特许人予以披露。

商业特许连锁经营行为的受许人承担如下义务：①依法正确行使经营权的义务。在商业特许连锁经营合同授权的范围、期限内使用商业特许连锁经营权。未经特许人同意，被特许人不得向他人转让特许经营权。②保守商业秘密的义务。被特许人不得向他人泄露或者允许他人使用其所掌握的特许人的商业秘密。

七、基础设施和公用事业特许经营行为

2015年6月1日起施行的《基础设施和公用事业特许经营管理办法》对基础设施和公用事业特许经营行为作了较为详尽的规定。

（一）基础设施和公用事业特许经营行为的概念

基础设施和公用事业特许经营行为是指政府采用竞争方式依法授权中华人民共和国境内外的法人或者其他组织，通过协议明确权利义务和风险分担，约定其在一定期限和范围内投资建设运营基础设施和公用事业并获得收益，提供公共产品或者公共服务的经营行为。

（二）基础设施和公用事业特许经营行为设立的目的

基础设施和公用事业特许经营行为设立的目的是鼓励和引导社会资本参与基础设施和公用事业建设运营，提高公共服务质量和效率，保护特许经营者合法权益，保障社会公共利益和公共安全，促进经济社会持续健康的发展。

（三）基础设施和公用事业特许经营的方式

基础设施和公用事业特许经营可以采取以下方式：在一定期限内，政府授予特许经营者投资新建或改扩建、运营基础设施和公用事业，期限届满移交政府；在一定期限内，政府授予特许经营者投资新建或改扩建、拥有并运营基础设施和公用事业，期限届满移交政府；特许经营者投资新建或改扩建基础设施和公用事业并移交政府后，由政府授予其在一定期限内运营；国家规定的其他

方式。

（四）基础设施和公用事业特许经营行为的期限

基础设施和公用事业特许经营行为的期限应当根据行业特点、所提供公共产品或服务需求、项目生命周期、投资回收期等综合因素确定，最长不超过30年。对于投资规模大、回报周期长的基础设施和公用事业特许经营项目（以下简称特许经营项目）可以由政府或者其授权部门与特许经营者根据项目实际情况，约定超过前款规定的特许经营期限。

（五）基础设施和公用事业特许连锁经营实施和监督机关

国务院发展改革、财政、国土、生态环境、住房城乡建设、交通运输、水利、能源、金融、安全监管等有关部门按照各自职责，负责相关领域基础设施和公用事业特许连锁经营规章、政策制定和监督管理工作。县级以上地方人民政府发展改革、财政、国土、环保、住房城乡建设、交通运输、水利、价格、能源、金融监管等有关部门根据职责分工，负责有关特许连锁经营项目实施和监督管理工作。

（六）基础设施和公用事业特许连锁经营的程序

1. 提出特许连锁经营项目实施方案

县级以上人民政府有关行业主管部门或政府授权部门（以下简称项目提出部门）可以根据经济社会发展需求，以及有关法人和其他组织提出的特许连锁经营项目建议等，提出特许连锁经营项目实施方案。特许连锁经营项目应当符合国民经济和社会发展总体规划、主体功能区规划、区域规划、环境保护规划和安全生产规划等专项规划、土地利用规划、城乡规划、中期财政规划等，并且建设运营标准和监管要求明确。项目提出部门应当保证特许连锁经营项目的完整性和连续性。特许连锁经营项目实施方案应当包括以下内容：项目名称；项目实施机构；项目建设规模、投资总额、实施进度，以及提供公共产品或公共服务的标准等基本经济技术指标；投资回报、价格及其测算；可行性分析，即降低全生命周期成本和提高公共服务质量效率的分析估算等；特许连锁经营协议框架草案及特许经营期限；特许连锁经营者应当具备的条件及选择方式；政府承诺和保障；特许连锁经营期限届满后资产处置方式；应当明确的其他事项。

2. 开展特许连锁经营可行性评估

项目提出部门可以委托具有相应能力和经验的第三方机构，开展特许经营可行性评估，完善特许经营项目实施方案。需要政府提供可行性缺口补助或者开展物有所值评估的，由财政部门负责开展相关工作。特许经营可行性评估应当主要包括以下内容：特许经营项目全生命周期成本、技术路线和工程方案的合理性，可能的融资方式、融资规模、资金成本，所提供公共服务的质量效率，建设运营标准和监管要求等；相关领域市场发育程度，市场主体建设运营能力状况和参与意愿；用户付费项目公众支付意愿和能力评估。

3. 审查特许经营项目实施方案

项目提出部门依托本级人民政府建立部门协调机制，会同发展改革、财政、城乡规划、国土、生态环境、水利等有关部门对特许经营项目实施方案进行审查。经审查认为实施方案可行的，各部门应当根据职责分别出具书面审查意见。项目提出部门综合各部门书面审查意见，报本级人民政府或其授权部门审定特许经营项目实施方案。

4. 实施特许经营项目

县级以上人民政府应当授权有关部门或单位作为实施机构负责特许经营项目有关实施工作，并明确具体授权范围。

（1）通过招标、竞争性谈判等竞争方式选择特许经营者。实施机构根据经审定的特许经营项目实施方案，应当通过招标、竞争性谈判等竞争方式选择特许经营者。特许经营项目建设运营标准和监管要求明确、有关领域市场竞争比较充分的，应当通过招标方式选择特许经营者。实施机构应当在招标或谈判文件中载明是否要求成立特许经营项目公司。实施机构应当公平择优选择具有相应管理经验、专业能力、融资实力以及信用状况良好的法人或者其他组织作为特许经营者。鼓励金融机构与参与竞争的法人或其他组织共同制定投融资方案。特许经营者选择应当符合内外资准入等有关法律、行政法规规定。依法选定的特许经营者，应当向社会公示。

（2）签订特许经营协议。实施机构应当与依法选定的特许经营者签订特许经营协议。需要成立项目公司的，实施机构应当与依法选定的投资人签订初步协议，约定其在规定期限内注册成立项目公司，并与项目公司签订特许经营协议。特许经营协议的内容主要包括：项目名称、内容；特许经营方式、区域、范围和期限；项目公司的经营范围、注册资本、股东出资方式、出资比例、股权转让等；所提供产品或者服务的数量、质量和标准；设施权属，以及相应的维护和更新改造；监测评估；投融资期限和方式；收益取得方式，价格和收费标准的确定方法以及调整程序；履约担保；特许经营期内的风险分担；政府承诺和保障；应急预案和临时接管预案；特许经营期限届满后，项目及资产移交方式、程序和要求等；变更、提前终止及补偿；违约责任；争议解决方式；需要明确的其他事项。特许经营协议根据有关法律、行政法规和国家规定，可以约定特许经营者通过向用户收费等方式取得收益。向用户收费不足以覆盖特许经营建设、运营成本及合理收益的，可由政府提供可行性缺口补助，包括政府授予特许经营项目相关的其他开发经营权益。特许经营协议应当明确价格或收费的确定和调整机制。特许经营项目价格或收费应当依据相关法律、行政法规规定和特许经营协议约定予以确定和调整。政府可以在特许经营协议中就防止不必要的同类竞争性项目建设、必要合理的财政补贴、有关配套公共服务和基础设施的提供等内容作出承诺，但不得承诺固定投资回报和其他法律、行政法规禁止的事项。

（七）基础设施和公用事业特许经营的实施机构的权利和义务

1. 基础设施和公用事业特许经营的实施机构的权利

（1）特许经营项目的实施和监督权。

（2）特许经营协议的变更权。在特许经营协议有效期内，协议内容确需变更的，协议当事人应当在协商一致基础上签订补充协议。如协议可能对特许经营项目的存续债务产生重大影响的，应当事先征求债权人同意。特许经营项目涉及直接融资行为的，应当及时做好相关信息披露。特许经营期限届满后确有必要延长的，按照有关规定经充分评估论证，协商一致并报批准后，可以延长。

（3）特许经营协议的依法提前终止权。在特许经营期限内，因特许经营协议一方严重违约或不可抗力等原因，导致特许经营者无法继续履行协议约定义务，或者出现特许经营协议约定的提前终止协议情形的，在与债权人协商一致后，可以提前终止协议。特许经营协议提前终止的，政府应当收回特许经营项目，并根据实际情况和协议约定给予原特许经营者相应补偿。特许经营期限届满终止或提前终止的，协议当事人应当按照特许经营协议约定，以及有关法律、行政法规和规定办理有关设施、资料、档案等的性能测试、评估、移交、接管、验收等手续。

2. 基础设施和公用事业特许经营的实施机构的义务

（1）依法保护特许经营者合法权益的义务。任何单位或者个人不得违反法律、行政法规和《基础设施和公用事业特许经营管理办法》规定，干涉特许经营者合法经营活动。

（2）全面履行协议的义务。实施机构应当遵循诚实信用原则，按照约定全面履行义务。除法律、行政法规另有规定外，实施机构不履行特许经营协议约定义务或者履行义务不符合约定要求的，应当根据协议继续履行、采取补救措施或者赔偿损失。

（3）提供便利和支持的义务。实施机构应当按照特许经营协议严格履行有关义务，为特许经营者建设运营特许经营项目提供便利和支持，提高公共服务水平。行政区划调整，政府换届、部门调整和负责人变更，不得影响特许经营协议履行。

（4）归档保存义务。实施机构应当对特许经营项目建设、运营、维修、保养过程中有关资料，按照有关规定进行归档保存。

（八）基础设施和公用事业特许经营的经营者的权利和义务

1. 基础设施和公用事业特许经营者的权利

（1）合法经营活动受法律保护的权利。《基础设施和公用事业特许经营管理办法》第27条规定，依法保护特许经营者合法权益。

（2）特许经营协议的变更权。在特许经营协议有效期内，协议内容确需变更的，协议当事人应当在协商一致基础上签订补充协议。如协议可能对特许经营项目的存续债务产生重大影响的，应当事先征求债权人同意。特许经营项目涉及直接融资行为的，应当及时做好相关信息披露。特许经营期限届满后确有必要延长的，按照有关规定经充分评估论证，协商一致并报批准后，可以延长。

（3）协议提前终止权和补偿请求权。在特许经营期限内，因特许经营协议一方严重违约或不可抗力等原因，导致特许经营者无法继续履行协议约定义务，或者出现特许经营协议约定的提前终止协议情形的，在与债权人协商一致后，可以提前终止协议。特许经营协议提前终止的，政府应当收回特许经营项目，并根据实际情况和协议约定给予原特许经营者相应补偿。

（4）同等条件下的优先经营权。特许经营期限届满终止或者提前终止，对该基础设施和公用事业继续采用特许经营方式的，实施机构应当根据《基础设施和公用事业特许经营管理办法》规定重新选择特许经营者。因特许经营期限届满重新选择特许经营者的，在同等条件下，原特许经营者优先获得特许经营。

2. 基础设施和公用事业特许经营者的义务

（1）全面履行协议的义务。特许经营的经营者应当遵循诚实信用原则，按照约定全面履行义务。除法律、行政法规另有规定外，特许经营者不履行特许经营协议约定义务或者履行义务不符合约定要求的，应当根据协议继续履行、采取补救措施或者赔偿损失。

（2）执行特许经营项目投融资安排的义务。特许经营者应当根据特许经营协议，执行有关特许经营项目投融资安排，确保相应资金或资金来源落实。

（3）遵守建设条件和建设标准的义务。特许经营项目涉及新建或改扩建有关基础设施和公用事业的，应当符合城乡规划、土地管理、环境保护、质量管理、安全生产等有关法律、行政法规规定的建设条件和建设标准。

（4）提供优质高效的公共产品或者公共服务的义务。特许经营者应当根据有关法律、行政法规、标准规范和特许经营协议，提供优质、持续、高效、安全的公共产品或者公共服务。

（5）保证设施正常运转的义务。特许经营者应当按照技术规范，定期对特许经营项目设施进行检修和保养，保证设施运转正常及经营期限届满后资产按规定进行移交。

（6）保密义务。特许经营者对涉及国家安全的事项负有保密义务，并应当建立和落实相应保密管理制度。实施机构、有关部门及其工作人员对在特许经营活动和监督管理工作中知悉的特许经营者商业秘密负有保密义务。

（7）归档保存义务。特许经营者应当对特许经营项目建设、运营、维修、保养过程中有关资料，按照有关规定进行归档保存。

八、电子商务

（一）电子商务的概念

我国《电子商务法》第2条第2款规定，电子商务是指通过互联网等信息网络销售商品或者提供服务的经营活动。

（二）电子商务的基本特征

从电子商务的含义及发展历程可以看出电子商务具有如下基本特征。

（1）普遍性。电子商务作为一种新型的交易方式，将生产企业、流通企业以及消费者和政府带入了一个网络经济、数字化生存的新天地。

（2）便利性。在电子商务环境中，人们不再受地域的限制，客户能以非常简捷的方式完成过去较为繁杂的商业活动。如通过网络银行能够全天候地存取账户资金、查询信息等，同时使企业对客户的服务质量得以大大提高。在电子商务商业活动中，有大量的人脉资源开发和沟通，从业时间灵活。

（3）整体性。电子商务能够规范事务处理的工作流程，将人工操作和电子信息处理集成为一个不可分割的整体，这样不仅能提高人力和物力的利用率，也可以提高系统运行的严密性。

（4）安全性。在电子商务中，安全性是一个至关重要的核心问题，它要求网络能提供一种端到端的安全解决方案，如加密机制、签名机制、安全管理、存取控制、防火墙、防病毒保护等，这与传统的商务活动有着很大的不同。

（5）协调性。商业活动本身是一种协调过程，它需要客户与公司内部、生产商、批发商、零售商间的协调。在电子商务环境中，它更要求银行、配送中心、通信部门、技术服务等多个部门的通力协作，电子商务的全过程往往是一气呵成的。

（三）电子商务经营者的法律规制

我国《电子商务法》第 9 条对电子商务经营者进行了明确的界定，电子商务经营者是指通过互联网等信息网络从事销售商品或者提供服务的经营活动的自然人、法人和非法人组织，包括电子商务平台经营者、平台内经营者以及通过自建网站、其他网络服务销售商品或者提供服务的电子商务经营者（以下简称其他电子商务经营者）。

1. 电子商务平台经营者的法律规制

电子商务平台经营者是指在电子商务中为交易双方或者多方提供网络经营场所、交易撮合、信息发布等服务，供交易双方或者多方独立开展交易活动的法人或者非法人组织。

（1）依法办理市场主体登记的义务。

（2）依法核验登记经营者的义务。电子商务平台经营者应当要求申请进入平台销售商品或者提供服务的经营者提交其身份、地址、联系方式、行政许可等真实信息，进行核验、登记，建立登记档案，并定期核验更新。

（3）配合市场监督管理部门、税务部门的工作的义务。电子商务平台经营者应当按照规定向市场监督管理部门报送平台内经营者的身份信息，提示未办理市场主体登记的经营者依法办理登记，并配合市场监督管理部门，针对电子商务的特点，为应当办理市场主体登记的经营者办理登记提供便利。电子商务平台经营者应当依照税收征收管理法律、行政法规的规定，向税务部门报送平台内经营者的身份信息和与纳税有关的信息，并应当提示不需要办理市场主体登记的电子商务经营者依法办理税务登记。

（4）对违法经营的处置和报告义务。电子商务平台经营者发现平台内的商品或者服务信息存在违反本法情形的，应当依法采取必要的处置措施，并向有关主管部门报告。

（5）保证网络安全、稳定运行的义务。电子商务平台经营者应当采取技术措施和其他必要措施保证其网络安全、稳定运行，防范网络违法犯罪活动，有效应对网络安全事件，保障电子商务交易安全；制定网络安全事件应急预案，发生网络安全事件时，应当立即启动应急预案，采取相应的补救措施，并向有关主管部门报告。

（6）信息的记录、保存义务。电子商务平台经营者应当记录、保存平台上发布的商品和服务信息、交易信息，并确保信息的完整性、保密性、可用性。商品和服务信息、交易信息保存时间自交易完成之日起不少于 3 年；法律、行政法规另有规定的，依照其规定。

（7）公平的平台服务协议和交易规则的制定和执行义务。电子商务平台经营者应当遵循公开、公平、公正的原则，制定平台服务协议和交易规则，明确进入和退出平台、商品和服务质量保障、消费者权益保护、个人信息保护等方面的权利和义务；应当在其首页显著位置持续公示平台服务协议和交易规则信息或者上述信息的链接标识，并保证经营者和消费者能够便利、完整地阅览和下载；电子商务平台经营者修改平台服务协议和交易规则，应当在其首页显著位置公开征求意见，采取合理措施确保有关各方能够及时充分表达意见。

（8）自营商品或服务的瑕疵担保责任。电子商务平台经营者在其平台上开展自营业务的，应当以显著方式区分标记自营业务和平台内经营者开展的业务，不得误导消费者。电子商务平台经营者对其标记为自营的业务依法承担商品销售者或者服务提供者的民事责任。

（9）建立健全信用评价制度的义务。电子商务平台经营者应当建立健全信用评价制度，公示信用评价规则，为消费者提供对平台内销售的商品或者提供的服务进行评价的途径。电子商务平台经营者不得删除消费者对其平台内销售的商品或者提供的服务的评价。电子商务平台经营者应当根据商品或者服务的价格、销量、信用等以多种方式向消费者显示商品或者服务的搜索结果；对于竞价排名的商品或者服务，应当显著标明"广告"。

（10）建立知识产权保护规则的义务。电子商务平台经营者应当建立知识产权保护规则，与知识产权权利人加强合作，依法保护知识产权。知识产权权利人认为其知识产权受到侵害的，有权通知电子商务平台经营者采取删除、屏蔽、断开链接、终止交易和服务等必要措施。通知应当包括构成侵权的初步证据。

（11）监管不力的法律责任。电子商务平台经营者知道或者应当知道平台内经营者销售的商品或者提供的服务不符合保障人身、财产安全的要求，或者有其他侵害消费者合法权益行为，未采取必要措施的，依法与该平台内经营者承担连带责任。对关系消费者生命健康的商品或者服务，电子商务平台经营者对平台内经营者的资质资格未尽到审核义务，或者对消费者未尽到安全保障义务，造成消费者损害的，依法承担相应的责任。

（12）其他义务，包括依法纳税的义务、持续公示经营信息的义务、出具发票的义务、提供有关电子商务数据信息的义务等。

2. 平台内经营者的法律规制

平台内经营者是指通过电子商务平台销售商品或者提供服务的电子商务经营者。

（1）依法办理市场主体登记的义务。电子商务经营者应当依法办理市场主体登记。但是，个人销售自产农副产品、家庭手工业产品，个人利用自己的技能从事依法无须取得许可的便民劳务活动和零星小额交易活动，以及依照法律、行政法规不需要进行登记的除外。

（2）依法纳税的义务。电子商务经营者应当依法履行纳税义务，并依法享受税收优惠。依法不需要办理市场主体登记的电子商务经营者在首次纳税义务发生后，应当依照税收征收管理法律、行政法规的规定申请办理税务登记，并如实申报纳税。

（3）持续公示经营信息的义务。电子商务经营者应当在其首页显著位置，持续公示营业执照信息、与其经营业务有关的行政许可信息、依法不需要办理市场主体登记情形等信息，或者上述信息的链接标识。以上信息发生变更的，电子商务经营者应当及时更新公示信息。电子商务经营者自行终止从事电子商务的，应当提前30日在首页显著位置持续公示有关信息。

（4）正确及时披露商品或服务信息的义务。电子商务经营者应当全面、真实、准确、及时地披露商品或者服务信息，保障消费者的知情权和选择权。电子商务经营者不得以虚构交易、编造用户评价等方式进行虚假或者引人误解的商业宣传，欺骗、误导消费者。

（5）商品或服务的质量担保义务。电子商务经营者销售的商品或者提供的服务应当符合保障人身、财产安全的要求和环境保护要求，不得销售或者提供法律、行政法规禁止交易的商品或者服务。

（6）出具发票的义务。电子商务经营者销售商品或者提供服务应当依法出具纸质发票或者电子发票等购货凭证或者服务单据。电子发票与纸质发票具有同等法律效力。

（7）尊重和保护消费者合法权益的义务。电子商务经营者根据消费者的兴趣爱好、消费习惯等特征向其提供商品或者服务的搜索结果的，应当同时向该消费者提供不针对其个人特征的选项，尊重和平等保护消费者合法权益。电子商务经营者搭售商品或者服务，应当以显著方式提请消费者注意，不得将搭售商品或者服务作为默认同意的选项。

（8）及时正确提供商品或服务的业务。电子商务经营者应当按照承诺或者与消费者约定的方式、时限向消费者交付商品或者服务，并承担商品运输中的风险和责任。但是，消费者另行选择快递物流服务提供者的除外。

（9）押金合理退还的义务。电子商务经营者按照约定向消费者收取押金的，应当明示押金退还的方式、程序，不得对押金退还设置不合理条件。消费者申请退还押金,符合押金退还条件的,电子商务经营者应当及时退还。

(10)依法收集、使用用户个人信息的义务。电子商务经营者收集、使用其用户的个人信息,应当遵守法律、行政法规有关个人信息保护的规定。电子商务经营者应当明示用户信息查询、更正、删除以及用户注销的方式、程序,不得对用户信息查询、更正、删除以及用户注销设置不合理条件。电子商务经营者收到用户信息查询或者更正、删除的申请的,应当在核实身份后及时提供查询或者更正、删除用户信息。用户注销的,电子商务经营者应当立即删除该用户的信息;依照法律、行政法规的规定或者双方约定保存的,依照其规定。

(11)提供有关电子商务数据信息的义务。有关主管部门依照法律、行政法规的规定要求电子商务经营者提供有关电子商务数据信息的,电子商务经营者应当提供。有关主管部门应当采取必要措施保护电子商务经营者提供的数据信息的安全,并对其中的个人信息、隐私和商业秘密严格保密,不得泄露、出售或者非法向他人提供。

(12)依法发送广告的义务。电子商务经营者向消费者发送广告的,应当遵守《广告法》的有关规定。

(13)遵守进出口监管法律法规的义务。电子商务经营者从事跨境电子商务,应当遵守进出口监督管理的法律、行政法规和国家有关规定。

3. 其他电子商务经营者的法律规制

其他电子商务经营者是指通过自建网站、其他网络服务销售商品或者提供服务的电子商务经营者。

我国《电子商务法》对其他的电子商务经营者的法律规制作了与平台经营者的法律规制相同的规定。

(四)电子商务合同

1. 电子商务合同的概念

根据联合国国际贸易法委员会《电子商务示范法》以及世界各国颁布的电子交易法,同时结合我国《合同法》的有关规定,电子商务合同,即电子合同,是指双方或多方当事人之间通过电子信息网络以电子的形式达成的设立、变更、终止财产性民事权利义务关系的协议。通过上述定义,可以看出电子商务合同是以电子的方式订立的合同,其主要是指在网络条件下当事人为了实现一定的目的,通过数据电文、电子邮件等形式签订的明确双方权利义务关系的一种电子协议。

2. 电子商务合同的法律特征

(1)交易主体的虚拟化。在电子商务中推定当事人具有相应的民事行为能力。但是，有相反证据足以推翻的除外。双方当事人订立合同不用面对面，而是通过网络达成交易。

（2）订立过程电子化。电子合同的订立需要经过要约和承诺两个过程。与其他的合同不同的是，电子合同中的要约和承诺均可以用电子的形式完成，它主要输入相关的信息符合预先设定的程序，计算机就可以自动做出相应的意思表示。

3. 电子商务合同的成立

电子商务经营者发布的商品或者服务信息符合要约条件的，用户选择该商品或者服务并提交订单成功，合同成立。当事人另有约定的除外。

4. 电子商务合同的交付

（1）合同标的为交付商品并采用快递物流方式交付的，收货人签收时间为交付时间。

（2）合同标的为提供服务的，生成的电子凭证或者实物凭证中载明的时间为交付时间；前述凭证没有载明时间或者载明时间与实际提供服务时间不一致的，实际提供服务的时间为交付时间。

（3）合同标的为采用在线传输方式交付的，合同标的进入对方当事人指定的特定系统并且能够检索识别的时间为交付时间。

（4）合同当事人对交付方式、交付时间另有约定的，从其约定。

5. 电子商务支付系统

电子商务当事人可以约定采用电子支付方式支付价款。

电子支付服务提供者为电子商务提供电子支付服务，应当遵守国家规定，告知用户电子支付服务的功能、使用方法、注意事项、相关风险和收费标准等事项，不得附加不合理交易条件。电子支付服务提供者应当确保电子支付指令的完整性、一致性、可跟踪稽核和不可篡改。

电子支付服务提供者应当向用户免费提供对账服务以及最近三年的交易记录。

电子支付服务提供者提供电子支付服务不符合国家有关支付安全管理要求，造成用户损失的，应当承担赔偿责任。

用户在发出支付指令前，应当核对支付指令所包含的金额、收款人等完整信息。

支付指令发生错误的，电子支付服务提供者应当及时查找原因，并采取相关措施予以纠正。造成用户损失的，电子支付服务提供者应当承担赔偿责任，但能够证明支付错误非自身原因造成的除外。

电子支付服务提供者完成电子支付后，应当及时准确地向用户提供符合约定方式的确认支付的信息。

用户应当妥善保管交易密码、电子签名数据等安全工具。用户发现安全工具遗失、被盗用或者未经授权的支付的，应当及时通知电子支付服务提供者。

未经授权的支付造成的损失，由电子支付服务提供者承担；电子支付服务提供者能够证明未经授权的支付是因用户的过错造成的，不承担责任。

电子支付服务提供者发现支付指令未经授权，或者收到用户支付指令未经授权的通知时，应当立即采取措施防止损失扩大。电子支付服务提供者未及时采取措施导致损失扩大的，对损失扩大部分承担责任。

6. 电子商务争议的解决

（1）协商和解。电子商务争议可以通过双方协商和解的方式解决。

（2）有关组织的调解。请求消费者组织、行业协会或者其他依法成立的调解组织调解得到解决。

（3）向有关部门投诉。

（4）提请仲裁或者提起诉讼等方式解决。

【重点阅读书目】

书名	编著者	出版社	出版时间	章节
商法学	商法学编写组	高等教育出版社	2019	第3章
商法新论	陈本寒	武汉大学出版社	2014	第5章
商法	范健	高等教育出版社、北京大学出版社	2011	第3章
商法学	范健、王建文	法律出版社	2012	第3章
商法学	覃有土	高等教育出版社	2012	第2章
商法概论	覃有土	武汉大学出版社	2010	第2章
商法总论	王瑞	法律出版社	2010	第5章
商法学	施天涛	法律出版社	2010	第3章、第5章
商法总论	樊涛、王延川	知识产权出版社	2010	第10章
商法总论	张璎	北京大学出版社	2009	第6~7章
商法总论	任先行	北京大学出版社	2007	第9~12章
商法总论	徐学鹿	人民法院出版社	2004	第9章

续表

书名	编著者	出版社	出版时间	章节
商法通论	赵中孚	中国人民大学出版社	2013	第3章
商法学	赵旭东	高等教育出版社	2007	第3章、第6~7章
商法	赵万一	中国人民大学出版社	2003	第3章

【必读法律法规】

名称	颁布时间（年）	章节
民法总则	2017	第6章
物权法	2007	全文
物权法若干问题的解释（一）	2016	全文
合同法	1999	第2~5章
合同法若干问题的解释（一）、（二）	1999、2009	全文
公司法	2018	第2~5章
票据法	2004	第2~4章
保险法	2015	第4章、第6章
合伙企业法	2007	第2~4章
海商法	1992	全文
破产法	2006	全文
企业破产法若干问题的规定（一）、（二）	2011、2013	全文

【思考题】

1. 什么叫商事行为？它与民事行为有何区别？
2. 商事留置权与民事留置权有何不同？
3. 商事债权与民事债权的区别在哪？
4. 在买受人受领迟延的情况下，商法的规定与民法有何不同？
5. 在商事买卖行为中给付标的物瑕疵责任有何特殊性？
6. 商事期货交易行为与股票交易行为有何不同？

第七章 辅助商事行为

第一节 辅助商事行为概述

一、辅助商事行为的概念

辅助商事行为是指行为本身并不直接达到商事主体所要达到的经营目的,但可以对以营利为目的的商事行为的实现起到辅助作用的商事行为。如广告行为、代理行为、为开业而进行的准备活动等都是辅助商事行为。

二、辅助商事行为的法律特征

(1)从属性。作为一种从属性商事行为,它的存在是为了基本商事行为顺利实施,它是基本商事行为必不可少的条件。如买卖商为了"销售"这一主商事行为而进行"仓储"和"运送"这一辅助商事行为。

(2)营利性。它虽然具有辅助性、从属性,但其主体也是为了实现一定的营利目的而实施该辅助商事行为的,具有明确的营利性。如快递公司为商家运送货物,间接媒介财货交易,也是以营利为目的的商事行为。

第二节 辅助商事行为的种类

辅助商事行为的种类包括:商事代理行为、商事行纪行为、商事居间行为、商事信用行为、商事信托行为、商事融租行为、商事仓储行为、商事运输行为等。

一、商事代理行为

(一)商事代理行为的概念

商事代理行为是指商事代理人以营利为目的,接受被代理人的委托,在一定的区域或处所代替被代理人同相对人建立商事法律关系,其法律后果直接或间接归属于被代理人的商事行为。商事代理是由民事代理派生出来的特殊形式,是民事代理在商事活动中的应用。

(二) 商事代理行为的法律特征

商事代理行为与民事代理行为相比,其法律特征主要表现在以下五个方面。

(1) 商事代理只能来源于被代理人的委托。由于民事代理包括委托代理、法定代理和指定代理三种类型,因此,民事代理既可以来源于被代理人的委托,又可以来源于法律的直接规定,还可以来源于法院或有关单位的指定。而商事代理仅系委托代理,只能来源于被代理人的委托,否则,商事代理就无从产生。

(2) 商事代理的被代理人只能是商人。民事代理的被代理人可以是任何民事主体,包括公民、法人或其他组织。而商事代理的被代理人只能是商人,包括商自然人、商合伙、商法人。非商人可以成为民事代理的被代理人,但依法不能成为商事代理的被代理人。

(3) 商事代理的代理人必须是依法成立的代理商。民事代理的代理人,可以是公民,也可以是法人,只要具有民事行为能力即可。而商事代理行为是一种营业性行为,故必须是经过商事登记成立的代理商。❶ 对从事银行、运输、专利、商标、证券、广告、外贸等业务的代理商往往有较为严格的专业技术人员的资格要求。

(4) 商事代理属于有偿代理。民事代理既可以是有偿的,也可以是无偿的。而商事代理均属于有偿代理,这是因为,商事代理是代理人的经营性行为,代理本身就是实施商事行为,必须以营利为目的。营利始终是商事代理的动因和归宿。因此,各国商法一般规定,代理商得依合同请求报酬或请求偿还其费用。

(5) 商事代理不以"显名"为必要。民事代理行为只有以被代理人的名义进行,才能为被代理人取得权利、设定义务;而不能以自己的名义进行,否则,就不是民事代理行为,而是自己的行为。这就是民事代理的"显名主义"原则。商事代理既可以以被代理人的名义进行,也可以以代理人自己的名义进行,此即商事代理的"非显名主义"原则。这是商事代理与民事代理的最主要区别。

(三) 商事代理行为的分类

依据不同的标准,可以对商事代理行为进行不同的分类。

1. 直接代理和间接代理

依据代理名义的不同,商事代理可以分为直接代理与间接代理。

---

❶ 覃有土. 商法学 [M]. 武汉:武汉大学出版社,2010:45.

直接代理，亦称"显名代理"，是指商事代理人在代理权限范围内，以被代理人的名义同相对人进行商事交易活动，其法律后果直接由被代理人承担的商事代理。在直接代理的情况下，由于商事代理人实施的代理行为是以被代理人的名义进行的，法律后果直接归属于被代理人，第三人也直接与被代理人发生权利与义务关系。

间接代理，亦称"非显名代理"，是指商事代理人在代理权限内，以自己的名义同相对人进行商事交易活动，其法律后果间接由被代理人承担的商事代理。在间接代理的情况下，由于商事代理人实施的代理行为是以自己的名义而非被代理人的名义进行的，故该代理行为的法律后果仅间接地归于被代理人，第三人并不能与被代理人发生权利与义务关系；只有在代理人将该代理行为所产生的法律后果移交给被代理人后，第三人与被代理人才能发生权利与义务关系。

2. 一般代理与全权代理

依据代理权限的大小，商事代理可以分为一般代理与全权代理。

一般代理是指代理权限受到一定限制的商事代理。一般代理有地区及业务范围的限制，必须在被代理人明确授权范围内实施代理行为。在实务中，如果没有特别说明，商事代理即为一般代理。

全权代理是指代理人的代理权限不受特别限制，可以实施法律允许的一切行为的商事代理。全权代理必须由被代理人在授权委托书中明确规定，否则，只能是一般代理。

3. 总代理与分代理

依据代理业务的范围，商事代理可以分为总代理和分代理。

总代理，亦称全部代理，是指商事代理人在确定的区域内可以代理被代理人从事全部业务活动的商事代理。

分代理，亦称部分代理，是指商事代理人在确定的区域内只能代理被代理人从事某些业务活动的商事代理。

4. 独家代理和多家代理

依据代理权是否具有排他性，商事代理可以分为独家代理和多家代理。

独家代理是指代理权由一人行使、具有排他性的商事代理。在独家代理中，被代理人在约定的地区只能将代理权委托给一个代理人，被代理人不能另行委托其他代理人为其办理商事代理业务。该代理商独自享有代理权，其代理权具有排他性。

多家代理是指代理权由两个以上的代理人行使的商事代理。在多家代理的情况下，被代理人可以将代理权委托给两个或两个以上的代理人，他们在各自的权限范围内实施代理行为；各代理人的代理权限都不具有排他性，彼此间不发生法律关系。

5. 缔约代理与媒介代理

依据代理人是否享有缔约权，商事代理可以分为缔约代理与媒介代理。

缔约代理是指代理人有权与第三人订立契约的商事代理。在缔约代理中，被代理人授权代理人对外签订商事合同，代理人一般应显示自己缔约代理人的身份。

媒介代理是指代理人仅有权促成被代理人与第三人订立契约，而无权代理被代理人直接与第三人订立契约的商事代理。在媒介代理中，代理人只起媒介作用，并不能以被代理人的名义直接与第三人订立契约，契约上一般也不显示媒介代理人的身份。

（四）商事代理行为的实施

商事代理人在商事代理关系中起承上启下的作用，其商事代理行为的实施是否得当，直接影响被代理人和第三人的合法权益。因此，代理人实施商事代理行为时必须遵守以下三个规则。

1. 实施商事代理行为必须在授权范围内进行

商事代理人在实施商事代理行为之前，必须同被代理人订立代理协议，明确自己的代理事项、代理权限和代理期限。代理人在委托人授权范围进行的行为所产生的权利和义务，直接对委托人发生效力，即代理人是在授权范围内以委托人的名义行事。如果授权不明，代理人不得随意实施，应主动征得被代理人的同意。任何超越授权范围的商事代理行为，如未得到被代理人追认，则对被代理人不产生法律效力，只能由代理人自己承担法律后果。

2. 实施商事代理行为必须维护被代理人的合法权益

为被代理人的利益服务，是创设代理制度的主要宗旨，也是代理制度的本质特征。因此，在实施商事代理行为时，代理人应以被代理人的利益为重，自觉维护被代理人的合法权益；代理人必须承担对被代理人的善良管理人之注意义务，忠实、严格地履行代理职责。否则，代理人就要承担相应的法律责任。

3. 实施商事代理行为不能滥用代理权

代理人在实施商事代理行为时，必须正确使用被代理人授予的代理权，而不能滥用代理权。滥用代理权是指代理人利用享有代理权的便利条件而损害被代理人的利益。在实践中表现为，自己代理，即以被代理人的名义与自己进行商事交易；双方代理，即同时作为双方当事人的代理人；与第三人恶意串通，损害被代理人的利益等情形。滥用代理权而实施的商事代理行为所产生的法律后果应由代理人独自承担或由代理人与第三人共同承担。

二、商事行纪行为

行纪行为是大陆法系国家商法中的一种典型商事行为。在民商分立的国家，只有商法典才规定有商事行纪行为。因此，它是相对独立于民法典的典型商事行为。

（一）商事行纪行为的概念

商事行纪行为是指商事主体以自己的名义为委托人购买或销售货物、有价证券，从而获取报酬的职业性经营行为。

（二）商事行纪行为的特征

商事行纪与代理、居间不同，具有自身的特征。

（1）行纪人以自己的名义从事贸易活动。在一般的民事代理行为中，当事人通常是以委托人的名义进行活动的，其法律、经济后果归属于委托人。与此不同，在商事行纪活动中，行纪人是以自己的名义作为合同当事人，法律后果由行纪人自己承担。在这一点上，它与民事代理有着明显的区别。

（2）行纪人为委托人从事贸易活动。行纪人是基于委托人的委托而从事行纪活动的，因此，行纪人在委托人的授权范围内从事行纪活动时，由交易所产生的经济上的损益全部归属于委托人。

三、商事居间行为

（一）商事居间行为的概念

商事居间行为是指商事主体为获取佣金而从事的为委托人与第三人订立合同提供订约机会或者充当其与第三人订立合同的媒介，以促成合同订立的行为。

我国《合同法》第424条规定："居间合同是居间商向委托人报告订立合同的机会或者提供订立合同的媒介服务，委托人支付报酬的合同。"所谓报告订立合同的机会，是指接受委托人的委托寻找并指示可能与委托人订立合同的相对人，从而为委托人订立合同提供机会。所谓提供订立合同的媒介服务，是指介绍双方当事人订立合同，并斡旋于交易双方之间，从而尽力促成双方订立合同。

（二）商事居间行为的法律特征

（1）商事居间行为以实现委托人与第三人订立合同为目的。商事居间行为的标的是居间商进行居间活动的结果，即通过居间商的服务，使委托人与第三人建立有效的合同关系。居间商提供服务的对价是委托人支付相应的佣金。居间商提供的中介服务可以分为两类：一是报告居间或指示居间，即居间商向委托人提供订约机会；二是媒介居间，居间商向委托人提供订约媒介服务。不管是哪一种，都是以促使委托人与第三人订立合同为目的，只不过具体活动的内容、方式有所不同而已。

（2）商事居间行为表现为报告居间或媒介居间。商事居间商仅仅是促使委托人与第三人订立合同，即依照委托人的要求和指示，为委托人报告可能与其订立合同的第三人，以提供订立合同的机会或者充当委托人与第三人订立合同的媒介以便促成合同的订立。不过，居间商并不直接参与委托人与第三人之间订立合同谈判的具体过程，更不能代表交易双方中的任何一方。因此，在决定交易双方订立合同中的权利义务时，居间商不应表达其自身的意思，即不应影响委托人与第三人的合同义务。

（3）商事居间行为是一种有偿法律行为。有些大陆法系国家将居间区分为民事居间与商事居间。在日本、韩国等国居间则被作为一种商事行为看待，学理上被称为居间商事行为。在我国，法律上未对居间行为的性质作明确规定。由于居间活动处理不当往往会产生较为严重的消极作用，可能会有人乘机借中介、居间之名索取高额好处费，甚至会有人相互串通，通过居间行为中饱私囊。因此，笔者认为，我国法律应对居间商的资格作限制性规定。具体来说，一方面，凡从事居间活动的居间商必须依法办理工商登记手续，领取营业执照；另一方面，还应当严格禁止机关法人、领导干部以及一定特权职权部门的工作人员从事居间活动。根据相关规定，可以认为居间商被限定在企业这种商事主体范围内，因而可以由此推定居间系一种以营利为目的的商事行为。因此，居间商事行为应属于有偿法律行为，委托人应当依合同约定或法律规定向居间商支付佣金。

（4）商事居间行为为诺成、不要式法律行为。商事居间行为的双方当事人意思表示一致，居间行为即告成立，不需要以物的交付作为法律行为的成立要件。有人认为，由于居间收取佣金应以其所介绍的第三人与委托人订立合同为条件，因而商事居间行为属于实践法律行为。这种观点忽视了居间商事行为成立与其履行之间的差别，显然是一种错误认识。各国法律基本上都未就商事居间行为的意思表示方式作出明确规定，根据法理，应理解为当事人采取书面形式、口头形式等意思表示形式均可。当然，如果有关法律法规对商事居间行为意思表示形式有具体规定，则应遵从有关规定，采取符合其要求的形式，如采取书面形式或者由有权机构审批、登记等。

（5）商事居间行为为双务行为。商事居间行为作为有偿法律行为，双方当事人均需承担一定的义务。居间商主要承担忠实义务、诚实报告义务及促成合同成立的义务。委托人则应承担支付佣金的义务、不得擅自更改或者取消委托指示的义务等。

四、商事信用行为

（一）商事信用行为的概念

商事信用是指在销售商品、提供服务或贷款等商事活动中，取得商品、接受服务或贷款的一方，同意在将来规定的日期支付货款、服务报酬或贷款本息的承诺行为。

（二）商事信用行为的法律特征

（1）商事信用属于无形财产的范畴。商事信用是商事主体在商事活动过程中通过语言与行为所表现出来的一种内在品质，没有具体的外部形态。它以当事人心理上的信赖为基础，是一种可以利用的"有价值的资源"，不仅可以用来融资、理财和配置资源，为拥有者带来滚滚财源，而且能够以货币来衡量其价值。如果说利润是市场运行的一个驱动力，那么信用则是市场运行的另一驱动力。从商业作风上讲，商事主体"诚信经营的好名声会成为一种强有力的竞争优势"。从经济实力上看，偿债能力高的商事主体比偿债能力低的商事主体更容易获得银行的贷款支持，更容易争取到市场交易机会。因此，从性质上讲，商事信用本身已经演化成一种无形财产，并表现为商事主体所享有的一种以汇票、信用证和资信文件等为载体的没有物质形态的无形财产利益。

（2）商事信用是人格信用与财产信用的有机统一。从心理学上讲，商事信用是商事主体在商事活动过程中所形成的一种信任感与安全感。因此，商事信用的核心是信任。从信任的基础来看，商事信用具有人格性和财产性双重属性。一方面，商事信用与商事主体的特定身份密切相连，是商事主体的一种资格或能力，是商事主体进入市场的入场券、第二身份证。商事信用表彰的是商事主体的人格，是一种独立的人格利益，具有明显的人格特性。另一方面，现代商事信用的基础往往表现为一定的财产，并以财产信用为主旨，"在现代法律框架下，信用已逐渐从人格利益转化为财产利益"。[1] 因此，商事信用既包括财产信用，也包括人格信用。财产信用反映商事主体的综合经济状况，包括商事主体的注册资本额、授信额度、业务范围、经营能力等；人格信用反映商事主体的商业道德和商业作风。

---

[1] 吴汉东. 论信用权 [J]. 法学, 2001 (1): 44.

（3）商事信用的信息化和公开性。随着信息时代的到来，商事信用也随之信息化了。信用的信息化是指信用的可量化性、可配置性。信用是由一定的信息构成的，并以信息的形式在商事活动中发挥作用。信用通过资信评估机构将决定信用的各种因素予以量化，形成信用信息。信用的信息化，必然导致信用从封闭走向公开的后果。信用信息的公开则是信用信息量化的直接目标。信用的信息化和公开性，大大方便了信用信息的快速传递、识别和运用，有利于提高交易效率、降低交易成本和防范交易风险。

（4）商事信用的依附性表现在两个方面：①商事信用对商事主体的依附性。商事信用行为专属于商事主体，非商事主体所拥有的信用不能称作商事信用，商事信用所体现的经济利益，商事主体无法抛弃，也不能与其自身分离而单独出让，只能与其营业一同让与，这就决定了商事信用无法成为独立的交易标的和财产利益。②商事信用对有形资产的依附性。商事信用本身不具有独立的存在形式，必须依附于有形的资产而存在。我们判断某一商事主体是否讲信用，就必须调查其以往的行为记录和现实的资产状况。在商事领域，"无资产则无信用"，这就决定了商事信用主要表现为一种资产信用。

（5）商事信用的预期性。商事信用在时间上具有预期性，是一种未来的履行承诺活动。如信贷、赊销、预付、期货交易、电子商务等，均是以商事信用为依托在未来时间里履行先前承诺的行为。在这种情况下，承诺和履行之间必然有先有后，两者之间存在明显的时间差。时间差是商事信用产生的要素之一，如果缺少时间差，商事信用就无从谈起。

(三) 商事信用行为的类别

商事信用是商事交易涉及的主体所具有和积累的信用，属于信用的一种。具体说来，其包括企业信用、消费信用两大类型。

1. 企业信用行为

企业信用是商事信用体系中最基本的信用信息构成。企业信用是指企业在其经营活动中的各种行为所表现出的信用程度而形成的信用体系。《北京市行政机关归集和公布企业信用信息管理办法》第3条规定："企业信用信息，是指在行政机关依法履行职责过程中产生的关于各类企业及其经营活动中与信用有关行为的记录。"

有关企业信用的法律条款都是分散在各部和企业有关的具体法律之中，如公司法中对上市公司信息披露制度的规定是为了规制资本市场中企业信用；合同法中更是把"诚实信用"原则作为"帝王条款"，并设立了一系列诸如缔约过失责任、抗辩权、违约责任等规则来防止发生和惩罚失信行为；另外，担保法、破产法等法律中也都牵涉到对于企业信用的管理问题。

2. 消费信用行为

消费信用是消费者在消费过程中的信用累积。消费信用与企业信用相呼应。目前与消费信用联系最紧密的当属信用消费。信用消费是商人与金融机构，对消费者提供财务或货币，消费者在将来的某个时期进行偿还，即指对于消费者进行信用供给。信用消费基本可以分为两种形态：一种是分期付款销售，它是由卖主允许将销售价金分期延期支付的授信方式；另一种是信用贷款，即由金钱贷主进行的贷款金的延期偿还的授信方式。

按照偿还方式的不同，消费信用还可分为定期信贷和不定期信贷。定期信贷是指对于还款期限明确约定的消费信贷，它又可以细分为分期付款信贷和非分期付款信贷。分期付款信贷指的是债务人必须根据约定在一定时期内分两次或两次以上偿还贷款。所谓非分期付款信贷指的是根据双方的约定，对于某一笔贷款在某一特定的时间一次性清偿的信贷安排。不定期信贷则是指由商业银行、零售商和石油公司通过发放信用卡的方式所放的贷款。信用卡的发放人允许持卡人凭卡在一定的场所赊购、赊借商品，或直接凭卡取得一定限额的贷款，持卡人的消费金额和信贷金额以及财务费用和其他正当的费用全部记入债务人的循环费用账户。接到账单后，持卡人可以按事先约定的方式做出选择，一次性付款或者分期付款。

五、商事信托行为

（一）商事信托行为的概念

信托是指在委托人将其财产转移给受托人，受托人以自己的名义依照委托人的指定，为受益人的利益或特定目的，管理或者处理财产，受托人获取一定的商业利益的行为。信托可分为民事信托和商事信托。民事信托主要是以安排个人资产移转、承继等为目的的民事法律行为。如甲在儿子乙考取大学时，拿出10万元人民币交给某信托公司，设立信托账户，委托该信托公司予以适当投资，以获取货币利润，以其收益作为乙上大学学习期间的费用；在乙大学毕业后，将其本金作为甲之母亲丙的养老费用（见图7-1）。

商事信托行为是指为了受益人的利益或特定目的，信托人将其财产交由信托机构设立信托，由信托机构对信托财产进行管理、运用和处分的商事活动。

（二）商事信托行为的法律特征

（1）信托财产所有权和使用权的分离性。财产设立信托后，信托机构将按照信托合同约定的用途运用信托财产，但具体运用和管理方式则由信托机构决

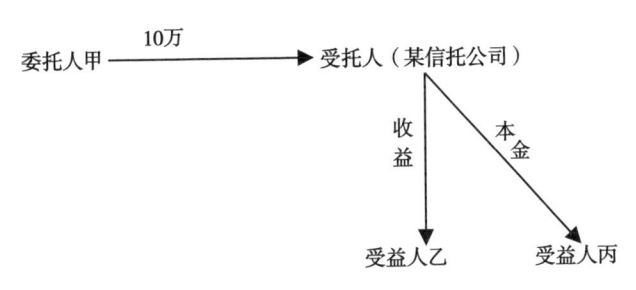

```
委托人甲 ——10万→ 受托人（某信托公司）
                          │收益    │本金
                          ↓        ↓
                        受益人乙  受益人丙
```

图7-1 信托结构图

定，而且信托人不得随意撤销信托。在信托登记制度完备的条件下，信托期间信托人并不是信托财产的登记所有人。只要设定了信托，即使不对信托财产的所有权进行转移登记，信托人对信托财产所享有的权利都是一种受限制的所有权。信托机构对于第三人而言，享有对信托财产进行使用、处分和收益的权利。在信托期限内，信托受益人即信托人或其指定的信托受益人享有信托收益权，即要求信托机构按照信托合同管理信托财产并向其分配信托收益的权利。

（2）风险隔离性。风险隔离是信托财产的核心属性，具体体现在三个方面：①信托财产与信托人其他财产的隔离。即一旦将财产设立信托，信托财产便具有了与信托人其他财产相互隔离的地位。如果信托财产用于投资后出现亏损，也仅以信托财产本身承担责任，不会追及信托人的其他财产。②信托财产与其他信托财产的隔离。即信托人的信托财产与信托机构受托管理的其他信托财产相隔离。其他信托财产在投资中出现亏损，与本信托财产无关。③信托财产与信托机构固有财产的隔离。即信托财产出现亏损，不追及信托机构固有财产，信托机构固有财产出现亏损，其名下管理的信托财产不会被法院强制执行。

（3）信托财产表现形式的份额化。一方面，信托设立后，信托财产是以份额化的信托单位存在的。信托财产的份额化使得在集合信托❶中可以区分不同信托单位的收益率，满足不同风险偏好的投资者的需求，同时也为不同投资者的信托财产在同一投资项目中的不同时点以不同方式退出提供了可能。另一方面，信托受益人的信托受益权可以分割转让，典型就是信贷资产证券化业务中信贷资产受益权的转让。这样就通过引入分散的社会资金转移了银行风险，实现信贷资产的流动化，而且受益权本身还可以分拆组合，继续转让。

（4）信托管理的连续性。受托人不能随意辞任，信托组织也不因经营人员的更迭而中断。

---

❶ 集合信托，即多个信托人将财产共同交付给信托机构设立的信托。

（5）信托财产的准法人运作。在商事信托中，信托财产获得了一种相对独立的准法人地位。信托合同是该准法人的章程，信托受益人大会相当于股东大会，信托财产相当于企业财产，信托受益人的信托受益权相当于股东的股权，信托经理相当于企业管理者，信托机构可以代表信托财产行使签署合同、参与表决、追索债权、提起诉讼等各项权能。信托机构负责收取信托财产的收益，计算和支付信托存续期间发生的费用和自己应得的信托报酬，然后将信托收益支付给信托受益人。信托受益人所获得的信托收益类似于公司股东的股息红利等。在受托人不能尽职管理而侵害信托财产的情形下，信托人或者其他受益人有权要求信托机构将信托财产恢复原状，这与公司股东的撤销权也很近似。

（三）商事信托的种类

信托适用于商事领域，最初的动因在于筹集生产资本，并基于此创造出适用于个人、企业和其他组织的共同参与的资本经营模式。在当代现实经济生活中，商事信托无论在种类方面，还是在规模方面，都远远超过民事信托。商事信托种类繁多，常见的商事信托主要有以下几种。

1. 投资基金信托

（1）投资基金信托的概念。

投资基金信托，也叫投资信托，即集合不特定的投资者，将资金集中起来，设立投资基金，并委托具有专门知识和经验的投资专家经营操作，使中小投资者都能在享受国际投资丰厚报酬的同时减少投资风险，共同分享投资收益的一种信托形式，基金投资对象包括有价证券和实业。

（2）投资基金信托的分类。

①根据投资基金设立的法律基础不同，可以分为公司型投资基金和契约型投资基金。

公司型投资基金是具有共同投资目标的投资者依据公司法组成以盈利为目的、投资于特定对象（如各种有价证券、货币）的股份制投资公司。这种基金通过发行股份的方式筹集资金，是具有法人资格的经济实体。基金持有人既是基金投资者，又是公司股东，按照公司章程的规定，享受权利，履行义务。公司型基金成立后，通常委托特定的基金管理公司运用基金资产进行投资并管理基金资产。基金资产的保管则委托另一金融机构，该机构的主要职责是保管基金资产并执行基金管理人指令，二者权责分明。基金资产独立于基金管理人和托管人的资产之外，即使受托的金融保管机构破产，受托保管的基金资产也不在清算之列。

契约型投资基金也称信托型投资基金，是根据一定的信托契约原理，由基金发起人和基金管理人、基金托管人订立基金契约而组建的投资基金。基金管理公司依据法律、法规和基金契约负责基金的经营和管理操作；基金托管人负责保管基金资产，执行管理人的有关指令，办理基金名下的资金往来；投资者通过购买基金单位、享有基金投资收益。英国、日本和中国香港、台湾地区多是契约型基金。

②根据基金证券变现方式的不同，可以分为封闭型基金和开放型基金。

封闭型投资基金，即资本形成固定，且在一定期限内不能要求偿还的一种基金。它的特点是在基金股份发行结束后即不再向投资者出售，投资者可以在证券市场上购买和出售其基金股份，但不能直接要求投资基金赎回。

开放型投资基金，即资本形成不完全固定，其已发行基金可以按净资产价值赎回的一种基金形式。开放型投资基金的特点是：基金股份的发行者有义务应受益人的请求，随时依据资产净值购回它所发行的基金，而且是见票即付。

③根据基金来源的不同，可以将基金分为国内基金和国际基金。

国内基金指基金来源于国内投资者，投资对象也在国内。

国际基金指基金的来源和投资对象分别在不同的国家或地区，也称"海外基金"。

2. 附担保公司债信托

附担保公司债信托是指公司在发行附抵押或附质押公司债时，与受托人订立信托契约，将担保物权设定给受托人，使受托人为全体公司债债权人的利益保管并行使担保物权，并为保护公司债债权人的利益而履行其他相关法定义务的一种信托制度（见图7-2）。

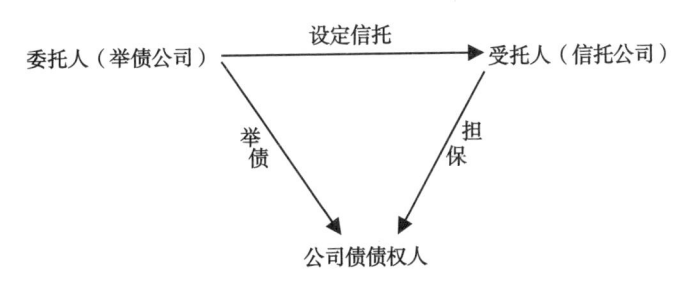

图7-2 附担保公司债信托结构图

3. 贷款信托

贷款信托是以贷款方式运用信托资金，是资金信托的主要运用形式。贷款信托以实际获利、分红为原则，不允许受托人承诺保证信托资金的本金和最低收益，是一种带有变动利息的金融产品。贷款信托的利息水准上下浮动，一般受投资项目的资金需求影响，在基建项目或其他适于作信托计划的企业的资金需求大量增加时，信托资金贷放款额就高。不过，金融机构从事贷款业务都要遵从中国人民银行的《贷款通则》，贷款的利率区间由中国人民银行统一规定。

4. 设备买卖融资担保信托

在铁路公司或航空公司急需车辆或飞机等设备而又缺乏资金时，美国首创了设备买卖融资担保信托。

5. 公司股东表决权信托

股东表决权，又称投票权，是指股东基于出资而有权参加公司的最高权力机关——股东会，并就议决事项做出一定意思表示的权利。股东行使表决权即表明其对公司业务发展的个人意向，从而对公司业务施加影响。表决权是股东一切权利的源泉，是构建公司内部治理结构和派生公司内部自治性权利的基石，是一种强有力的控制机制。表决权信托作为一种表决权的间接行使方式，是美国法上的产物，也是一种特殊的信托制度，是美国法学界在探索股东如何充分行使其表决权历程中的一个独创。股东表决权信托制度是一种将信托原理运用到股东表决权行使领域的法律制度和法律手段，其核心在于通过对公司股东表决权的重新安排来实现支配公司的目的。

6. 雇员受益信托

（1）雇员受益信托的概念。

雇员受益信托是指公司为雇员提供各种利益的信托，即公司定期从员工的工资或公司利润中扣除一定比例的资金，委托信托机构加以管理和运用，并约定本公司员工受益的信托。雇员受益信托的委托人是雇员所在的公司；受益人是公司雇员；受托人常为各类信托机构。

（2）雇员受益信托的种类。

①养老金信托。即信托机构接受委托人定期交纳的养老基金，负责基金财产的管理运用，并在雇员退休后定期向其支付退休金的一种信托业务。养老金信托是以养老金制度的建立为基础设立的。

②财产积累信托。即把职工的财产积累储蓄委托给信托机构管理运用，以便将来能形成一项财产的一种指定金钱信托业务。

③职工持股信托。即将职工买入的本公司股票委托给信托机构管理和运用，退休后享受信托受益的信托安排。交给信托机构的信托资金一部分来自职工的工资，另一部分由企业以奖金形式资助职工购买本公司股票。它以职工持股制度为基础。

④其他雇员受益信托。包括利润分享信托和储蓄计划信托。

六、商事融租行为

（一）商事融租行为的概念

商事融租行为是指根据融租人和承租人双方的约定，融租人向承租人选定的供货方购买承租人选定的物件，将其租给承租人长期使用，以租金的方式收回投资的一种经营性行为。

（二）商事融租行为的订立程序

融资租赁合同订立程序是指合同双方当事人就租赁合同内容进行充分协商、意思表示一致并达成协议的过程。其典型业务程序如下：（1）承租人根据自己的需要选择最适用的设备和条件最优的供货商。（2）承租人向租赁机构提出融资租赁申请，填写设备租赁申请书，提交有关材料并与出租方协商。（3）承租人、出租人和供货商三方进行租赁谈判，谈判内容包括三个方面：①技术谈判，主要由承租人和供货商进行，内容包括设备的质量、性能、技术参数、技术服务等。②商务谈判，主要在出租人和供货商之间进行，内容包括价格、供货日期及方式、付款方式等。③租赁谈判，在承租人和出租人之间进行，内容包括租金的确定和支付方式、租期、利率等。（4）签订书面合同。融资租赁合同一般采用书面形式，因而当事人达成一致意见后，要以书面文字形式记录下来，以使其具有法律上的拘束力。

（三）商事融租行为的实质

融资租赁行为实质上是将传统的买卖行为、租赁行为和金融信贷行为结合为一体而创造出来的一种商事行为，是一种贸易与信贷相结合、融资与融物为一体的综合性交易。它要有三方当事人参与，由两个或两个以上的合同构成，其内容是融资，表现形式是融物。

（四）商事融租行为的作用

通过融物达到融资目的的交易方式因融资租赁自身所独有的优势，在各国尤其是经济发达国家得到了迅速发展。对承租人而言，此种方式的筹资速度较快；租金在整个租赁期内分摊，可以减轻到期还本压力；由于租金可在所得税前扣除，又可起到节税的目的；运用此种方式，还可避免购买带来的大量资金占有可能导致的资金周转的困难。对出租人来说，既可获得丰厚的利润，又不至于承担过大的风险。对出卖人来说，通过出租人进行融资租赁交易，是一种营销方式，加强了产品的流通和货币的回笼，比自己开展分期付款要有利得多。

（五）商事融租行为的特殊规则

我国商事融租行为的特殊规则主要规定在《合同法》第14章"融资租赁合

同"之中，表现在出卖人、出租人和承租人的权利与义务方面。

1. 出卖人的权利与义务

出卖人享有按照合同约定收取货款的权利。

出卖人承担的义务表现在以下两个方面：①依照合同约定向承租人交付租赁物；②承担标的物之瑕疵担保义务和损害赔偿义务。

2. 出租人的权利和义务

出租人享有以下权利：①租赁物所有权的保有权。在融资租赁中，出租人通过与出卖人之间的买卖合同取得了租赁物的所有权。在租赁期间，出租人有权要求承租人保持租赁物的完整性；有权在不损害承租人使用权的前提下将租赁物抵押或者转让。在承租人破产时，租赁物不属于破产财产。②约定租金收取权。收取租金是出租人的一项最主要的权利，也是出租人收回成本、获取利润的手段。只要出租人购买了承租人指定的租赁物，则不管承租人是否继续使用或者是否因使用而获益，出租人均有权依约定收取租金。③租赁物的收回权。在租赁期间届满时，出租人有权依合同约定或法律规定收回租赁物。④融租合同解除权。在融租合同约定单方解除条款时，出租人可以行使解除权。在合同没有约定解除条款时，出现了合同法第94条规定的情形时，出租人享有单方解除合同的权利。这些情形包括：承租人的行为构成预期违约；承租人到期不支付租金经催告后在合理期限内仍不支付；未经出租人许可，承租人将租赁物出卖、抵押或转租；承租人未尽保管义务，致使租赁物严重毁损或灭失，或者无正当理由拒收租赁物；法律规定的其他情形。

出租人承担如下义务：①购买承租人指定租赁物的义务。在融租合同中，实际上发生了两个相互联系的交易行为，融租合同发生在前，买卖合同发生在后。在此种情况下，购买承租人指定的租赁物便是出租人的首要义务。否则，出租人将构成违约行为。②依约交付租赁物的义务。在商事融租中，出租人的交付义务非现实形态的物件交付，而是观念意义上的物件交付。由供应商依约直接向用户交付，出租人不必到现场确认物件的存在。当用户以自己的意思向出租人发出物件受领证后，除出租人有恶意的特殊情形外，即视为出租人已履行其物件交付义务并免除责任。

3. 承租人的权利和义务

承租人享有如下权利：①租赁物的指定权。根据融租合同的约定，向出租人指定购买特定设备的厂家或商家。②依约获得指定租赁物的权利。

承租人承担如下义务：①正确、合理地使用和保管租赁物的义务。②负担租赁物维修的义务。与租赁合同不同，融资租赁合同的出租人不负担租赁物的维修义务，而是由承租人承担维修费用。③依约支付租金的义务。④期满租赁物的归还义务。

七、商事仓储行为

（一）商事仓储行为的概念

商事仓储行为是指商事主体专为他人储藏、保管货物的一种商事行为。

商事仓储行为起源于中世纪欧洲一些沿海城市。由于商品交易的数量越来越大，单靠商人自己的营业场所已经远远不能满足货物的储藏、保管，于是出现了专门从事储藏、保管货物的商人，这种商人被称为仓库营业人或仓储业者，我国《合同法》称其为保管人。寄托货物的人被称为寄托人或寄存人，我国《合同法》称为存货人。

（二）商事仓储行为和商事保管行为的区别

大陆法系国家商法典中，仓储是一种典型的商事行为，但这一商事行为是以民法中的寄托行为理论为基础的。在传统商法中，仓储包括仓储和保管，两者在立法上未作十分严格的区分。我国《合同法》将保管和仓储分别立法，第十九章和第二十章分别规定了"保管合同"和"仓储合同"，强调二者之间的区别。

1. 性质不同

在商事保管中，一般来说，保管合同的成立，不仅须有当事人双方的意思表示一致，而且须有寄托人将保管物交付于保管人、保管人接受寄托人交付的保管物的行为。即商事保管合同属于实践性合同，寄托人向保管人交付保管物是保管合同成立的要件。而商事仓储合同属于诺成性合同。在商事仓储中，只要当事人双方依法就仓储的主要事项达成一致，即可成立。存货人将货物交付给保管人属于仓储合同成立后对合同的履行行为，而不是合同的成立要件。

2. 对商事主体的资格要求不同

保管行为对保管人的资格无特别的要求，一般自然人和法人均可作为保管人。而仓储行为对仓储营业人的资格有特殊要求，必须是拥有仓储设备并具有从事仓储业务资格的人。仓储是一种商事行为，仓储设备是仓储营业人从事仓储经营业务必备的基本物质条件。随着现代社会商品种类的日益繁多，对仓储条件的要求也越来越高。如有些货物易爆易燃；有些需要保持一定的温度或湿度；有些货物如果储藏不当还会造成其他货物的毁损。因此，有无仓储设备是仓储营业人是否具备营业资格的重要标志。同时，从事仓储业务资格是指仓储营业人必须取得专门从事或者兼营仓储业务的营业许可，具有专业技术并取得专业资格的法人才能从事该项业务。

3. 交付标的物的法律意义不同

由于商事保管合同属于实践性合同,当寄存人与保管人达成保管物品的一致意思表示,寄存人将物品交给保管人保管以及保管人对寄存人交来的寄存物品予以接受的,保管合同成立。即交付标的物是保管合同的成立要件,不交付保管物,不构成违约。而由于商事仓储合同属于诺成性合同,因此,双方当事人就仓储的事项达成一致,合同即成立。存货人交付标的物的行为属于履行合同的行为。如果存货人未将货物交付给仓储营业人即构成违约;仓储营业人无正当理由拒绝接收寄存的货物也构成违约,应承担违约责任或赔偿责任。

4. 当事人是否有终止不定期合同的权利

在仓储时间没有约定的情况下,仓库营业人必须遵守法定期限,只有在法定的期间届满后才能要求取回寄托物。而在民事保管合同中,保管人可随时要求寄托人取回寄托物。《日本民法典》第663条第1款规定:"当事人未定寄托物返还时期时,保管人可以随时返还。"但《日本商法典》第619条规定:"当事人未定保管期间时,仓库营业人非于受寄托物入库日起经过6个月后,不得实行返还。但是,有不得已事由时,不在此限。"德国商法也规定,在不定期的仓库营业合同中,双方当事人都有权在合同履行后1个月才能要求取回寄托物或要求对方取回寄托物。我国《合同法》第391条规定:"当事人对储存期间没有约定或者约定不明确的,存货人或者仓单持有人可以随时提取仓储物,保管人也可以随时要求存货人或者仓单持有人提取仓储物,但应当给予必要的准备时间。"

八、商事运输行为

(一) 商事运输行为的概念

商事运输行为是承运人基于营利的目的根据运输合同将旅客或货物从起运地点运输到约定地点,旅客、托运人或者收货人支付票款或者运输费用的一种特殊商事行为。

(二) 商事运输行为的法律特征

商事运输行为作为一种典型的商事行为,除具有一般商事行为的特征之外,还具有以下特征。

1. 承运人必须持有从事运输的营业执照

在不同的运输方式中,承运人的资质具有较大差异,但均须持有相应的营业执照。这种特定的营业执照是承运人取得从事该种商事行为的能力的要件与标志，也是承运人作为以商事运输为营业内容的商事主体的标志。

2. 商事运输的标的是运输旅客或货物的行为

在商事运输中，虽然旅客或货物可以在运输开始之前就到达承运人所在地，但当事人的权利义务关系并非围绕旅客或货物而产生，而是围绕承运人的运输行为产生的。因此，只有当承运人运输旅客或货物的行为实施时，才由此产生双方当事人的权利义务关系。

3. 商事运输合同具有格式合同的性质

绝大多数运输合同的格式及其主要条款基本上都是由承运人或其主管部门事先拟定好的，通常都直接适用该合同文本，而不必或不允许另行订立合同。如旅客运输一般采用客票；货物运输采用计划表、货物运单等形式。应当说，采用格式合同的形式是提高商事运输交易效率的要求，但同时不可避免地会在双方当事人之间产生不公平、不合理的现象，往往会使旅客、托运人或者收货人的利益受到损害。因此，应当依照格式合同的一般规定，维护旅客、托运人或者收货人的利益。

(三) 商事运输行为的分类

1. 陆上商事运输行为、海上商事运输行为、空中商事运输行为和混合商事运输行为

根据运输隶属的区域不同，商事运输行为可以分为陆上商事运输行为、海上商事运输行为、空中商事运输行为和混合商事运输行为。其中陆上商事运输行为包括在陆上及地下、河湖、港湾所从事的商事货物运输行为和商事旅客运输行为等。

2. 商事货物运输行为和商事旅客运输行为

从商事运输所涉及的法律关系来看，商事运输行为分为商事货物运输行为和商事旅客运输行为两种。商事货物运输行为是典型的商事行为，是商法调整的对象。我国《合同法》并未对货物运输行为和旅客运输行为作出严格区分并分别立法，而是将这两方面的问题统一规定在第十章"运输合同"之中。

我国合同法对货物运输行为和旅客运输行为中的当事人的权利和义务总体上概括为以下几个方面：(1) 从事公共运输的承运人不得拒绝旅客、托运人正常、合理的要求。(2) 承运人应当在约定的期间或者合理的期间内将旅客、货物安全运输到约定的地点。(3) 承运人应当按照约定或通常的运输路线将旅客、货物运输到约定的地点。(4) 旅客、托运人或收货人应当支付票款或者运输费用。承运人未按照约定路线或者通常线路运输增加票款或者运费的，旅客、托运人或收货人可以拒绝支付增加部分的票款或者运输费用。

(四) 陆上商事运输行为

1. 陆上商事运输行为的概念

陆上商事运输行为是指承运人基于营利的目的根据运输合同利用铁路与公路在指定的时间将旅客或货物运达目的地的行为。

陆上商事运输行为主要包括铁路商事运输行为与公路商事运输行为。

2. 铁路商事运输行为

(1) 铁路商事运输行为的概念。

铁路商事运输行为是承运人以营利为目的根据运输合同使用铁路列车在特定的时间将货物运送到目的地的行为。

(2) 铁路商事运输行为的特点。

铁路商事运输的特点是受气候和自然条件影响较小，且运输能力及单车装载量大，在运输的经常性和低成本性占据了优势，再加上有多种类型的车辆，使它几乎能承运任何商品，几乎可以不受重量和容积的限制，而这些都是公路和航空运输方式所不能比拟的。因此，它成为陆上商事运输行为的主要部分，在整个运输领域中占有重要的地位，并发挥着愈来愈重要的作用。

(3) 铁路商事运输行为当事人的权利与义务。

铁路商事运输行为的当事人包括承运人和托运人或旅客。根据我国铁路法的相关规定，铁路商事运输行为的承运人是铁路运输企业。铁路商事运输行为发生的根据是铁路运输合同，即明确铁路运输企业与旅客、托运人之间权利义务关系的协议。旅客车票、行李票、包裹票和货物运单是合同或者合同的组成部分。铁路运输合同属于格式合同，其条款是由承运人依法事先拟定好的，托运人或旅客只能附和。合同的双方当事人既享有权利，又承担相应的义务。

铁路运输企业的权利主要有以下几项：①依法收取票款或运费的权利。国家铁路的旅客票价率和货物、包裹、行李的运价率由国务院铁路主管部门拟订，报国务院批准。国家铁路的旅客、货物运输杂费的收费项目和收费标准由国务院铁路主管部门规定。国家铁路的特定运营线的运价率、特定货物的运价率和临时运营线的运价率，由国务院铁路主管部门商得国务院物价主管部门同意后规定。地方铁路的旅客票价率、货物运价率和旅客、货物运输杂费的收费项目和收费标准，由省、自治区、直辖市人民政府物价主管部门会同国务院铁路主管部门授权的机构规定。兼办公共旅客、货物运输营业的专用铁路的旅客票价率、货物运价率和旅客、货物运输杂费的收费项目和收费标准，以及铁路专用线共用的收费标准，由省、自治区、直辖市人民政府物价主管部门规定。铁路的旅客票价，货物、包裹、行李的运价，旅客和货物运输杂费的收费项目和收费标准，必须公告；未公告的不得实施。②依法行使法律、行政法规授予的行政管理职能。对旅客人身、货物或行李包裹进行安全检查，对威胁到公共安全的易燃、易爆、危险物品有权进行扣留；安排旅客有序地进站、上车；对无票乘车或者持失效车票乘车的旅客补收票款或责令下车。③法定免责权。根据《铁路法》第18条之规定，由于下列原因造成的货物、包裹、行李损失的，铁路运输企业享有免责权：不可抗力；货物或者包裹、行李中的物品本身的自然属性，或者合理损耗；托运人、收货人或者旅客的过错。④对无人领取的货物或包裹进行变卖并受偿的权利。自铁路运输企业发出领取货物通知之日起满30日仍无人领取的货物，或者收货人书面通知铁路运输企业拒绝领取的货物，铁路运输企业应当通知托运人，托运人自接到通知之日起满30日未作答复的，由铁路运输企业变卖；所得价款在扣除保管等费用后尚有余款的，应当退还托运人，无法退还、自变卖之日起180日内托运人又未领回的，上缴国库。自铁路运输企业发出领取通知之日起满90日仍无人领取的包裹或者到站后满90日仍无人领取的行李，铁路运输企业应当公告，公告满90日仍无人领取的，可以变卖；所得价款在扣除保管等费用后尚有余款的，托运人、收货人或者旅客可以自变卖之日起180日内领回，逾期不领回的，上缴国库。对危险物品和规定限制运输的物品，应当移交公安机关或者有关部门处理，不得自行变卖。对不宜长期保存的物品，可以按照国务院铁路主管部门的规定缩短处理期限。

铁路运输企业的义务主要有以下几项：①应当保证旅客和货物运输的安全，做到列车正点到达。铁路运输企业应当保证旅客按车票载明的日期、车次乘车，并到达目的站。因铁路运输企业的责任造成旅客不能按车票载明的日期、车次乘车的，铁路运输企业应当按照旅客的要求，退还全部票款或者安排改乘到达相同目的站的其他列车。铁路运输企业应当按照合同约定的期限或者国务院铁路主管部门规定的期限，将货物、包裹、行李运到目的站；逾期运到的，铁路运输企业应当支付违约金。铁路运输企业逾期30日仍未将货物、包裹、行李交付收货人或者旅客的，托运人、收货人或者旅客有权按货物、包裹、行李灭失向铁路运输企业要求赔偿。②铁路运输企业应当采取有效措施做好旅客运输服务工作，做到文明礼貌、热情周到，保持车站和车厢内的清洁卫生，提供饮用开水，做好列车上的饮食供应工作。③铁路运输企业应当采取措施，防止对铁路沿线环境的污染。④依法承运的义务。铁路运输企业承运货物、包裹、行李，必须遵守国家关于禁止或者限制运输物品的规定。⑤铁路运输企业对承运的容易腐烂变质的货物和活动物，应当按照国务院铁路主管部门的规定和合同的约定，采取有效的保护措施。⑥损害赔偿的义务。铁路运输企业应当对承运的货物、包裹、行李自接受承运时起到交付时止发生的灭失、短少、变质、污染或者损坏，承担赔偿责任：托运人或者旅客根据自愿申请办理保价运输的，按照实际损失赔偿，但最高不超过保价额。未按保价运输承运的，按照实际损失赔偿，但最高不超过国务院铁路主管部门规定的赔偿限额；如果损失是由于铁路运输企业的故意或者重大过失造成的，不适用赔偿限额的规定，按照实际损失赔偿。托运人或者旅客根据自愿可以向保险公司办理货物运输保险，保险公司按照保险合同的约定承担赔偿责任。

旅客或托运人的权利主要有以下几项：①安全正点到达目的地的权利。旅客或托运人根据铁路运输合同的约定，有权要求铁路运输企业安全正点地将旅客、货物或包裹送达目的地。②必要服务请求权。根据我国法律规定，旅客在列车上有权享有以下服务：清洁的列车环境、卫生的饮用开水、可口的饮食等。③人身或财产的损害赔偿请求权。

旅客或托运人的义务主要有以下几项：①旅客应当持有效车票乘车或支付托运费。无票乘车或者持失效车票乘车的旅客，应当依法补缴票款和补缴加收票款。②依法托运的义务。托运人或旅客托运货物、包裹、行李，必须遵守国家关于禁止或者限制运输物品的规定。③托运人据实申报货物。托运人因申报不实而少交的运费和其他费用应当补交，铁路运输企业按照国务院铁路主管部门的规定加收运费和其他费用。④按规定包装货物的义务。托运货物需要包装的，托运人应当按照国家包装标准或者行业包装标准包装；没有国家包装标准或者行业包装标准的，应当妥善包装，使货物在运输途中不因包装原因而受损坏。⑤及时领取货物、支付相关费用的义务。货物、包裹、行李到站后，收货人或者旅客应当按照国务院铁路主管部门规定的期限及时领取，并支付托运人未付或者少付的运费和其他费用；逾期领取的，收货人或者旅客应当按照规定交付保管费。⑥损害赔偿的义务。因旅客、托运人或者收货人的责任给铁路运输企业造成财产损失的，由旅客、托运人或者收货人承担赔偿责任。

（4）铁路商事运输行为纠纷的解决。

①调解解决。发生铁路运输合同争议的，铁路运输企业和托运人、收货人或者旅客可以通过调解解决。

②仲裁解决。当事人不愿意调解解决或者调解不成的，可以依据合同中的仲裁条款或者事后达成的书面仲裁协议，向国家规定的仲裁机构申请仲裁。当事人一方在规定的期限内不履行仲裁机构的仲裁决定的，另一方可以申请人民法院强制执行。

③诉讼解决。当事人没有在合同中订立仲裁条款，事后又没有达成书面仲

裁协议的，可以向人民法院起诉。

3. 公路商事运输行为

（1）公路商事运输行为的概念。

公路商事运输行为是指承运人依据公路运输合同在公路上将旅客或货物安全运送到目的地的行为。它是交通运输系统的组成部分之一，主要承担短途客货运输。现代所用运输工具主要是汽车。因此，公路运输一般即指汽车运输。在地势崎岖、人烟稀少、铁路和水运不发达的边远和经济落后地区，公路为主要运输方式，起着运输干线作用。

根据我国《公路法》《公路管理条例》《公路管理条例实施细则》之规定，"公路"是指在中华人民共和国境内，按照国家规定的公路工程技术标准修建，并经公路主管部门验收认定的城间、城乡间、乡间可供汽车行驶的公共道路，包括公路的路基、路面、桥梁、涵洞、隧道和公路渡口。公路按其在公路路网中的地位分为国家干线公路即国道，省、自治区、直辖市干线公路即省道，县公路即县道，乡公路即乡道和专用公路五个行政等级。国道是指具有全国性政治、经济意义的主要干线公路，包括重要的国际公路、国防公路和联结首都与各省、自治区首府和直辖市的公路以及联结各大经济中心、港站枢纽、商品生产基地和战略要地的公路。省道是指具有全省（自治区、直辖市）政治、经济意义，联结省内中心城市和主要经济区的公路，以及不属于国道的省际重要公路。县道是指具有全县（旗、县级市）政治、经济意义，联结县城和县内主要乡（镇）、主要商品生产和集散地的公路，以及不属于国道、省道的县际间的公路。乡道是指主要为乡（镇）内部经济、文化、行政服务的公路，以及不属于县道以上公路的乡与乡之间及乡与外部联络的公路。专用公路是指专供或者主要供厂矿、林区、油田、农场、旅游区、军事要地等与外部联络的公路。

（2）公路商事运输行为的主要特点。

①适应性强。由于公路运输网一般比铁路、水路网的密度要大十几倍，分布面也广，因此公路运输车辆可以"无处不到、无时不有"。公路运输在时间方面的机动性也比较大，车辆可随时调度、装运，各环节之间的衔接时间较短。尤其是公路运输对客、货运量的多少具有很强的适应性，汽车的载重吨位有小（0.25~1t）、有大（200~300t），既可以单个车辆独立运输，也可以由若干车辆组成车队同时运输。

②直达运输。由于汽车体积较小，中途一般也不需要换装，除了可沿分布较广的公路网运行外，还可离开路网深入到工厂企业、农村田间、城市居民住宅等地，即可以把旅客和货物从始发地门口直接运送到目的地门口，实现"门

到门"直达运输。这是其他运输方式无法比拟的特点之一。

③运送速度较快。在中、短途运输中，由于公路运输可以实现"门到门"直达运输，中途不需要倒运、转乘就可以直接将客货运达目的地，因此，与其他运输方式相比，其客、货在途时间较短，运送速度较快。

④资金周转快。公路运输与铁路、水路、航空运输方式相比，所需固定设施简单，车辆购置费用一般也比较低，因此，投资兴办容易，投资回收期短。据有关资料表明，在正常经营情况下，公路运输的投资每年可周转1~3次，而铁路运输则需要3~4年才能周转一次。

⑤技术易掌握。与火车司机或飞机驾驶员的培训要求来说，汽车驾驶技术比较容易掌握，对驾驶员的各方面素质要求相对也比较低。

⑥运量较小，成本较高。汽车载重量小，行驶阻力比铁路大9~14倍，所消耗的燃料又是价格较高的液体汽油或柴油，因此，除了航空运输，就是汽车运输成本最高了。

⑦持续性差。据有关统计资料显示，在各种现代运输方式中，公路的平均运距是最短的，运行持续性较差。

⑧安全性低。据历史记载，自汽车诞生以来，已经吞噬掉3000多万人的生命，特别是20世纪90年代开始，死于汽车交通事故的人数急剧增加，平均每年达50多万。这个数字超过了艾滋病、战争和结核病人每年的死亡人数。汽车所排出的尾气和引起的噪声也严重地威胁着人类的健康，是大城市环境污染的最大污染源之一。

（3）公路客运经营者、旅客的权利与义务。

根据《道路运输条例》之规定，从事道路运输经营以及道路运输相关业务的，应当遵守该条例。道路运输经营包括道路旅客运输经营和道路货物运输经营；道路运输相关业务包括站（场）经营、机动车维修经营、机动车驾驶员培训。

道路客运经营者应当具备的条件有以下几项：①有与其经营业务相适应并经检测合格的车辆；②有符合法定条件的驾驶人员（取得相应的机动车驾驶证、年龄不超过60周岁、3年内无重大以上交通责任事故记录、经设区的市级道路运输管理机构对有关客运法律法规、机动车维修和旅客急救基本知识考试合格）；③有健全的安全生产管理制度；④申请从事班线客运经营的，还应当有明确的线路和站点方案。

道路客运经营者需取得道路运输经营许可证并办理工商登记。申请从事客运经营的，应当向相应的道路运输管理机构提出道路运输经营许可证和车辆营运证的申请：从事县级行政区域内客运经营的，向县级道路运输管理机构提出申请；从事跨2个县级以上行政区域客运经营的，向其共同的上一级道路运输管理机构提出申请；从事跨省级行政区域客运经营的，向所在地的省级道路运输管理机构提出申请。收到申请的道路运输管理机构，应当自受理申请之日起20日内审查完毕，作出许可或者不予许可的决定。予以许可的，向申请人颁发道路运输经营许可证，并向申请人投入运输的车辆配发车辆营运证；不予许可的，应当书面通知申请人并说明理由。申请者持道路运输经营许可证，依法向工商行政管理机关办理登记手续。

客运班线的经营期限为4~8年。经营期限届满需要延续客运班线经营许可的，应当重新提出申请。客运经营者需要终止客运经营的，应当在终止前30日内告知原许可机关。

道路客运经营者的权利包括以下几项：①依法营运的权利；②依法维持乘车秩序的权利；③合法营运利益受到法律保护。

道路客运经营者的义务包括以下几项：①安全运送旅客的义务。运输旅客的道路运输车辆不得超过核定的人数；运输货物的车辆不得运输旅客。道路运输车辆应当随车携带车辆营运证，不得转让、出租；客运经营者应当使用符合国家规定标准的车辆从事道路运输经营。应当为旅客提供良好的乘车环境，保持车辆清洁、卫生，并采取必要的措施防止在运输过程中发生侵害旅客人身、财产安全的违法行为。加强对从业人员的安全教育、职业道德教育，确保道路运输安全。道路运输从业人员应当遵守道路运输操作规程，不得违章作业。驾驶人员连续驾驶时间不得超过4个小时。②连续提供运输服务的义务。班线客运经营者取得道路运输经营许可证后，应当向公众连续提供运输服务，不得擅自暂停、终止或者转让班线运输。③依法文明营运的义务。从事包车客运的，应当按照约定的起始地、目的地和线路运输；从事旅游客运的，应当在旅游区域按照旅游线路运输；不得强迫旅客乘车，不得甩客、敲诈旅客；不得擅自更换运输车辆。④投保承运人责任险的义务。客运经营者应当为旅客投保承运人责任险。⑤应急预案的制定义务。客运经营者应当制定有关交通事故、自然灾害以及其他突发事件的道路运输应急预案，包括报告程序、应急指挥、应急车辆和设备的储备以及处置措施等内容。⑥服从统一调度、指挥的义务。发生交通事故、自然灾害以及其他突发事件，客运经营者应当服从县级以上人民政府或者有关部门的统一调度、指挥。

旅客的权利包括以下几项：①及时地到达目的地的权利；②维护人身、财产安全的权利；③人身财产损害赔偿请求权。

旅客的义务包括以下几项：①应当足额支付票款，持有效客票乘车；②文明乘车，遵守乘车秩序，讲究文明卫生；③守法乘车，不得携带国家规定的危险物品及其他禁止携带的物品乘车。

（4）公路货运经营者、托运人的权利与义务。

公路货运经营者应当具备以下条件：①有与其经营业务相适应并经检测合格的车辆；②有符合法律规定条件的驾驶人员（取得相应的机动车驾驶证、年龄不超过60周岁、使用总质量4500千克以上经设区的市级道路运输管理机构对有关货运法律法规、机动车维修和货物装载保管基本知识考试合格）；③有健全的安全生产管理制度。

从事危险货物运输的经营者还应当具备下列条件：①有5辆以上经检测合格的危险货物运输专用车辆、设备；②有经所在地设区的市级人民政府交通主管部门考试合格，取得上岗资格证的驾驶人员、装卸管理人员、押运人员；③危险货物运输专用车辆配有必要的通信工具；④有健全的安全生产管理制度。

公路货运经营者需取得道路运输经营许可证并办理工商登记手续。申请者应当向相应的道路运输管理机构提出道路运输经营许可证的申请：从事普通货运经营的，向县级道路运输管理机构提出申请；从事危险货物运输经营的，向设区的市级道路运输管理机构提出申请。收到申请的道路运输管理机构，应当自受理申请之日起20日内审查完毕，作出许可或者不予许可的决定。予以许可的，向申请人颁发道路运输经营许可证，并向申请人投入运输的车辆配发车辆营运证；不予许可的，应当书面通知申请人并说明理由。货运经营者应当持道路运输经营许可证依法向工商行政管理机关办理有关登记手续。使用总质量4500千克及以下普通货运车辆从事普通货运经营的，无须申请取得道路运输经营许可证及车辆营运证。

公路货运经营者的权利包括以下几项：①依法经营的权利；②合法权利受法律保护的权利。

公路货运经营者的义务包括以下几项：①依法从事货物运输的义务。不得运输法律、行政法规禁止运输的货物；法律、行政法规规定必须办理有关手续后方可运输的货物，货运经营者应当查验有关手续。②维护环境卫生的义务。国家鼓励货运经营者实行封闭式运输，保证环境卫生和货物运输安全。货运经营者应当采取必要措施，防止货物脱落、扬撒等。③保证货物运输安全的义务。货运经营者应当使用符合国家规定标准的车辆从事道路运输经营；加强对车辆的维护和检测，确保车辆符合国家规定的技术标准；不得使用报废的、擅自改装的和其他不符合国家规定的车辆从事道路运输经营；运输的货物应当符合核定的载重量，严禁超载；载物的长、宽、高不得违反装载要求；道路运输车辆应当随车携带车辆营运证，不得转让、出租；运输危险货物应当采取必要措施，防止危险货物燃烧、爆炸、辐射、泄漏等。运输危险货物应当配备必要的押运人员，保证危险货物处于押运人员的监管之下，并悬挂明显的危险货物运输标志。加强对从业人员的安全教育、职业道德教育，确保道路运输安全。道路运输从业人员应当遵守道路运输操作规程，不得违章作业。驾驶人员连续驾驶时间不得超过4个小时。④投保承运人责任险的义务。危险货物运输经营者应当为危险货物投保承运人责任险。⑤应急预案的制定义务。货运经营者应当制定有关交通事故、自然灾害以及其他突发事件的道路运输应急预案。包括报告程序、应急指挥、应急车辆和设备的储备以及处置措施等内容。⑥服从统一调度、指挥的义务。发生交通事故、自然灾害以及其他突发事件，货运经营者应当服从县级以上人民政府或者有关部门的统一调度、指挥。

在履行相关义务后，公路货运托运人享有托运货物及时安全运达指定地点的权利。

公路货运托运人承担如下义务：①告知义务。托运危险货物的，应当向货运经营者说明危险货物的品名、性质、应急处置方法等情况，并严格按照国家有关规定包装，设置明显标志。②及时、足额支付运输费用的义务。

（5）公路运输相关业务经营者的经营资格。

道路运输相关业务经营者包括站（场）经营者、机动车维修经营者、机动车驾驶员培训机构。

道路运输站（场）经营者应当具备以下条件：①有经验收合格的运输站（场）；②有相应的专业人员和管理人员；③有相应的设备、设施；④有健全的业务操作规程和安全管理制度。

机动车维修经营者应当具备如下条件：①有相应的机动车维修场地；②有必要的设备、设施和技术人员；③有健全的机动车维修管理制度；④有必要的环境保护措施。

机动车驾驶员培训机构应当具备以下条件：①取得企业法人资格；②有健全的培训机构和管理制度；③有与培训业务相适应的教学人员、管理人员；④有必要的教学车辆和其他教学设施、设备、场地。

申请从事道路运输站（场）经营和机动车驾驶员培训业务的，应当在依法向工商行政管理机关办理有关登记手续后，向所在地县级道路运输管理机构提出申请。县级道路运输管理机构应当自受理申请之日起15日内审查完毕，作出许可或者不予许可的决定，并书面通知申请人。

从事机动车维修经营业务的,应当在依法向工商行政管理机关办理有关登记手续后,向所在地县级道路运输管理机构进行备案。

(6) 公路运输相关业务经营者的义务

①道路运输站(场)经营者的法定义务。道路运输站(场)经营者应当对出站的车辆进行安全检查,禁止无证经营的车辆进站从事经营活动,防止超载车辆或者未经安全检查的车辆出站;应当公平对待使用站(场)的客运经营者和货运经营者,无正当理由不得拒绝道路运输车辆进站从事经营活动;应当向旅客和货主提供安全、便捷、优质的服务;保持站(场)卫生、清洁;不得随意改变站(场)用途和服务功能;应当为客运经营者合理安排班次,公布其运输线路、起止经停站点、运输班次、始发时间、票价,调度车辆进站、发车,疏导旅客,维持上下车秩序;应当设置旅客购票、候车、行李寄存和托运等服务设施,按照车辆核定载客限额售票,并采取措施防止携带危险品的人员进站乘车;应当按照国务院交通主管部门规定的业务操作规程装卸、储存、保管货物。

②机动车维修经营者的法定义务。机动车维修经营者应当按照国家有关技术规范对机动车进行维修,保证维修质量,不得使用假冒伪劣配件维修机动车;应当公布机动车维修工时定额和收费标准,合理收取费用,维修服务完成后应当提供维修费用明细单;对机动车进行二级维护、总成修理或者整车修理的,应当进行维修质量检验。检验合格的,维修质量检验人员应当签发机动车维修合格证;机动车维修实行质量保证期制度,质量保证期内因维修质量原因造成机动车无法正常使用的,机动车维修经营者应当无偿返修;机动车维修经营者不得承修已报废的机动车,不得擅自改装机动车。

③机动车驾驶员培训机构的法定义务。机动车驾驶员培训机构应当按照国务院交通主管部门规定的教学大纲进行培训,确保培训质量。培训结业的,应当向参加培训的人员颁发培训结业证书。

(五) 海上商事运输行为

1. 海上商事运输行为的概念

海上商事运输行为是指承运人依据海上商事运输合同在海域上以船舶为工具所进行的将货物或旅客运送到目的地的海上货物运输行为和海上旅客运输行为,包括海江之间、江海之间的直达运输行为。

依据行为所涉及的地域的不同,可以将海上商事运输行为分为国际海上商事运输行为和国内海上商事运输行为。

在我国,调整海上商事运输行为的法律主要有我国的《海商法》《海上交通安全法》《国际海运条例》等法律法规。

2. 国际海上商事运输行为

国际海上商事运输行为是指承运人以营利为目的根据海上商事运输合同使用船舶通过海上航道在不同的国家和地区的港口之间运送货物或旅客的运输行为。

根据我国《海商法》之规定，国际海上运输行为包括国际海上货物运输行为和国际海上旅客运输行为。船舶是指非用于军事的、政府公务的船舶和 20 总吨以上的海船和其他海上移动式装置及其属具。

（1）国际海上商事运输经营者的经营资格。

根据我国《国际海运条例》之规定，国际海上商事运输经营者包括国际船舶运输经营者、无船承运业务经营者、国际船舶管理经营者三种，其具有不同的经营资格。

国际船舶运输经营者的经营资格。经营国际船舶运输业务应当具备的条件包括以下几项：①取得企业法人资格；②有与经营国际海上运输业务相适应的船舶（须有中国籍船舶）；③投入运营的船舶符合国家规定的海上交通安全技术标准；④有提单、客票或者多式联运单证；⑤有具备国务院交通主管部门规定的从业资格的高级业务管理人员。经营国际船舶运输业务，应当提交法定的材料向国务院交通主管部门提出申请。国务院交通主管部门应当自受理申请之日起 30 日内审核完毕，作出许可或者不予许可的决定。予以许可的，向申请人颁发《国际船舶运输经营许可证》；不予许可的，应当书面通知申请人并告知理由。国务院交通主管部门审核国际船舶运输业务申请时，应当考虑国家关于国际海上运输业发展的政策和国际海上运输市场竞争状况。申请经营国际船舶运输业务，并同时申请经营国际班轮运输业务的，还应当附送法定的材料，由国务院交通主管部门一并审核、登记。

无船承运业务经营者的经营资格。无船承运业务是指无船承运业务经营者以承运人身份接受托运人的货载，签发自己的提单或者其他运输单证，向托运人收取运费，通过国际船舶运输经营者完成国际海上货物运输，承担承运人责任的国际海上运输经营活动。①经营无船承运业务，应当在中国境内依法设立企业法人；②向国务院交通主管部门办理提单登记，并交纳保证金。保证金金额为 80 万元人民币；每设立一个分支机构，增加保证金 20 万元人民币。保证金应当向中国境内的银行开立专门账户交存。保证金用于无船承运业务经营者清偿因其不履行承运人义务或者履行义务不当所产生的债务以及支付罚款。保证金及其利息，归无船承运业务经营者所有。专门账户由国务院交通主管部门实施监督。国务院交通主管部门应当自收到无船承运业务经营者提单登记申请并交纳保证金的相关材料之日起 15 日内审核完毕。申请材料真实、齐备的，予以登记，并通知申请人；申请材料不真实或者不齐备的，不予登记，书面通知申请人并告知理由。已经办理提单登记的无船承运业务经营者，由国务院交通主管部门予以公布。

国际船舶管理经营者的经营资格。经营国际船舶管理业务应当具备的条件有以下几项：①取得企业法人资格；②高级业务管理人员中至少 2 人具有 3 年以上从事国际海上运输经营活动的经历；③有持有与所管理船舶种类和航区相适应的船长、轮机长适任证书的人员；④有与国际船舶管理业务相适应的设备、设施。经营国际船舶管理业务，应当向拟经营业务所在地的省、自治区、直辖市人民政府交通主管部门提出申请，并附送法定的材料。省、自治区、直辖市人民政府交通主管部门应当自收到申请之日起 15 日内审核完毕。申请材料真实、齐备的，予以登记，并通知申请人；申请材料不真实或者不齐备的，不予登记，书面通知申请人并告知理由。

（2）国际海上货物运输行为。

国际海上货物运输行为是指承运人以营利为目的根据海上商事运输合同使用船舶通过海上航道在不同的国家和地区的港口之间运送货物的运输行为。

国际海上货物运输行为发生的根据是承运人和托运人订立的国际海上货物运输合同。我国《海商法》第 2 条规定，"本法第四章海上货物运输合同的规定，不适用于中华人民共和国港口之间的海上货物运输。"鉴于此，使用"国际海上货物运输合同"这一概念以示区别。国际海上货物运输合同，是指承运人收取运费，负责将托运人托运的货物经海路由一港运至另一港的合同。根据我国《海商法》之规定，承运人是指本人或者委托他人以本人名义与托运人订立海上货物运输合同的人。实际承运人是指接受承运人委托，从事货物运输或者部分运输的人，包括接受转委托从事此项运输的其他人。托运人是指本人或者委托他人以本人名义或者委托他人为本人与承运人订立海上货物运输合同的人；本人或者委托他人以本人名义或者委托他人为本人将货物交给与海上货物运输合同有关的承运人的人。收货人是指有权提取货物的人。货物包括活动物和由托运人提供的用于集装货物的集装箱、货盘或者类似的装运器具。承运人或者托运人可以要求书面确认海上货物运输合同的成立。但是，航次租船合同应当书面订立。电报、电传和传真具有书面效力。海上货物运输合同和作为合同凭证的提单或者其他运输单证中的条款，违反本章规定的，无效。此类条款的无效，不影响该合同和提单或者其他运输单证中其他条款的效力。将货物的保险利益转让给承运人的条款或者类似条款，无效。

国际海上货物运输行为承运人享有如下权利。①运费收取权。承运人依照双方的约定或依照法律的规定，向托运人据实收取运费。②法定免责权。在责任期间货物发生的灭失或者损坏是由于下列原因之一造成的，承运人不负赔偿责任：船长、船员、引航员或者承运人的其他受雇人在驾驶船舶或者管理船舶中的过失；非承运人本人的过失所造成的火灾；天灾，海上或者其他可航水域的危险或者意外事故；战争或者武装冲突；政府或者主管部门的行为、检疫限制或者司法扣押；罢工、停工或者劳动受到限制；在海上救助或者企图救助人命或者财产；托运人、货物所有人或者他们的代理人的行为；货物的自然特性或者固有缺陷；货物包装不良或者标志欠缺、不清；经谨慎处理仍未发现的船舶潜在缺陷；非由于承运人或者承运人的受雇人、代理人的过失造成的其他原因。因运输活动物的固有的特殊风险造成活动物灭失或者损害的，承运人不负赔偿责任。但是，承运人应当证明业已履行托运人关于运输活动物的特别要求，并证明根据实际情况，灭失或者损害是由于此种固有的特殊风险造成的。

承运人对同托运人达成协议，或者符合航运惯例，或者符合有关法律、行政法规的规定装载在舱面上的有特殊风险的货物的灭失或者损坏，不负赔偿责任。

承运人承担如下义务：①适航的义务。承运人在船舶开航前和开航当时，应当谨慎处理，使船舶处于适航状态，妥善配备船员、装备船舶和配备供应品，并使货舱、冷藏舱、冷气舱和其他载货处所适于并能安全收受、载运和保管货物。②谨慎注意义务。承运人应当妥善地、谨慎地装载、搬移、积载、运输、保管、照料和卸载所运货物。③及时交货的义务。承运人应当按照约定的或者习惯的或者地理上的航线将货物运往卸货港。船舶在海上为救助或者企图救助人命或者财产而发生的绕航或者其他合理绕航，不属于违反前款规定的行为。货物未能在明确约定的时间内，在约定的卸货港交付的，为迟延交付。④损害赔偿义务。除承运人依法不负赔偿责任的情形外，由于承运人的过失，致使货物因迟延交付而灭失或者损坏的或者致使货物因迟延交付而遭受经济损失的，即使货物没有灭失或者损坏，承运人应当负赔偿责任。承运人未能在约定的交货时间届满60日内交付货物，有权对货物灭失提出赔偿请求的人可以认为货物已经灭失。承运人未同托运人达成协议，或者违反航运惯例，或者违反有关法律、行政法规的规定而将货物装载在舱面上，致使货物遭受灭失或者损坏的，应当负赔偿责任。货物的灭失、损坏或者迟延交付是由于承运人或者承运人的受雇人、代理人的不能免除赔偿责任的原因和其他原因共同造成的，承运人仅在其不能免除赔偿责任的范围内负赔偿责任。货物灭失的赔偿额,按照货物的实际价值计算,即按照货物装船时的价值加保险费加运费计算;货物损坏的赔偿额,按照货物受损前后实际价值的差额或者货物的修复费用计算。

托运人承担如下义务。①货物妥善包装和保证的义务。托运人托运货物,应当妥善包装,并向承运人保证,货物装船时所提供的货物的品名、标志、包数或者件数、重量或者体积的正确性。②办理货物运输单证的义务。托运人应当及时向港口、海关、检疫、检验和其他主管机关办理货物运输所需要的各项手续,并将已办理各项手续的单证送交承运人。③危险货物妥善包装和告知义务。托运人托运危险货物,应当依照有关海上危险货物运输的规定,妥善包装,作出危险品标志和标签,并将其正式名称和性质以及应当采取的预防危害措施书面通知承运人;托运人未通知或者通知有误的,承运人可以在任何时间、任何地点根据情况需要将货物卸下、销毁或者使之不能为害,而不负赔偿责任。承运人知道危险货物的性质并已同意装运的,仍然可以在该项货物对于船舶、人员或者其他货物构成实际危险时,将货物卸下、销毁或者使之不能为害,而不负赔偿责任。但是,本款规定不影响共同海损的分摊。④及时足额支付运费的义务。托运人应当按照约定向承运人支付运费。托运人与承运人可以约定运费由收货人支付;但是,此项约定应当在运输单证中载明。⑤损失赔偿义务。由于货物包装不良或者资料不正确,对承运人造成损失的,托运人应当负赔偿责任;因办理各项手续的有关单证送交不及时、不完备或者不正确,使承运人的利益受到损害的,托运人应当负赔偿责任;托运人对承运人因运输危险货物所受到的损害,应当负赔偿责任;承运人、实际承运人所遭受的损失或者船舶所遭受的损坏是由于托运人或者托运人的受雇人、代理人的过失造成的,托运人应承担损害赔偿责任。

(3)国际海上旅客运输行为。

国际海上旅客运输行为是指承运人以营利为目的根据海上商事运输合同使用船舶通过海上航道在不同的国家和地区的港口之间运送旅客的运输行为。

国际海上旅客运输行为的发生根据是国际海上旅客运输合同。国际海上旅客运输合同是指承运人以适合运送旅客的船舶经海路将旅客及其行李从一港运送至另一港,由旅客支付票款的合同。海上旅客运输合同中含有下列内容之一的条款无效:免除承运人对旅客应当承担的法定责任;降低海商法规定的承运人责任限额;对海商法规定的举证责任作出相反的约定;限制旅客提出赔偿请求的权利。上述合同条款的无效,不影响合同其他条款的效力。旅客客票是海上旅客运输合同成立的凭证。根据我国《海商法》之规定,承运人是指本人或者委托他人以本人名义与旅客订立海上旅客运输合同的人。实际承运人是指接受承运人委托，从事旅客运送或者部分运送的人，包括接受转委托从事此项运送的其他人。旅客是指根据海上旅客运输合同运送的人；经承运人同意，根据海上货物运输合同，随船护送货物的人，视为旅客。行李是指根据海上旅客运输合同由承运人载运的任何物品和车辆，但是活动物除外。自带行李是指旅客自行携带、保管或者放置在客舱中的行李。国际海上旅客运输合同的运送期间，自旅客登船时起至旅客离船时止。客票票价含接送费用的，运送期间并包括承运人经水路将旅客从岸上接到船上和从船上送到岸上的时间，但是不包括旅客在港站内、码头上或者在港口其他设施内的时间。

国际海上旅客运输行为的承运人享有如下权利。①处置违禁品、危险品的权利。承运人可以在任何时间、任何地点将旅客违反前款规定随身携带或者在行李中夹带的违禁品、危险品卸下、销毁或者使之不能为害，或者送交有关部门。②收取运费的权利。③免责的权利。经承运人证明，旅客的人身伤亡或者行李的灭失、损坏，是由于旅客本人的过失或故意或者旅客本人健康状况造成的，可以免除承运人的赔偿责任。承运人对旅客的货币、金银、珠宝、有价证券或者其他贵重物品所发生的灭失、损坏，不负赔偿责任。④损害赔偿请求权。对旅客违法随身携带或者在行李中夹带违禁品或者易燃、易爆、有毒、有腐蚀性、有放射性以及有可能危及船上人身和财产安全的其他危险品造成的损害，承运人享有损害赔偿请求权。

国际海上旅客运输行为的承运人承担如下义务。①适航的义务。承运人在船舶开航前和开航当时，应当谨慎处理，使船舶处于适航状态，妥善配备船员、装备船舶和配备供应品。②谨慎注意义务。承运人应当谨慎地迎接旅客安全地登船，在约定的时间将旅客运达目的地。③损害赔偿义务。在旅客及其行李的运送期间，因承运人或者承运人的受雇人、代理人在受雇或者受委托的范围内的过失引起事故，造成旅客人身伤亡或者行李灭失、损坏的，承运人应当负赔偿责任。旅客的人身伤亡或者自带行李的灭失、损坏，是由于船舶的沉没、碰撞、搁浅、爆炸、火灾所引起或者是由于船舶的缺陷所引起的，承运人或者承运人的受雇人、代理人除非提出反证，应当视为其有过失。旅客自带行李以外的其他行李的灭失或者损坏，不论由于何种事故所引起，承运人或者承运人的受雇人、代理人除非提出反证，应当视为其有过失。旅客与承运人约定将货币、金银、珠宝、有价证券或者其他贵重物品交由承运人保管的，承运人应当负赔偿责任；双方以书面约定了赔偿限额的，承运人应当按照约定的数额负赔偿责任。承运人与实际承运人均负有赔偿责任的，应当在责任限度内负连带责任。

国际海上旅客运输行为的旅客享有如下权利。①要求承运人依照约定及时安全送达目的地的权利。②必要服务请求权。旅客要求承运人提供食宿、饮用水等必要的服务。③损害赔偿请求权。在旅客及其行李的运送期间，因承运人或者承运人的受雇人、代理人在受雇或者受委托的范围内的过失引起事故，造成旅客人身伤亡或者行李灭失、损坏的，旅客有权请求承运人承担赔偿责任。

国际海上旅客运输行为的旅客承担如下义务。①持有效船票乘船的义务。旅客无票乘船、越级乘船或者超程乘船，应当按照规定补足票款，承运人可以按照规定加收票款；拒不交付的，船长有权在适当地点令其离船，承运人有权向其追偿。②合法乘船的义务。旅客不得随身携带或者在行李中夹带违禁品或者易燃、易爆、有毒、有腐蚀性、有放射性以及有可能危及船上人身和财产安全的其他危险品。服从船长和船员的指挥，遵守乘船秩序。③损害赔偿义务。旅客违法随身携带或者在行李中夹带违禁品或者易燃、易爆、有毒、有腐蚀性、有放射性以及有可能危及船上人身和财产安全的其他危险品，造成损害的，应当负赔偿责任。经承运人证明，旅客的人身伤亡或者行李的灭失、损坏，是由于旅客和承运人的共同过失造成的，可以相应减轻承运人的赔偿责任。

3. 国内海上商事运输行为

国内海上商事运输是指中华人民共和国港口之间的海上货物运输或拖航，由悬挂中华人民共和国国旗的船舶经营。但是，法律、行政法规另有规定的除外。非经国务院交通主管部门批准，外国籍船舶不得经营中华人民共和国港口之间的海上运输和拖航。

2016年11月7日修订的《海上交通安全法》适用于在中华人民共和国沿海水域航行、停泊和作业的一切船舶、设施和人员以及船舶、设施的所有人、经营人。船舶和船上有关航行安全的重要设备必须具有船舶检验部门签发的有效技术证书。船舶必须持有船舶国籍证书，或船舶登记证书，或船舶执照。船舶应当按照标准定额配备足以保证船舶安全的合格船员。船长、轮机长、驾驶员、轮机员、无线电报务员话务员以及水上飞机、潜水器的相应人员，必须持有合格的职务证书。其他船员必须经过相应的专业技术训练。设施应当按照国家规定，配备掌握避碰、信号、通信、消防、救生等专业技能的人员。船舶、设施上的人员必须遵守有关海上交通安全的规章制度和操作规程，保障船舶、设施航行、停泊和作业的安全。船舶、设施储存、装卸、运输危险货物，必须具备安全可靠的设备和条件，遵守国家关于危险货物管理和运输的规定。船舶装运危险货物，必须向主管机关办理申报手续，经批准后，方可进出港口或装卸。

（六）航空商事运输行为

1. 航空商事运输行为的概念

航空商事运输行为，又称飞机商事运输行为，是指在具备航空线路和飞机场的条件下，航空公司以营利为目的利用飞机作为运输工具运送旅客、货物和邮件的一种商事运输行为。

航空运输行为包括航空商事运输行为和航空军事运输行为。本书中使用"航空商事运输行为"一词，以示区别。

2. 航空商事运输行为的特点

（1）空间位移性。航空商事运输行为所提供的产品是一种特殊形态的产品——空间位移，其产品形态是改变航空运输对象在空间上的位移，产品单位是"人公里"和"吨公里"，航空运输产品的商品属性是通过产品使用人在航空运输市场的购买行为最后实现的。

（2）服务性。航空运输业属于第三产业，是服务性行业。它以提供"空间位移"的多寡反映服务的数量，又以服务手段和服务态度反映服务的质量。这一属性决定了承运人必须不断扩大运力，满足社会上日益增长的产品需求，遵循"旅客第一，用户至上"的原则，为产品使用人提供安全、便捷、舒适、正点的优质服务。

（3）国际性。航空运输已成为现代社会最重要的交通运输形式，成为国际政治往来和经济合作的纽带。其既包括国际友好合作，也包含国际激烈竞争，在服务、运价、技术协调、经营管理和法律法规的制订实施等方面，都要受国际统一标准的制约和国际航空运输市场的影响。

（4）资金、技术、风险密集性。航空运输业是一个高投入的产业，无论运输工具，还是其他运输设备都价值昂贵、成本巨大，因此，其运营成本非常高。航空运输业由于技术要求高，设备操作复杂，各部门间互相依赖程度高，因此其运营过程中风险性大。任何一个国家的政府和组织都没有相应的财力像贴补城市公共交通一样去补贴本国的航空运输企业。出于这一原因，航空运输业在世界各国都被认为不属于社会公益事业，都必须以营利为目标才能维持其正常运营和发展。

（5）自然垄断性。由于航空运输业投资巨大，资金、技术、风险高度密集，投资回收周期长，对航空运输主体资格限制较严，市场准入门槛高，加之历史的原因，使得航空运输业在发展过程中形成自然垄断。

3. 航空商事运输合同

航空商事运输行为的发生根据是航空商事运输合同。

航空商事运输合同是航空运输承运人以营利为目的使用民用航空器将旅客或者货物从起运点运输到约定地点，旅客、托运人或者收货人支付票款或者运输费用的合同。

（1）航空商事运输合同主体。即参与航空商事运输活动的当事人，包括承运人、旅客、托运人和收货人。合同双方当事人既是权利主体，又是义务主体，其权利、义务是对等的。

（2）航空商事运输合同的内容。航空商事运输合同的构成在所有合同中较为特殊，从形式上讲，完整的航空运输合同包括运输凭证、运输条件、有关国际公约或政府规章对航空运输的规定、承运人对航空运输的其他规定等等；从内容上讲，航空商事运输合同包括运输凭证上所载的缔约双方、承运人制订并经航空运输使用人认可的关于双方权利、义务的详细约定，有关国际公约以及国家法律、政府规章关于航空运输合同双方权利义务的强制规定等。简而言之，航空运输合同在实质上体现为明示存在的航空运输凭证、公示生效的航空运输条件和公布实施的航空法律法规三者的有机结合，在形式上以合法获得承运人填开的航空运输凭证为航空运输合同成立的初步证据。

①航空商事运输条件，也称航空商事运输合同条件，即公共航空运输企业制定的承运旅客、行李和货物的规定。它是航空运输合同的核心内容，集中体现了运输合同双方当事人权利、义务以及违反合同时应当承担的责任。它实际上就是公共航空运输企业和旅客、托运人共同遵守的行为规范。公共航空商事运输企业制定其运输条件，就是用来约束自己和对方当事人，从而使航空运输活动能够协调有序地进行。航空商事运输条件的内容十分细致、全面，是对航空商事运输合同内容五要素（标的、数量和质量、运价、合同履行期限、地点和方式、违约责任）的具体化。为防止承运人一方利用航空商事运输合同为附和合同这一特性将不公平条款强加给运输使用人，国际航空运输公约和各国立法基本上都把运输合同条件法定化，成为强制性规定。1929年《华沙公约》和1955年《海牙议定书》有关合同双方权利义务的条款可以说是缔约国之间法定的国际航空商事运输合同条件，而《民用航空法》第九章中有关合同双方权利义务的规定也将成为我国航空商事运输合同的共同条件。

目前我国各公共航空运输企业制定旅客、行李、货物国内运输条件的依据主要是全国人大常委会通过的《中华人民共和国民用航空法》、民航总局发布施行的《中国民用航空旅客、行李国内运输规则》和《中国民用航空货物国内运输规则》等法律、法规和行政规章。在国际航空运输几十年的实践中，已经形成为各国航空公司和旅客、货主都认可并遵循的行业惯例，这主要体现在国际航空运输协会通过的各类有关决议和"建议措施"中。鉴于航空运输具有速度快、高科技和国际性等特点，如不遵循国际惯例，就难以维持航空运输的正常进行，所以各国航空公司总是结合实际情况和本国法律对这类"建议措施"予以采纳，我国也不例外。如中国国际航空公司在制定国内运输条件时就较好地采纳了国际航空运输协会《建议措施第1724号运输条件（旅客及行李）》和《建议措施第1601号运输条件（货物）》中的部分条款。

②运输凭证，包括客票、行李票和航空货运单。客票是指由承运人或代表承运人所填开的被称为"客票及行李票"的凭证，包括运输合同条件、声明、通知以及乘机联和旅客联等内容，行李票可以包含在客票内或与客票相结合。航空货运单是指托运人或者托运人委托承运人填制的，是托运人和承运人之间为在承运人的航线上承运货物所订立合同的证据。航空运输合同的成立以旅客或托运人支付票款或运输费用、承运人向旅客或托运人提供航空运输凭证为条件。由此可见，运输凭证就是航空运输合同订立和运输合同条件的初步证据，它只是航空运输合同关系的证明或主要条款的书面化、证据化，而不是航空运输合同本身。运输凭证由于具有初步证据的效力，因此《华沙公约》早已明确规定，客票、行李票或货运单缺如、不合规定或遗失，不影响运输合同的存在和有效。我国民航法也有类似规定。承运人如果不执行有关运输凭证的强制性规定，就要受到一定的制裁，即不得享受有关责任限制的保护性规定。

③航空运输法律法规。依法律位阶高低，航空运输法律法规分为三个层次：国际航空运输公约、条约和双边协定；国内航空运输法律和行政法规；国务院民航主管部门制订的部门规章。公布实施的航空运输法律法规中对航空运输合同当事人双方权利义务的强行性规定是航空运输合同内容中的有机组成部分，一般推定为合同当事人双方已经在签订航空运输合同时明知并接受这些内容，且任何人不得以该部分内容的表现形式为航空运输合同不成立的抗辩理由。

4. 航空商事运输行为的承运人的资格、权利与义务

航空商事运输分为公共航空商事运输与通用航空商事运输。公共航空商事运输是指以营利为目的使用民用航空器运送旅客、行李、邮件或者货物的行为。通用航空商事运输是指使用民用航空器从事公共航空运输以外的民用航空活动，包括从事工业、农业、林业、渔业和建筑业的作业飞行以及医疗卫生、抢险救灾、气象探测、海洋监测、科学实验、教育训练、文化体育等方面的飞行活动。

（1）公共航空商事运输的承运人的资格、权利与义务。

根据我国《民用航空法》之规定，公共航空运输的承运人是指以营利为目的，使用民用航空器运送旅客、行李、邮件或者货物的公共航空运输企业法人。

公共航空运输企业应当具备下列条件：有符合国家规定的适应保证飞行安全要求的民用航空器；有必需的依法取得执照的航空人员；有不少于国务院规定的最低限额的注册资本；法律、行政法规规定的其他条件。申请企业应当向国务院民用航空主管部门申请领取经营许可证。其组织形式、组织机构适用公司法的规定。

承运人的权利包括以下几项：①依法行使对旅客及其行李检查的权利。②依法收取票价或运费的权利。③法定免责的权利。旅客的人身伤亡完全是由于旅客本人的健康状况造成的，承运人不承担责任。旅客随身携带物品或者托运行李的毁灭、遗失或者损坏完全是由于行李本身的自然属性、质量或者缺陷造成的，承运人不承担责任。承运人证明在航空运输期间货物的毁灭、遗失或者损坏完全是由下列原因之一造成的，不承担责任：货物本身的自然属性、质量或者缺陷；承运人或者其受雇人、代理人以外的人包装货物的，货物包装不良；战争或者武装冲突；政府有关部门实施的与货物入境、出境或者过境有关的行为。旅客、行李或者货物在航空运输中因延误造成的损失，承运人证明本人或者其受雇人、代理人为了避免损失的发生，已经采取一切必要措施或者不可能采取此种措施的，不承担责任。在旅客、行李或货物运输中，经承运人证明，损失是由索赔人的过错造成或者促成的，应当根据造成或者促成此种损失的过错的程度，相应免除或者减轻承运人的责任。

承运人的义务包括以下几项：①强制缔约义务。由于其从事的是公共事业，根据合同法之规定，只要旅客或托运人的要求是"通常、合理"的，公共航空商事运输承运人就负有强制缔约的义务。我国《合同法》第289条规定："从事公共运输的承运人不得拒绝旅客、托运人通常、合理的运输要求。"本条的强行性规定排除了"合同自由"原则，体现了一种社会责任。公共运输关系到社会生活，且该行业往往是垄断性行业，如果旅客、托运人订约时遭到了承运人的拒绝，则他们就失去了实现其目的的机会，因此，法律给予从事公共运输的承运人这样一种社会性义务，只要是从事这一行业就必须负有这一义务。航空运输作为公共运输形式的一种，当然不能例外地负有此种义务。②履行和接受安全检查的义务。公共航空运输企业必须按照国务院民用航空主管部门的规定，对承运的货物进行安全检查或者采取其他保证安全的措施；不得运输拒绝接受安全检查的旅客，不得违反国家规定运输未经安全检查的行李。同时，公共航空运输企业从事国际航空运输的民用航空器及其所载人员、行李、货物应当接受边防、海关等主管部门的检查；但是，检查时应当避免不必要的延误。③依法运送物品的义务。公共航空运输企业不能片面追求经济效益，片面追求运输率而随意揽活。只能运送法律允许范围内的物品，不得运输法律、行政法规规定的禁运物品；未经国务院民用航空主管部门批准，不得运输作战军火、作战物资；运输危险品，应当遵守国家有关规定，禁止以非危险品品名托运危险品。④安全正点到达的义务。安全到达目的地是旅客的首要目标，因此，承运人在商事运输中应当保证旅客的生命和财产的安全。正是由于航空商事运输具有快捷飞行的特点，吸引了无数的旅客选择了它，因此，承运人在条件具备的情况下尽可能地正点到达目的地。公共航空运输企业应当以保证飞行安全和航班正常，提供良好服务为准则，采取有效措施，提高运输服务质量；应当教育和要求本企业职工严格履行职责，以文明礼貌、热情周到的服务态度，认真做好旅客和货物运输的各项服务工作；应当依照国务院制定的公共航空运输安全保卫规定，制定安全保卫方案，并报国务院民用航空主管部门备案。⑤合理运输义务。我国《合同法》第291条规定："承运人应当按照约定的或者通常的运输路线将旅客、货物运输到约定地点。"在民航运输过程中，"通常的运输线路"是指由公共航空商事运输企业向国务院民航主管部门申请批准、在开放的空域内执行的定期或不定期航线，公共运输企业应当公布班期时刻，并尽可能地按照班期时刻履行航空运输合同。⑥损害赔偿义务。因发生在民用航空器上或者在旅客上、下民用航空器过程中的事件，造成旅客人身伤亡或造成旅客随身携带物品毁灭、遗失或者损坏的，承运人应当承担责任。因发生在航空运输期间的事件，造成旅客的托运行李毁灭、遗失或者损坏或造成货物毁灭、遗失或者损坏的，承运人应当承担责任。旅客、行李或者货物在航空运输中因延误造成的损失，承运人应当承担责任。

（2）通用航空运输的承运人的资格、权利与义务。

从事经营性通用航空，限于企业法人。从事通用航空活动，应当具备下列条件：有与所从事的通用航空活动相适应，符合保证飞行安全要求的民用航空器；有必需的依法取得执照的航空人员；符合法律、行政法规规定的其他条件。

从事经营性通用航空的，应当向国务院民用航空主管部门申请领取通用航空经营许可证。

通用航空企业从事经营性通用航空活动，应当与用户订立书面合同，但是紧急情况下的救护或者救灾飞行除外。组织实施作业飞行时，应当采取有效措施，保证飞行安全，保护环境和生态平衡，防止对环境、居民、作物或者牲畜等造成损害。从事通用航空活动的，应当投保地面第三人责任险。

5. 航空商事运输旅客的权利与义务

航空商事运输旅客享有如下权利：（1）安全正点到达目的地的请求权。

(2) 飞行中必要服务的请求权。(3) 损害赔偿请求权。对发生在民用航空器上或者在旅客上、下民用航空器过程中的旅客人身伤亡的事件或发生在民用航空器上或者在旅客上、下民用航空器过程中的旅客随身携带物品毁灭、遗失或者损坏的，旅客及其家属有请求赔偿的权利；对发生在航空运输期间的旅客的托运行李毁灭、遗失或者损坏的，旅客及其家属有请求赔偿的权利。

航空商事运输旅客承担如下义务：(1) 支付票款或运费的义务。作为航空运输合同另一方当事人的旅客、托运人、收货人则应履行支付票款或运输费用的基本义务。我国《民用航空法》第109条规定，旅客乘坐民用航空器，应当交验有效客票。(2) 合法乘坐和接受检查的义务。旅客乘坐飞机，必须接受安检。我国《民用航空法》明确规定，禁止旅客随身携带法律、行政法规规定的禁运物品乘坐民用航空器；禁止旅客随身携带危险品乘坐民用航空器。除因执行公务并按照国家规定经过批准外，禁止旅客携带枪支、管制刀具乘坐民用航空器。禁止违反国务院民用航空主管部门的规定将危险品作为行李托运。危险品品名由国务院民用航空主管部门规定并公布。(3) 服从管理、听从指挥的义务。

（七）混合商事运输行为

1. 混合商事运输行为的概念

混合商事运输行为，又称多式联运行为或复合运输行为，是指由两种及其以上的交通工具相互衔接、转运而共同完成的运输过程。

多式联运是在集装箱运输的基础上发展起来的，这种运输方式并没有新的通道和工具，而是利用现代化的组织手段，将各种单一运输方式有机地结合起来，打破了各个运输区域的界限，是现代管理在运输业中运用的结果。

2. 混合商事运输行为的特点

（1）根据多式联运合同进行操作，运输全程中至少使用两种运输方式，而且是不同方式的连续运输。

（2）多式联运的货物主要是集装箱货物，具有集装箱运输的特点。

（3）多式联运是一票到底，实行单一运费率的运输。发货人只要订立一份合同，一次付费，一次保险，通过一张单证即可完成全程运输。

（4）多式联运是不同方式的综合组织，全程运输均是由多式联运经营人组织完成的。无论涉及几种运输方式，分为几个运输区段，由多式联运经营人对货运全程负责。

3. 混合商事运输合同

（1）混合商事运输合同的概念。

混合商事运输行为产生的根据是混合商事运输合同。混合商事运输合同，也叫多式联运合同，是指多式联运经营人以两种以上的不同运输方式，其中一种是海上运输方式，负责将货物从接收地运至目的地交付收货人，并收取全程运费的合同。

（2）混合商事运输合同的特点。

①它必须包括两种以上的运输方式（海陆、陆空、海空等），而且其中必须有海上运输方式。在我国由于国际海上运输与沿海运输、内河运输分别适用不同的法律，所以国际海上运输与国内沿海、内河运输可以视为不同的运输方式。

②混合商事运输虽涉及两种以上不同的运输方式，但托运人只和多式联运经营人订立一份合同，只从多式联运经营人处取得一种多式联运单证，只向多式联运经营人按一种费率交纳运费。这就避免了单一运输方式多程运输手续多、易出错的缺点，为货主确定运输成本和货物在途时间提供了方便。

4. 混合商事运输行为的业务程序

多式联运经营人是全程运输的组织者，在多式联运中，其业务程序主要有以下几个环节。

（1）接受托运申请，订立多式联运合同。多式联运经营人根据货主提出的托运申请和自己的运输路线等情况，判断是否接受该托运申请。如果能够接受，则双方议定有关事项后，在交给发货人或其代理人的场站收据副本上签章，证明接受托运申请，多式联运合同已经订立并开始执行。发货人或其代理人根据双方就货物交接方式、时间、地点、付费方式等达成协议，填写场站收据，并把其送至多式联运经营人处编号，多式联运经营人编号后留下货物托运联，将其他联交还给发货人或其代理人。

（2）集装箱的发放、提取及运送。多式联运中使用的集装箱一般应由多式联运经营人提供。如果双方协议由发货人自行装箱，则多式联运经营人应签发提箱单或者租箱公司或区段承运人签发的提箱单交给发货人或其代理人，由他们在规定日期到指定的堆场提箱并自行将空箱托运到货物装箱地点准备装货。如发货人委托亦可由经营人办理从堆场装箱地点的空箱托运。如是拼箱货或整箱货但发货人无装箱条件不能自装时，则由多式联运经营人将所用空箱调运至接受货物集装箱货运站，做好装箱准备。

（3）出口报关。若联运从港口开始，则在港口报关；若从内陆地区开始，应在附近的海关办理报关。出口报关事宜一般由发货人或其代理人办理，也可委托多式联运经营人代为办理。报关时应提供场站收据、装箱单、出口许可证等有关单据和文件。

（4）货物装箱及接收货物。若是发货人自行装箱，发货人或其代理人提取空箱后在自己的工厂和仓库组织装箱,装箱工作一般要在报关后进行,并请海关派员到装箱地点监装和办理加封事宜。如需理货,还应请理货人员现场理货并与之共同制作装箱单。若是发货人不具备装箱条件,可委托多式联运经营或货运站装箱,发货人应将货物以原来形态运至指定的货运站由其代为装箱。如是拼箱货物,发货人应负责将货物运至指定的集装箱货运站,由货运站按多式联运经营人的指示装箱。无论装箱工作由谁负责,装箱人均需制作装箱单,并办理海关监装与加封事宜。对于由货主自装箱的整箱货物,发货人应负责将货物运至双方协议规定的地点,多式联运经营人或其代理人在指定地点接收货物。如是拼箱货,经营人在指定的货运站接收货物。验收货物后,代表联运经营人接收货物的人应在场站收据正本上签章并将其交给发货人或其代理人。

（5）订舱及安排货物运送。经营人在合同订立之后,即应制定货物的运输计划,该计划包括货物的运输路线和区段的划分,各区段实际承运人的选择确定及各区段衔接地点的到达、起运时间等内容。这里所说的订舱泛指多式联运经营人要按照运输计划安排洽定各区段的运输工具,与选定的各实际承运人订立各区段的分运合同。这些合同的订立由经营人本人或委托的代理人办理,也可请前一区段的实际承运人作为代表向后一区段的实际承运人订舱。

（6）办理保险。在发货人方面,应投保货物运输险。该保险由发货人自行办理,或由发货人承担费用由多式联运经营人代为办理。货物运输保险可以是全程,也可分段投保。在多式联运经营人方面,应投保货物责任险和集装箱保险,由经营人或其代理人向保险公司或以其他形式办理。

（7）签发多式联运提单,组织完成货物的全程运输。多式联运经营人的代表收取货物后,经营人应向发货人签发多式联运提单。在把提单交给发货人前,应注意按双方议定的付费方式及内容、数量向发货人收取全部应付费用。多式联运经营人有完成或组织完成全程运输的责任和义务。在接收货物后,要组织各区段实际承运人、各派出机构及代表人共同协调工作,完成全程中各区段的运输以及各区段之间的衔接工作,运输过程中所涉及的各种服务性工作和运输单据、文件及有关信息等组织和协调工作。

（8）运输过程中的海关业务。按惯例国际多式联运的全程运输均应视为国际货物运输。因此,该环节工作主要包括货物及集装箱进口国的通关手续、进口国内陆段保税运输手续及结关等内容。如果陆上运输要通过其他国家海关和内陆运输线路时,还应包括这些海关的通关及保税运输手续。这些涉及海关的手续一般由多式联运经营人的派出机构或代理人办理,也可由各区段的实际承运人作为多式联运经营人的代表办理,由此产生的全部费用应由发货人或收货人负担。如果货物在目的港交付，则结关应在港口所在地海关进行。如在内陆地交货，则应在口岸办理保税运输手续，海关加封后方可运往内陆目的地，然后在内陆海关办理结关手续。

（9）货物交付。当货物运至目的地后，由目的地代理人通知收货人提货。收货人需凭多式联运提单提货，经营人或其代理人需按合同规定，收取收货人应付的全部费用。收回提单后签发提货单，提货人凭提货单到指定堆场和集装箱货运站提取货物。如果整箱提货，则收货人要负责至掏箱地点的运输，并在货物掏出后将集装箱运回指定的堆场，运输合同终止。

（10）货运事故处理。如果全程运输中发生了货物灭失、损害和运输延误，无论是否能确定发生的区段，发（收）货人均可向多式联运经营人提出索赔。多式联运经营人根据提单条款及双方协议确定责任并做出赔偿。如果已对货物及责任投保，则存在要求保险公司赔偿和向保险公司进一步追索问题。如果受损人和责任人之间不能取得一致，则需在诉讼时效内通过提起诉讼和仲裁来解决。

【重点阅读书目】

书名	编著者	出版社	出版时间	章节
商法学	商法学编写组	高等教育出版社	2019	第 3 章
商法新论	陈本寒	武汉大学出版社	2014	第 5 章
商法	范健	高等教育出版社、北京大学出版社	2011	第 3 章
商法学	范健、王建文	法律出版社	2012	第 3 章
商法概论	覃有土	武汉大学出版社	2010	第 2 章
商法总论	王瑞	法律出版社	2010	第 5 章
商法学	施天涛	法律出版社	2010	第 3 章、第 5 章
商法总论	樊涛、王延川	知识产权出版社	2010	第 10 章
商法总论	任先行	北京大学出版社	2007	第 9~12 章
商法总论	徐学鹿	人民法院出版社	2004	第 9 章
商法通论	赵中孚	中国人民大学出版社	2013	第 3 章
商法学	赵旭东	高等教育出版社	2007	第 3 章、第 6~7 章
商法	赵万一	中国人民大学出版社	2003	第 3 章

【必读法律法规】

名称	颁布时间	章节
房地产经纪专业人员职业资格制度暂行规定	2015	全文
房地产经纪专业人员职业资格考试实施办法	2015	全文
房地产经纪专业人员职业资格证书登记服务办法	2017	全文
保险法	2015	全文
保险经纪人监管规定	2018	全文
证券法	2014	全文
证券公司监督管理条例	2014	全文
证券经纪人管理暂行规定	2009	全文
期货公司监督管理办法	2017	全文
期货交易管理条例	2017	全文
期货从业人员管理办法	2007	全文
期货从业人员执业行为准则	2008	全文
技术经纪资格认定暂行办法	1997	全文
全国技术经纪人培训大纲	1997	全文

【思考题】

1. 商事代理行为与民事代理行为有何不同？
2. 商事代理行为与商事行纪行为有何区别？
3. 商事代理行为与商事居间行为有何不同？
4. 商事信托行为有何特征？
5. 简述商事融租行为。
6. 简述商事运输行为。

第八章　商事账簿

第一节　商事账簿概述

一、商事账簿的概念

商事账簿是商事实践的产物，与商事活动具有内在的必然的联系。商事活动是以营利为目的的活动，商人为了考核其营利状况与财产状况，必须借助商事账簿这一工具。

所谓商事账簿是指商事主体依法置备的记载其营业及财产状况的书面簿册。

二、商事账簿的法律特征

1. 置备者的特定性

商事账簿的置备者只能是商事主体，而不是一般的民事主体，更不可能是政府或政府主管部门，这是由商事账簿的性质所决定的。非从事商事经营的主体不置备商事账簿；由政府、事业单位、个人以及其他公益组织、非营利性机构所置备的账簿不属于商事账簿，不受商事账簿法的调整。

2. 置备的法定性

商事主体是否必须设置商事账簿以及如何设置商事账簿，均由法律予以明确规定。这是因为，商事主体的财务状况及其运作过程，直接影响着交易第三人和社会公众的利益，账簿的设置已经不完全是商事主体个人的事情。因此，账簿的设置已经具有法定性、强行性的特点。根据我国《会计法》第 2~4 条之规定，公司、企业必须依照《会计法》办理会计事务；必须依法设置会计账簿，并保证其真实、完整；单位负责人对本单位的会计工作和会计资料的真实性、完整性负责。《外国（地区）企业在中国境内从事生产经营活动登记管理办法》规定，外国企业应当于每年 1 月 1 日至 6 月 30 日，通过企业信用信息公示系统向原登记主管机关报送上一年度年度报告，并向社会公示。

3. 内容的特定性

商事账簿的内容由法律明确规定，通常包括会计登记账簿、财产清册、资产负债表、损益表、财务账簿变动表等。在我国，商事账簿的内容包括会计凭证、会计账簿和财务会计报告。商事主体置备的商事账簿只有具备以上内容，才能得到注册会计师的认可，才能具备法律效力。根据我国《会计法》第8～9条、第13条之规定，国家实行统一的会计制度。国家统一的会计制度由国务院财政部门根据《会计法》制定并公布。各单位必须根据实际发生的经济业务事项进行会计核算，填制会计凭证，登记会计账簿，编制财务会计报告。会计凭证、会计账簿、财务会计报告和其他会计资料，必须符合国家统一的会计制度的规定。这些足以说明商事账簿的内容的特定性。

4. 目的的营利性

商事账簿是商事主体为了反映其财产状况和经营状况而依法制作的账簿，因而其目的具有营利性。商事主体根据商事账簿可以及时发现盈亏的项目，以便及时进行战略调整，把资金、设备和劳动力转移到盈利的项目上，缩减亏损项目上的投入。我国《会计法》第1条规定，为了规范会计行为，保证会计资料真实、完整，加强经济管理和财务管理，提高经济效益，维护社会主义市场经济秩序，制定该法。这里"提高经济效益"就突出了设置商事账簿的营利性目的。

5. 准则化和国际化

为了加强对商事账簿的规范化和标准化管理，许多国家于20世纪70年代纷纷成立会计职业团体，制定了不少会计准则，具有很高的权威性，成为会计工作的指南；并且规定，凡按会计准则编制的会计报表才认为是合法的报表，才能得到注册会计师的签字认可。随着国际贸易的发展，特别是跨国公司的产生，使商事活动日益国际化，由于各国的会计准则存在一定的差异，这样便产生了制定国际会计准则的必要。由"国际会计准则委员会"颁布的30多项国际会计准则，已为许多国家所承认和接受。

三、商事账簿的意义

在当今各国商事活动中，商事账簿已成为商业管理和整个经济活动中重要的工具。现在各国商法之所以对商人的商事账簿制度作出明确规定，是因为商事账簿制度具有重大的功能和价值。商事账簿的制作，对于加强商事主体内部管理和外部监督，对于保障第三人的利益和维护社会交易安全具有重要的意义。

1. 它是商事主体记载自身经营及财产状况的法定文件

依法制作真实、准确、完整、合法的商事账簿是商事主体的一项法定义务。

对于商事主体而言，通过置备商事账簿，可以全面知晓自己的经营和财产状况，计算盈亏，分配利润；并且通过对其商业账簿的分析，及时制定和调整企业的经营方针、发展规划和决策战略。

2. 它是交易相对人选择交易对象和投资渠道的重要依据

对交易相对人而言，通过商事账簿可以了解设立人的经营状况、资信情况、经济实力、发展潜力，以便作出是否与其交易、是否向其投资的决定，从而维护交易相对人的利益和交易的安全。对于股份公司的投资者而言，商事账簿不仅是其掌握企业的财产、经营和盈利状况的依据，而且是投资者分取股息、红利以及确定其股权价格和企业剩余财产的依据。

3. 它是政府主管部门监督、检查商事主体的经营状况和征收税款的主要依据

法律之所以规定商事主体要置备商事账簿，就是为了确保会计资料和会计信息能够得到真实、准确、完整而又合法的反映。对于政府主管部门而言，商事账簿是政府及其有关部门了解和掌握本国宏观经济发展状况的重要手段，为国家制定相应的宏观经济政策提供依据；商事账簿的设置，也便于国家主管机关对商事主体的经营活动进行监督管理；商事账簿是税务部门对商事主体征纳税款的主要依据。总之，无论是对商事主体进行营业的年度检验、物价的检查、财务的审计，还是对税款的征收和税务的稽查，无不依赖于商事主体依法编制的商事账簿。

4. 商事账簿在诉讼上具有证据的法律效力

由于商事账簿是商事主体依法对其经营状况和财产状况的真实、全面而又系统的记载和反映，因此，商事账簿是具有法律效力的事实证据，是当事人在诉讼中有力的书面证据。商事账簿的法律效力在各国立法中都得到充分肯定。在我国，依法制作、内容属实的商事账簿，是具备证据效力的一种书证，而且比其他证据具有更强的证明力。商事账簿的证据效力意味着，当事人可以要求以商事账簿作为举证材料，法院也可以要求商事主体在诉讼中出示该商事账簿。

5. 它是债权人清算破产债权的主要依据

对于商事主体的债权人而言，商事账簿是商事主体进入破产程序后，债权人清算商事主体之破产债权的主要依据。

四、商事账簿立法

1. 国外关于商事账簿的立法

由于受本国法律传统、政治经济和文化状况等因素的影响，因此，世界各

国的商事账簿立法呈现多种形态。

（1）综合立法，即在一部综合性法典或调整某一类法律关系的法律中包含有设置商事账簿或商事会计的内容，将商事账簿法与其他法律混合在一起的立法模式。在一些国家的民法典、商法典、公司法、证券法和税法中规定了会计制度、商事账簿制度。

（2）单独立法，即将商事账簿制度或会计制度从综合立法状态分离出来，制定为单独法律的立法模式。如会计法、审计法等。

（3）准则立法，即除国家对商事账簿制度进行立法规范外，由会计职业团体制定对商事账簿、会计及其记账行为予以规范的立法模式。❶目前，由国际会计准则委员会颁布的《国际会计准则》对各国的商事账簿和会计制度有一定的影响。

2. 我国关于商事账簿的立法

在我国，商事账簿立法采用单独立法模式。我国现行调整商事账簿关系的法律规范主要有《会计法》《企业财务会计报告条例》《会计档案管理办法》《注册会计师法》《审计法》等。

第二节 商事账簿的构成

从我国现行的法律、法规和有关规定来看，我国的商事账簿主要由会计凭证、会计账簿和财务会计报告构成。

一、会计凭证

（一）会计凭证的概念

会计凭证是指记录商事主体日常经营活动、明确经济责任、作为会计记账依据的书面证明。

根据法律的规定，商事主体在经营活动中所作出的货币收付、款项结算、货物进出、财产增减等，都必须由经办人员取得或填制会计凭证，并在会计凭证上签字、盖章，以此作为计算的依据。没有会计凭证，不得收付款项，不得进出货物，不得进行财产处理。

（二）会计凭证的种类

根据填制程序和用途的不同，会计凭证分为原始凭证和记账凭证。

---

❶ 范健. 商法 [M]. 北京：高等教育出版社、北京大学出版社，2011：91.

1. 原始凭证

（1）原始凭证的概念。

原始凭证，又称单据，是指商事主体在商事交易时取得或填制的用以记录或证明交易发生和完成状况的原始书面证明。

（2）原始凭证的种类。

原始凭证按其来源又可分为外来原始凭证和自制原始凭证。

外来原始凭证是同外单位发生业务往来时，从外单位取得的原始凭证。如发票、收据、提单、银行结算凭证等。

自制原始凭证是指由商事主体自营业活动发生或完成时自行编制的原始凭证。如收货单、发货单、领料单、产品入库单、现金收据等。

（3）原始凭证的作用。

原始凭证一般是在经济业务发生时直接取得或填制的，记载着大量的经济信息，又是证明经济业务发生的初始文件，具有较强的法律效力，是制作会计凭证的原始资料。根据法律规定，只有经过审核并确认无误的原始凭证，才能作为登记明细账和编制记账凭证的原始依据。

（4）原始凭证的法律要求。

会计机构、会计人员必须按照国家统一的会计制度的规定对原始凭证进行审核，对不真实、不合法的原始凭证有权不予接受，并向单位负责人报告；对记载不准确、不完整的原始凭证予以退回，并要求按照国家统一的会计制度的规定更正、补充。原始凭证记载的各项内容均不得涂改；原始凭证有错误的，应当由出具单位重开或者更正，更正处应当加盖出具单位印章。原始凭证金额有错误的，应当由出具单位重开，不得在原始凭证上更正。

2. 记账凭证

（1）记账凭证的概念。

记账凭证，又称分录凭证、记账凭单，是指根据审核无误的原始凭证或原始凭证汇总表，按照交易业务内容予以分类而填制的，可以直接作为记账依据的凭证。

（2）记账凭证的分类。

①根据编制方式的不同，可以将记账凭证分为单式记账凭证和复式记账凭证。

单式记账凭证，也称单项记账凭证，简称单式凭证，是将一项经济业务涉及的各个会计科目分别填制凭证，即一张凭证中只填列经济业务事项所涉及的一个会计科目及其金额的记账凭证。填列借方科目的称为借项凭证；填列贷方科目的称为贷项账证。采用单式记账凭证,便于汇总每一会计科目的借方发生额和贷方发生额,便于分工记账;但不能在一张凭证上反映一项经济业务的全貌,不便于查账,而且记账凭证的数量和填制工作都很大。

单式记账凭证按一项经济业务所涉及的会计科目填制,每一个科目单独填制一张记账凭证。单式记账凭证按其反映经济业务所涉及的会计科目和对应科目,又分为"借项记账凭证"(见表8-1、表8-2)和"贷项记账凭证"(见表8-3)。

表8-1　单式记账凭证1

单式记账凭证(借项记账凭证)
×年×月×日　　　　凭证编号×××

摘　要	总账科目	明细科目	账页	金额
购甲材料	物资采购	甲材料		×××
对应总账科目:银行存款				

财务主管:×××　　记账:×××　　出纳:×××　　审核:×××　　制单:×××

表8-2　单式记账凭证2

单式记账凭证(借项记账凭证)
×年×月×日　　　　凭证编号×××

摘　要	总账科目	明细科目	账页	金额
购甲材料	应交税金	应交增值税(进项)		×××
对应总账科目:银行存款				

财务主管:×××　　记账:×××　　出纳:×××　　审核:×××　　制单:×××

表8-3　单式记账凭证3

单式记账凭证(贷项记账凭证)
×年×月×日　　　　凭证编号×

摘　要	总账科目	明细科目	账页	金额
购甲材料	银行存款			×××
对应总账科目:物资采购				
应交税金				

财务主管:×××　　记账:×××　　出纳:×××　　审核:×××　　制单:×××

复式记账凭证,简称"复式凭证",是将一项经济业务所涉及的应借、应贷的各个会计科目,都集中填列在一张凭证中的记账凭证(见表8-4)。

复式记账凭证可以在一张凭证上集中反映一项经济业务会计科目的对应关系,便于了解有关经济业务会计科目的对应关系,便于了解有关经济业务的全貌,便于检查会计分录的正确性,但不便于汇总计算每一会计科目的发生额。借项记账凭证与贷项记账凭证一般多用不同颜色的纸张印制分示区别。

表8-4 复式记账凭证

摘要	总账科目	明细科目	借方金额								贷方金额								符号
			十	万	千	百	十	元	角	分	十	万	千	百	十	元	角	分	
提现	库存现金	人民币	×	×	×	×	×	×	×	×									√
提现	银行存款	中行									×	×	×	×	×	×	×	×	√
	合计		×	×	×	×	×	×	×	×	×	×	×	×	×	×	×	×	√

财务主管:××× 记账:××× 出纳:××× 审核:××× 制单:×××

②根据记录的交易内容的不同,可以将会计凭证分为收款凭证、付款凭证和转账凭证。

收款凭证是由出纳人员根据审核无误的原始凭证收款后填制的用来记录现金和银行存款收款业务,即反映货币资金增加业务的会计凭证。在借贷记账法下,在收款凭证左上方所填列的借方科目,应是"现金"或"银行存款"科目。在凭证内所反映的贷方科目,应填列与"现金"或"银行存款"相对应的科目。金额栏填列经济业务实际发生的数额,在凭证的右侧填写所附原始凭证张数,并在出纳及制单处签名或盖章(见表8-5)。

表8-5 收款凭证

摘要	应贷科目		记号	金额						
	一级科目	二级及明细科目		亿	万	千	百	十	元	角	分
收回贷款			√			×	×	×	×	×
合计				×	×	×	×	×	×	×

财务主管: 记账: 出纳: 复核: 制单:

245

付款凭证是指根据现金和银行存款付出业务的原始凭证编制、专门用来填列付款业务会计分录的记账凭证（见表8-6）。

转账凭证是根据转账业务（不涉及现金和银行存款收付的各项业务）的原始凭证填制或汇总原始凭证填制的，用于填列转账业务会计分录的记账凭证（见表8-7）。转账凭证是登记有关明细账与总分类账的依据。

表8-6 付款凭证

付款凭证										
贷方科目：现金 ×年×月×日										
摘要	应借科目		记号	金额							
	一级科目	二级及明细科目		亿	万	千	百	十	元	角	分
王某出差借款			√		×	×	×	×	×	×	×
合计				×	×	×	×	×	×	×

表8-7 转账凭证

转账凭证									
×年×月×日									
摘要	一级科目	二级及明细科目	记号	金额						
				十	万	千	百	十	元	角	分
销售产品款未收	应收账款	××公司	√	×	×	×	×	×	×	×
合计			×	×	×	×	×	×	×

（3）记账凭证的作用。

一般来说，原始凭证记载的是经营信息，而记账凭证反映的是会计信息。因此，从原始凭证到记账凭证是经营信息转化为会计信息的一个质的飞跃。由于原始凭证只表明经营业务的具体内容，而不能反映其归类的会计科目和记账方向，且内容、格式不一，故不能直接入账。这就需要将原始凭证或原始凭证汇总表归类、整理，并编制成记账凭证。记账凭证的作用在于，对原始凭证进行归类、整理，确定会计分录，为直接记账提供凭据。

（4）记账凭账的法律要求。

记账凭证应当根据经过审核的原始凭证及有关资料编制。

（三）对会计凭证的要求

会计凭证必须真实、客观、可靠，商事主体不得制作虚假会计凭证。我国《会计法》规定，会计凭证（包括使用电子计算机进行会计核算所生成的会计凭证），必须符合国家统一的会计制度的规定。任何单位和个人不得伪造、变造会计凭证。

二、会计账簿

（一）会计账簿的概念

会计账簿是以会计凭证为依据，按照一定的程序和方法，全面、系统、连续和分类记载并反映商事主体经营活动的簿册。

（二）会计账簿的意义

编制财务会计报告、进行经营活动分析和资产审计评估以及在涉及法律诉讼时作为证据材料的主要依据。会计账簿全面、系统地提供了会计信息，归类总结了会计资料，是编制财务会计报告、进行经营活动分析和资产审计评估以及在涉及法律诉讼时作为证据材料的主要依据。对于保障商事主体的财产安全和资金的合理使用具有十分重要的意义。

（三）会计账簿的类型

按照性质和用途的不同，会计账簿可以分为序时账簿、分类账簿和备查账簿三种类型。

1. 序时账簿

（1）序时账簿的概念。

序时账簿，又称日记账簿，是指按照经营业务发生的先后顺序、逐日逐笔连续登记的账簿。序时账簿可以用来登记全部经营业务，也可以用以登记某一类经营业务。

（2）序时账簿的种类。

根据其用途的不同，又可以将其分为普通日记账和特种日记账。

普通日记账，又称为分录簿，是用来登记全部经营业务、按照时间先后和复式记账原理列出账户名称和借贷金额的一种账簿（见表8-8）。

表 8-8 普通日记账

月	日	业务号	摘要	会计科目	借方金额	贷方金额	过账
6	2	1	购入材料验收入库	原材料	X1		√
				应付账款		X1	√
6	5	2	上缴税费	应交税费	X2		√
				银行存款		X2	√
6	8	3	车间生产领用材料	生产成本	X3		√
				原材料		X3	√
6	12	4	借入款项，存入银行	银行存款	X4		√
				短期借款		X4	√
6	15	5	销售款项，存入银行	银行存款	X5		√
				主营收入		X5	√
6	22	6	支付前欠购货款及运杂费	应付账款	X6		√
				银行存款		X6	√
6	27	9	赊购材料，材料入库	原材料	X7		√
				应付账款		X7	√
6	30	10	报销交通费	管理费用	X8		√
6	30		合　计		×	×	

普通日记账既适用于设置特种日记账的企业，也适用于未设置特种日记账的企业。普通日记账通常把每天发生的经济业务按业务发生的先后顺序记入账簿中，依次作为登记分类账的依据，故又称分录日记账。

经济业务发生时，应按先后顺序逐日记入普通日记账，再根据日记账过入分类账，然后在"过账"栏内注明"√"符号，表示已经过账。这样就可使记账的错误和遗漏降到最少限度，并便于事后根据业务发生的时间次序进行查账。

普通日记账的主要内容是会计分录，因此普通日记账也称分录簿。它的特点是设有借方和贷方两个金额栏，所以又称为两栏式日记账。

普通日记账具有以下优点：第一，每笔日记账分录都列示了相应交易与事项的完整借贷记录，此外，日记账还备有充分的空栏用来说明每一交易与事项，这有利于完整、全面地了解交易与事项的性质与来龙去脉。第二，日记账序时记录每笔交易与事项，是一部按时间排列的企业经济活动的完整档案。

普通日记账具有以下作用：一是对经济业务进行序时登记，完整地反映经济活动的情况，保护原始凭证的安全；二是编制会计分录，确定应借、应贷的账户和金额，据以过入分类账。

特种日记账，是用来登记某一类经营业务的增减变化及其结果，按照其时间先后登记的一种账簿。其包括现金日记账、银行存款日记账、转账日记账等。

现金日记账是由出纳人员根据审核无误的现金收付凭证，序时逐笔登记用来逐日反映库存现金的收入、付出及结余情况的特种日记账（见表8-9）。

表 8-9　现金日记账

现金日记账

年		证号	摘要	借方	贷方	√	余额
月	日						
			承上年			√	X1
1	1	1	信用社提现金	X2		√	X3
1	5	2	排涝站修理餐费		X4	√	X5
1	9	1	管水员工资发放		X6	√	X7
1	12	1	浇花木水费		X8	√	X9
1	30	1	王某差旅费报销		X10	√	X11
			本月合计	X12	X13		X14

银行存款日记账是由出纳人员根据审核无误的银行存款收付凭证，序时逐笔登记用来记录银行存款收支业务的一种特种日记账（见表8-10）。

表 8-10　银行存款日记账

银行存款日记账

存款种类：结算户存款　　　　开户银行：农行××支行　　　　账户：××××××

2006		凭证		摘要	对应科目	收入	支出	结余
3	1	字	号	上月结转				X1
	5	银付	01	提取备用金	现金		X2	X3
	8	银付	02	有缘公司材料款	物资采购		X4	X5
	10	银付	03	提取现金，备发工资	现金		X6	X7
	15	银付	04	支付本月电费	应付账款		X8	X9
	24	银付	05	销售A产品	主营收入	X10		X11
	31			本月合计		X12	X13	X14

转账日记账是根据转账凭证登记除现金、银行存款收支业务以外的经济业务的一种序时账簿。

2. 分类账簿

（1）分类账簿的概念。

分类账簿是指按照会计科目对其经营业务进行分类登记的账簿。

（2）分类账簿的种类。

分类账簿按其反映内容的详细程度，可以分为总分类账（总账）簿和明细分类账簿。

总分类账簿是根据总分类科目开设账户，用来登记全部经济业务，进行总分类核算，提供总括核算资料的分类账簿，又称"总分类账"，简称"总账"。总分类账所提供的核算资料，是编制会计报表的主要依据，任何单位都必须设置总分类账。总分类账一般采用订本式账簿。总分类账的账页格式，一般采用"借方""贷方""余额"三栏式，根据实际需要，也可以在"借方""贷方"两栏内增设"对方科目"栏。总分类账的账页格式，也可以采用多栏式格式，如把序时记录和总分类记录结合在一起的联合账簿，即日记总账（见表8-11）。

表8-11 总分类账

总分类账

2011年		凭证		摘要	借方	贷方	借或贷	余额
月	日	字	号					
9	1			期初余额			借	X1
9	5	银收	1	收到国家追加投资	X2		借	X3
9	12	银收	2	从银行借入短期借款	X4		借	X5
9	20	银付	1	购买办公用品		X6	借	X7
9	24	银付	2	预付租金		X8	借	X9
9	28	银付	3	提取现金		X10	借	X11
9	30	银收	3	取得销售收入	X12		借	X13

明细账簿，也称明细分类账，简称明细账，是详细地反映会计要素增减变化及其结果的账簿，即分户记载某一类经营业务的明细情况的账簿，是根据总分类科目设置，按其所属二级或明细科目开设账户，用来分类登记某一类经济业务，进行明细核算，提供明细核算资料的分类账簿。它是根据企业单位经营管理的需要由企业单位自主设置的。一般说来，企业单位对各种财产物资、费

用成本和收入成果、债权债务等往来款项,都应在有关总账科目下设置明细分类账,进行明细分类核算。

3. 备查账簿

备查账簿,又叫备查簿、备查登记簿、辅助账簿,是指对某些在日记账和分类账等主要账簿中不能记载或者记载不全的经营业务进行补充登记的账簿。

我国《会计法》第15条规定,会计账簿包括总账、明细账、日记账和其他辅助性账簿。"其他辅助性账簿"指的就是备查账簿。

一般来说,备查账簿包括应收账款备查簿、应收票据备查簿、分期收款发出商品备查簿、受托加工来料备查簿、代管商品备查簿、在用低值易耗品备查簿、出租出借包装物备查簿、临时租入固定资产备查簿、在建工程其他支出备查簿、应付票据备查簿、应付债券备查簿、递延税款备查簿、实收资本(股本)备查簿、持有股票备查簿、股权投资未确认亏损备查簿、发票备查簿、账销案存资产备查簿、其他需要设置的备查簿。

相对于序时账簿和分类账簿这两种主要账簿而言,备查账簿属于辅助性账簿,它可以为经营管理提供参考资料,如委托加工材料登记簿、租入固定资产登记簿等。备查账主要用于登记资产负债表表内或分类账账内需要说明原因的重要交易或事项,或资产负债表表外或分类账账外的重要交易或事项。它可以补充说明总分类账和明细分类账所不能详细反映的资料,具有备查备忘的基本作用。如分类账内没有反映的担保事项、分类账内虽已记录但性质重要的应收票据,都需要在备查账上进行登记说明。备查账对完善企业会计核算、加强企业内部控制与管理、强化对重要经济业务事项的监督、明确会计交接责任、准确填列财务会计报告附注内容等都具有重要意义。

(四)会计账簿的法律要求

我国《会计法》第15~18条对会计账簿的制作作了如下要求:会计账簿包括总账、明细账、日记账和其他辅助性账簿。会计账簿登记,必须以经过审核的会计凭证为依据,并符合有关法律、行政法规和国家统一的会计制度的规定。会计账簿应当按照连续编号的页码顺序登记。会计账簿记录发生错误或者隔页、缺号、跳行的,应当按照国家统一的会计制度规定的方法更正,并由会计人员和会计机构负责人(会计主管人员)在更正处盖章。使用电子计算机进行会计核算的,其会计账簿的登记、更正,应当符合国家统一的会计制度的规定。

各单位发生的各项经济业务事项应当在依法设置的会计账簿上统一登记、核算,不得违反《会计法》和国家统一的会计制度的规定私设会计账簿登记、核算。

各单位应当定期将会计账簿记录与实物、款项及有关资料相互核对，保证会计账簿记录与实物及款项的实有数额相符、会计账簿记录与会计凭证的有关内容相符、会计账簿之间相对应的记录相符、会计账簿记录与会计报表的有关内容相符。

各单位采用的会计处理方法，前后各期应当一致，不得随意变更；确有必要变更的，应当按照国家统一的会计制度的规定变更，并将变更的原因、情况及影响在财务会计报告中说明。

三、财务会计报告

（一）财务会计报告的概念

财务会计报告是指商事主体根据会计账簿的记录，按照规定的格式和方法编制的反映其财务状况和经营成果的书面文件。

（二）财务会计报告的构成

为了规范企业的财务会计报告，保证财务会计报告的真实、完整，根据2017年修订的《中华人民共和国会计法》和国务院于2000年6月21日颁布的《企业财务会计报告条例》之规定，财务会计报告分为年度、半年度、季度和月度财务会计报告。年度、半年度财务会计报告由会计报表、会计报表附注和财务情况说明书三部分构成。季度、月度财务会计报告通常仅指会计报表，会计报表至少应当包括资产负债表和利润表。国家统一的会计制度规定季度、月度财务会计报告需要编制会计报表附注的，从其规定。

1. 会计报表

（1）会计报表的概念。

会计报表，又称会计表册，是指用货币形式综合反映商事主体在一定的会计期间内的生产经营活动和财务状况的书面报告文件。

（2）会计报表的构成。

会计报表应当包括资产负债表、利润表、现金流量表及相关附表。

①资产负债表是反映企业在某一特定日期财务状况的报表。它应当按照资产、负债和所有者权益（或者股东权益，下同）分类分项列示。其中，资产、负债和所有者权益的定义及列示应当遵循下列规定：第一，资产是指过去的交易、事项形成并由企业拥有或者控制、预期会给企业带来经济利益的资源。在资产负债表上，资产应当按照其流动性分类分项列示，包括流动资产、长期投资、固定资产、无形资产及其他资产。银行、保险公司和非银行金融机构的各项资产有特殊性的，按照其性质分类分项列示。第二，负债是指过去的交易、

事项形成的预期会导致企业的经济利益流出的现时义务。在资产负债表上，负债应当按照其流动性分类分项列示，包括流动负债、长期负债等。银行、保险公司和非银行金融机构的各项负债有特殊性的，按照其性质分类分项列示。第三，所有者权益是指所有者在企业资产中享有的经济利益，其金额为资产减去负债后的余额。在资产负债表上，所有者权益应当按照实收资本（或者股本）、资本公积、盈余公积、未分配利润等项目分项列示（见表8-12）。

表8-12 资产负债表

资产负债表

编制单位：××××　　　　　　×年×月×日　　　　　　单位：元

资产	行次	期初	期末	负债及所有者权益	行次	期初	期末
流动资产：				流动负债：			
货币资金	1			短期借款	32		
交易性金融资产	2			交易性金融负债	33		
应收票据	3			应付票据	34		
应收账款	4			应付账款	35		
预付款项	5			预收款项	36		
应收利息	6			应付利息	37		
应收股利	7			应付股利	38		
其他应收款	8			应交税费	39		
存货	9			应付职工薪酬	40		
其中：消耗性生物资产	10			其他应付款	41		
一年内到期非流动资产	11			一年内到期非流动负债	42		
流动资产合计	12			流动负债合计	44		
非流动资产：				非流动负债：			
可供出售金融资产	13			长期借款	45		
持有至到期投资	14			应付债券	46		
长期应收款	15			长期应付款	47		
长期股权投资	16			专项应付款	48		
投资性房地产	17			预计负债	49		
固定资产	18			递延所得税负债	50		
在建工程	19			其他非流动负债	51		
工程物资	20			非流动负债合计	52		

续表

资产负债表

编制单位：××××　　　　　　　　×年×月×日　　　　　　　　单位：元

固定资产清理	21	负债合计	53
生产性生物资产	22	所有者权益：	54
油气资产	23	实收资本或股本	55
无形资产	24	资本公积	56
开发支出	25	减：库存股	
商誉	26	盈余公积	57
长期待摊费用	27	未分配利润	58
递延所得税资产	28	所有者权益合计	59
其他非流动资产	29		
非流动资产合计	30		
资产总计	31	负债和所有者权益总计	60

②利润表是反映企业在一定会计期间经营成果的报表。利润表应当按照各项收入、费用以及构成利润的各个项目分类分项列示。其中，收入、费用和利润的定义及列示应当遵循下列规定：第一，收入是指企业在销售商品、提供劳务及让渡资产使用权等日常活动中所形成的经济利益的总流入。收入不包括为第三方或者客户代收的款项。在利润表上，收入应当按照其重要性分项列示。第二，费用是指企业为销售商品、提供劳务等日常活动所发生的经济利益的流出。在利润表上，费用应当按照其性质分项列示。第三，利润是指企业在一定会计期间的经营成果。在利润表上，利润应当按照营业利润、利润总额和净利润等利润的构成分类分项列示（见表8-13）。

表8-13　利润表

利润表

编制单位：××××　　　　　　　　×年×月×日　　　　　　　　单位：元

项目	行数	本月数	本年累计数
一、主营业务收入	1		
减：主营业务成本	4		
主营业务税金及附加	5		
二、主营业务利润（亏损以"—"号填列）	10		
加：其他业务利润（亏损以"—"号填列）	11		

续表

利润表

编制单位：××××　　　　　　　　×年×月×日　　　　　　　单位：元

减：营业费用	14
管理费用	15
财务费用	16
三、营业利润（亏损以"—"号填列）	18
加：投资收益（亏损以"—"号填列）	19
补贴收入	22
营业外收入	23
减：营业外支出	25
四、利润总额（亏损总额以"—"号填列）	27
减：所得税	28
五、净利润（净亏损以"—"号填列）	30

③现金流量表是反映企业一定会计期间现金和现金等价物（以下简称现金）流入和流出的报表。现金流量表应当按照经营活动、投资活动和筹资活动的现金流量分类分项列示。其中，经营活动、投资活动和筹资活动的定义及列示应当遵循下列规定：第一，经营活动是指企业投资活动和筹资活动以外的所有交易和事项。在现金流量表上，经营活动的现金流量应当按照其经营活动的现金流入和流出的性质分项列示；银行、保险公司和非银行金融机构的经营活动按照其经营活动特点分项列示。第二，投资活动是指企业长期资产的购建和不包括在现金等价物范围内的投资及其处置活动。在现金流量表上，投资活动的现金流量应当按照其投资活动的现金流入和流出的性质分项列示。第三，筹资活动是指导致企业资本及债务规模和构成发生变化的活动。在现金流量表上，筹资活动的现金流量应当按照其筹资活动的现金流入和流出的性质分项列示（见表8-14）。

表8-14　现金流量表

现金流量表

编制单位：××××　　　　　　　　×年×月×日　　　　　　　单位：元

项目	本期金额	上期金额
一、经营活动产生的现金流量		
销售商品、提供劳务收到的现金		
收到的税费返还		

续表

现金流量表		
编制单位：××××	×年×月×日	单位：元
收到其他与经营活动有关的现金		
经营活动现金流入小计		
购买商品、接受劳务支付的现金		
支付给职工以及为职工支付的现金		
支付的各项税费		
支付其他与经营活动有关的现金		
经营活动现金流出小计		
经营活动产生的现金流量净额		
二、投资活动产生的现金流量		
收回投资收到的现金		
取得投资收益收到的现金		
处置固定资产、无形资产和其他长期资产收回的现金净额		
处置子公司及其他营业单位收到的现金净额		

④相关附表是反映企业财务状况、经营成果和现金流量的补充报表，主要包括利润分配表以及国家统一的会计制度规定的其他附表。利润分配表是反映企业一定会计期间对实现净利润以及以前年度未分配利润的分配或者亏损弥补的报表。利润分配表应当按照利润分配各个项目分类分项列示。

2. 会计报表附注

会计报表附注是为便于会计报表使用者理解会计报表的内容而对会计报表的编制基础、编制依据、编制原则和方法及主要项目等所作的解释。会计报表附注至少应当包括下列内容：（1）不符合基本会计假设的说明；（2）重要会计政策和会计估计及其变更情况、变更原因及其对财务状况和经营成果的影响；（3）或有事项和资产负债表日后事项的说明；（4）关联方关系及其交易的说明；（5）重要资产转让及其出售情况；（6）企业合并、分立；（7）重大投资、融资活动；（8）会计报表中重要项目的明细资料；（9）有助于理解和分析会计报表需要说明的其他事项。

3. 财务情况说明书

财务情况说明书是指为了方便会计报表的使用者而对商事主体的财务情况作出成果的具体说明。它至少应当对下列情况作出说明：（1）企业生产经营的基本情况；（2）利润实现和分配情况；（3）资金增减和周转情况；（4）对企业财务状况、经营成果和现金流量有重大影响的其他事项。

（三）财务会计报告的编制

1. 财务会计报告编制的主体

根据我国法律的规定，我国商事账簿的编制主体包括公司、企业、其他组织和个体工商业户。

《会计法》第2~4条规定，国家机关、社会团体、公司、企业、事业单位和其他组织（以下统称单位）必须依照会计法办理会计事务。各单位必须依法设置会计账簿，并保证其真实、完整。单位负责人对本单位的会计工作和会计资料的真实性、完整性负责。《会计法》第50条规定：单位负责人是指单位法定代表人或者法律、行政法规规定代表单位行使职权的主要负责人。由此可以看出，商事财务会计报告的主体包括公司、企业和其他组织。财务会计报告的编制属于公司经营管理范畴的事项，而董事会是公司的经营管理机构，故董事会应是公司财务会计报告的编制者。董事会也可以依照公司法授权公司经理直接负责公司财务会计报告的编制工作。依照国务院有关规定，公司负责人应对本公司财务会计报告的真实性、完整性负责。

对个体工商业户是否要设置商事账簿，2018年国家税务总局颁布的《个体工商户建账管理暂行办法》第2~3条规定，凡从事生产、经营并有固定生产、经营场所的个体工商户，都应当按照法律、行政法规和该办法的规定设置、使用和保管账簿及凭证，并根据合法、有效凭证记账核算。2014年8月19日国家工商行政管理总局发布的《个体工商户年度报告暂行办法》第3条规定，个体工商户应当于每年1月1日至6月30日，通过企业信用信息公示系统或者直接向负责其登记的工商行政管理部门报送上一年度年度报告。当年开业登记的个体工商户，自下一年起报送。个体工商户可以通过企业信用信息公示系统或者以纸质方式报送年度报告。通过企业信用信息公示系统报送的电子报告与向工商行政管理部门直接报送的纸质报告具有同等法律效力。个体工商户对其年度报告内容的真实性、及时性负责。

2. 财务会计报告编制的原则

《企业财务会计报告条例》第17~18条规定，企业编制财务会计报告，应当根据真实的交易、事项以及完整、准确的账簿记录等资料，并按照国家统一的会计制度规定的编制基础、编制依据、编制原则和方法。企业应当依照该条例和国家统一的会计制度规定，对会计报表中各项会计要素进行合理的确认和计量，不得随意改变会计要素的确认和计量标准。从中可以总结出编制财务会计报告必须遵循的原则：真实性、完整性、规范性和及时性原则。

3. 财务会计报告编制的时间

《企业财务会计报告条例》第6条规定，企业财务会计报告分为年度、半年度、季度和月度财务会计报告。企业应当于年度终了编报年度财务会计报告。国家统一的会计制度规定企业应当编报半年度、季度和月度财务会计报告的，从其规定。通常将半年度、季度和月度财务会计报告统称为中期财务会计报告。

根据我国《公司法》第164条的规定，公司应当在每一会计年度终了时编制年度财务会计报告。这是因为每一会计年度终了时，公司必须进行决算，而其决算结果主要是通过财务会计报告反映出来的，所以，公司决算开始进行之日即为公司财务会计报告编制之时。

4. 财务会计报告的审核、确认和审查验证

我国公司法对财务会计报告的审核、确认和审查验证作了明确的规定。

（1）监事会审核。由于"检查公司财务"是公司监事会的法定职权之一，所以，公司财务会计报告在提交股东会确认之前，监事会应当对其予以审核。审核内容主要包括财务会计报告是否真实、是否遗漏重大事项、是否与会计账簿相一致，编制方法是否得当，编制内容是否违反国家有关规定或公司章程。监事会认为必要时，还可以聘请中立的会计师对财务会计报告进行审核，费用由公司负担。

（2）股东会确认。公司财务会计报告经监事会审核后，董事会应将财务会计报告提交股东会予以确认。公司财务会计报告经股东会确认后，公司对其真实性、完整性和合法性负责。

（3）法定验证机构验证。现行《公司法》第164条、第170条规定，公司应当在每一会计年度终了时编制财务会计报告，并依法经会计师事务所审计。公司财务会计报告经股东会确认后，还应依法提交验证机构进行审查验证，公司应当向聘用的会计师事务所提供真实、完整的会计凭证、会计账簿、财务会计报告及其他会计资料，不得拒绝、隐匿、谎报。由依法成立的注册会计师、会计师事务所审计公司的财务会计报告，出具验证报告，并对其出具的验资报告负责。

（四）财务会计报告的提供

编制财务会计报告的目的，主要是向有关人员和部门提供公司或企业的财务会计信息，满足有关各方了解公司或企业财务状况和经营成果的需要。因此，公司或企业财务会计报告编制好以后，要及时提供给有关人员和部门。如《公司法》第164~165条规定，有限责任公司应当按照公司章程规定的期限将公司

财务会计报告送交各股东；股份有限公司应当在召开股东大会年会的 20 日以前将财务会计报告置备于本公司，供股东查阅；公开发行股票的股份有限公司必须公告其财务会计报告。

商事账簿构成图见图 8-1。

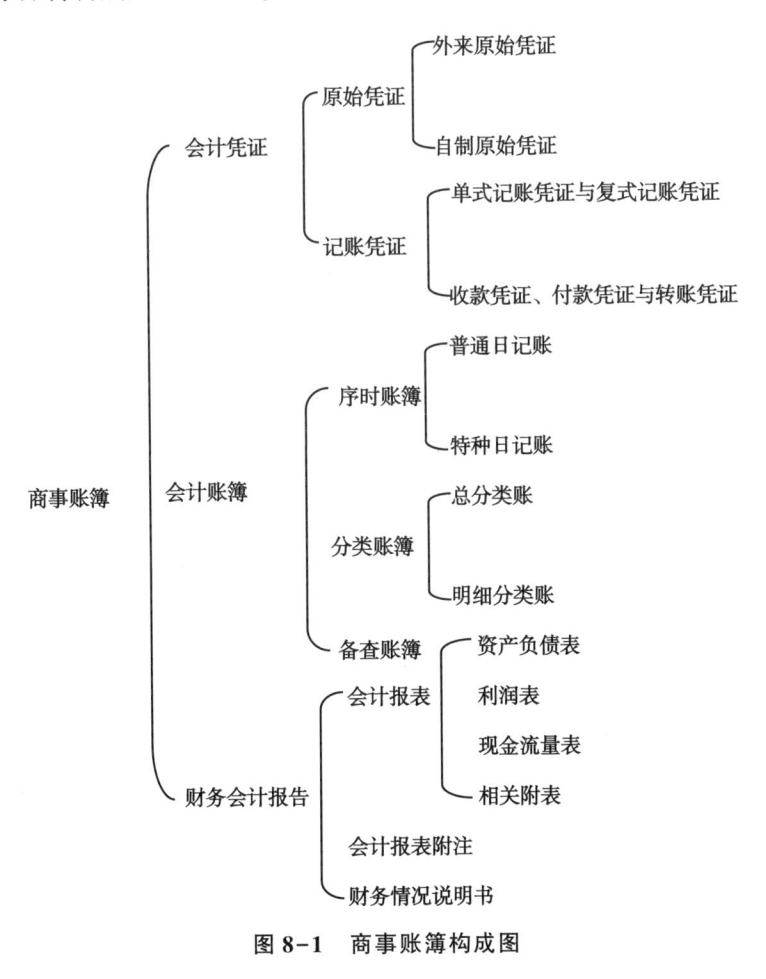

```
                              ┌─ 原始凭证 ─┬─ 外来原始凭证
                              │           └─ 自制原始凭证
               ┌─ 会计凭证 ───┤
               │              │           ┌─ 单式记账凭证与复式记账凭证
               │              └─ 记账凭证 ─┤
               │                          └─ 收款凭证、付款凭证与转账凭证
               │
               │              ┌─ 序时账簿 ─┬─ 普通日记账
               │              │           └─ 特种日记账
               │              │
商事账簿 ──────┼─ 会计账簿 ───┤           ┌─ 总分类账
               │              ├─ 分类账簿 ─┤
               │              │           └─ 明细分类账
               │              │
               │              └─ 备查账簿
               │
               │              ┌─ 会计报表 ─┬─ 资产负债表
               │              │           ├─ 利润表
               │              │           ├─ 现金流量表
               └─ 财务会计报告┤           └─ 相关附表
                              ├─ 会计报表附注
                              └─ 财务情况说明书
```

图 8-1　商事账簿构成图

第三节　商事账簿的运作

商事账簿的运作包括商事账簿的置备、审计、披露和保存。

一、商事账簿的置备

(一) 商事账簿置备模式

不同国家以及同一国家在不同历史时期,对商事主体是否必须设置商事账簿以及如何设置商事账簿的要求不尽相同。在传统上,大致有三种做法,从而形成三种模式。

1. 强制置备模式

强制制备模式,也称干预置备模式,是指法律对商事主体制作商事账簿的必要性、内容、方法和监督管理予以明确规定的模式。强制置备是当代商事账簿立法的发展趋势,这是因为,随着现代经济的发展,尤其随着现代股份公司的建立,商事关系变得越来越复杂,商事活动中隐含的投机性和不确定性越来越明显,因此,强化对商事账簿的干预,尤其强化对上市公司商事账簿设置的干预,已经成为维护交易安全的一个重要手段。但是这种干预不宜过多。否则,将使商事主体从自身实际需要出发形成的商事账簿设置的个性化和竞争性受到限制,从而束缚商事主体的经营思路,并有可能导致对商事主体的商业秘密的侵犯。

2. 放任模式

放任模式,又称自由模式,是指法律对商事主体是否设置商事账簿以及如何设置商事账簿不做强制性规定,而由当事人自行决定的模式。一般认为,放任模式主要是英美法系国家采取的模式。放任模式存在诸多缺陷,它不便于国家对商事主体账务和税收的管理,因此,当今世界极少有国家完全采用这一模式,即使像美国这样竭力推行贸易自由化的国家,在证券法、预算和会计法等法律法规中也不同程度地对一些特殊商事主体提出了设置商事账簿的要求,尤其是规定在诉讼过程中,如果商事主体不能提供商事账簿,这将在法律上导致对其极为不利的后果。同时,在英美法系国家由会计职业团体和学术团体制定的会计准则,对于商事主体制作商事账簿也有一定的约束力。

3. 折中模式

折中模式,即法律只对商事主体设置商事账簿的必要性予以规定,而对商事账簿的内容、记载方法和监督管理部门不予强行规定的模式。这种模式的优点在于,它克服了强制模式和放任模式的不足;其缺点是,法律对商事账簿的记账内容未作明确规定,给现代社会的会计管理增加难度。

随着经济生活的日趋复杂,放任模式和折中模式的弊端开始显露,相关国家对此予以修正,对商事账簿的编制方法、内容开始进行积极规范,以适应对日益社会化的商事组织的监督需要。强制制备模式由于对商事账簿做了较为严格的规范，适应了现代经济生活发展的需要，尤其随着现代股份公司的建立，商事关系变得越来越复杂，商事活动中蕴含的投机性和不确定性日益明显，因此，有必要加强对商事账簿的干预，该模式成为当代各国商事账簿法的主要发展趋势。

（二）商事账簿置备的原则

商事账簿置备原则是指在规范和指导商事账簿中体现基本精神和价值取向的原理和准则。它是商事账簿立法、司法和实际活动的指导思想和依据。

1. 客观性原则

客观性原则是指商事主体在制作商业账簿时，应当以商事主体实际发生的营业业务为依据，如实反映其财务状况和经营成果的原则。

该原则要求商业账簿的置备必须内容真实、数字准确、资料可靠，在确认会计事项时应当以真实的营业活动为依据，会计的计量、记录和报告不得伪造和掩饰，以保证所提供的会计信息能够满足商事主体自身以及第三人和政府有关部门的需要。

2. 及时性原则

及时性原则是指商业账簿必须在经济业务发生时及时置备，不得拖延和积压，以便会计信息能够被使用人适时加以利用。

及时性原则包括两个方面：处理及时，会计事项的账务处理应当在当期内进行，不得拖延；报告及时，会计报表应当在会计期间结束后按规定的日期内报送有关部门。

除了必须保证其真实性、可靠性外，会计信息还应当保证信息的时效性。不及时的信息将使其有用性大打折扣，甚至毫无价值。因此，会计核算中必须做到及时记账、算账、报账。会计信息的及时性与其真实性、可靠性同等重要。

3. 一致性原则

一致性原则，也叫一贯性原则，是指商事主体在不同时期所使用的会计方法和程序前后各期应当保持一致，而不得随意变更的原则。该原则要求商事主体在不同时期采用相同的会计处理程序与方法。其目的在于，确保各期会计报表中各类数据的可比性，以提高会计信息的使用价值；可以制约和防止会计主体通过会计方法和程序的变更，在会计核算上弄虚作假，粉饰会计报表。

一致性原则也不是说企业采用的会计处理方法一经选定永远不能更改，而是指不得随意更改。如确有必要变更，应当将变更的情况、变更的原因及其对企业财务状况和经营成果的影响，在财务报告中予以说明。

4. 可比性原则

可比性原则是指商事主体置备商业账簿时，应当按照规定的会计处理方法进行，会计指标应当口径一致，相互之间可以进行对比分析的原则。

该原则要求不同的企业都要按照国家统一规定的会计核算方法与程序进行，以便于会计信息使用者进行企业间的比较。该原则必须以一致性原则为前提，以客观性原则为基础。只有同一会计主体的前后会计期间的会计信息一致，才能使不同会计主体之间的比较相关有用；只有各个会计主体的会计信息真实可靠并且具有可比性，他们之间的比较才会相关有用。

一致性原则与可比性原则实际上都是解决会计信息资料可比的问题。其中，一致性原则是使一企业不同时期的会计资料可比；而可比性原则是使不同企业同一时期的会计资料可比。

5. 明晰性原则

明晰性原则是指会计记录和会计报表应当清晰明了，便于理解和使用的原则。

根据明晰性原则的要求，会计记录应当准确、清晰，在凭证处理和账簿登记时，应当确有依据；账户的对应关系要清楚，文字摘要应完整；在编制会计报表时，项目钩稽关系❶要清楚，内容要完整，数字要准确。只有会计记录和会计报表清晰明了，简明、易懂，能清楚扼要地反映企业的财务状况和经营成果，才能便于会计信息的使用者准确、完整地把握会计信息的实质内容。如果会计信息的表达含糊不清，就容易使会计信息的使用者产生歧义，从而降低会计信息的质量。

6. 权责发生制原则

权责发生制原则，又称应计制或应收应付制原则，是以权利或责任的发生来确认收入和费用归属期的一项原则。不论是否已有现金的收付，按其是否体现各个会计期间的经营成果和收益情况，确定其归属期。就是说，凡属本期的收入，不管其款项是否收到，都应作为本期的收入；凡属本期应当负担的费用，不管其款项是否付出，都应作为本期费用。反之，凡不应归属本期的收入，即使款项在本期收到，也不作为本期收入；凡不应归属本期的费用，即使款项已经付出，也不能作为本期费用。

权责发生制原则与收付实现制原则不同。收付实现制原则，也称现金制原

---

❶ 钩稽关系是会计在编制会计报表时常用的一个术语，它是指某个会计报表和另一个会计报表之间以及本会计报表项目的内在逻辑对应关系。

则，它是以现金收到或付出为标准，来记录收入的实现和费用的发生的原则。也就是按收付日期确定其归属期，凡是属本期收到的收入和支出的费用，无论其是否应归属本期，都作为本期的收入和费用。反之，凡本期未收到的收入和未支付的费用，即使应归属本期的收入和费用，也不应作为本期的收入和费用。

7. 配比原则

配比原则，即收入与费用配比原则，是指在一会计期间内所赚得营业收入应与产生该收入而发生的成本、费用相配比，以便求得净利或净损的原则。配比原则作为会计要素确认要求，用于利润确定。会计主体的经济活动会带来一定的收入，也必然要发生相应的费用。所耗为所得，所得因所耗，两者是对立的统一，利润正是所得比较所费的结果。配比原则的依据是受益原则，即谁受益，费用归谁负担。受益原则承认得失之间存在因果关系，但并非所有费用与收入之间存在因果关系，必须按照配比原则区分有因果联系的直接成本费用和没有直接联系的间接成本费用。直接费用与收入进行直接配比来确定本期损益；间接费用则通过判断而采用适当合理的标准，先在各个产品和各期收入之间进行分摊，然后用收入配比来确定损益。收入与费用之间的配比方式主要有两种：一是根据收入与费用之间因果关系进行直接配比；二是根据收入与费用项目之间存在的时间上的一致关系进行期间配比。据此，配比原则的要求包括：(1) 某产品的收入必须与该产品的耗费相匹配；(2) 某会计期间的收入必须与该期间的耗费相匹配；(3) 某部门的收入必须与该部门的耗费相匹配。

二、商事账簿的审计

(一) 商事账簿的审计的概念

商事账簿的审计是指独立于商事主体的专业人员对商事主体的商事账簿的合法性和真实性进行验证的行为。

(二) 商事账簿的审计的目的

对商事账簿进行审计的目的是防止商事账簿不够严谨、高估资产、虚列负债、虚计收益等伪造商事账簿、粉饰财务状况的发生，维护各方利害关系人的合法权益。

(三) 商事账簿的审计的内容

(1) 判明商事账簿是否公允地反映了商事主体的财务状况、经营成果和资金变动情况。这是审计人员发表审计意见的首要内容，即审计人员通过逆查法，从会计报表中重点项目开始，追查到有关的账簿，直到会计凭证，判断商事账簿是否真实、公允地反映商事主体的财务状况和经营状况，有无夸大业绩和资产、隐瞒亏损和债务等情况。

（2）判明商事主体的商事账簿是否遵循了会计准则及国家有关财务会计法规的规定。只有商事主体的商事账簿的编表及财务会计处理合理、合法，才能保证商事主体的资产的安全性和完整性，才能保证会计报表反映的经营业绩和财务状况的真实性，不致对会计报表的使用者产生误导。

（3）判明商事主体的商事账簿是否符合一贯性原则的要求。

三、商事账簿的披露

（一）商事账簿的披露的概念

商事账簿的披露是指商事主体向不同的使用者提供商事账簿及其他重要信息，使社会公众了解其财务状况和经营状况，以维护投资者的利益和社会经济秩序的义务。

商事主体定期向社会公众公开其经营业绩和财务状况，及时披露财务信息，将自身置于公众的监督下，有利于商事主体加强自我约束、规范自己的行为。

（二）商事账簿的披露的原则

公司法、证券法、企业债券管理条例、股票发行与交易管理暂行条例以及中国证监会制定的信息披露方面的部门规章规定了商事主体披露商事账簿的原则。

1. 强制性原则

所有申请公开发行股票、债券、可转换公司债券或者其他证券类金融工具的商事主体，必须依法披露其财务报告，经审核后才可能获准发行；已经获准发行的商事主体也必须依法提交定期报告和临时报告。

2. 真实性和准确性原则

上市公司所提供的财务报告应真实、客观、准确，不能弄虚作假，欺骗公众。公司的全体发起人、董事会成员必须保证信息披露的内容、真实、准确、完整，并就其误导性陈述承担连带担保责任。财务报告必须由具有从事证券业务资格的会计师事务所作出审计，并出具书面报告；对未履行披露财务报告义务或者披露内容不符合要求的上市公司，证券交易所保留给予停牌或对公司及有关负责人进行处罚的权利。

3. 及时性原则

上市公司必须根据法律的要求及时披露财务报告等商业账簿。中期报告应在公司每个会计年度前6个月结束后60日内公布；年度财务报告应在公司每个会计年度结束后120日内公布；第一季度及第三季度的报告应分别在会计年度前3个月结束后30日内及会计年度前9个月结束后30日内编制,并刊登于中国证监会指定的报纸等媒体上。

4. 公平、公开、公正原则

上市公司的财务报告必须根据法定的程序向社会公众作公开、公正的披露,不得在披露前向任何第三人作单独的、私下的披露,也不得利用未披露的财务会计信息进行内幕交易,谋求不正当利益。❶

四、商事账簿的保存

商事主体负有保存商事账簿的义务。关于保管的期间,各国立法不尽一致。大多数国家采取确定期间,也有采取不确定期间的,如巴西、智利等。

我国《税收征收管理法实施细则》规定,账簿、会计凭证、报表、完税凭证以及其他有关纳税资料应当保存10年。2016年1月1日起施行的财政部、国家档案局联合印发的《会计档案管理办法》(财政部、国家档案局令第79号)第14条规定,会计档案的保管期限分为永久、定期两类。定期保管期限一般分为10年和30年。会计档案的保管期限,从会计年度终了后的第一天算起。企业和其他组织会计档案保管期限表见表8-15。

表8-15 会计档案保管期限表

序号	档案名称	保管期限	备注
一	会计凭证		
1	原始凭证	30年	
2	记账凭证	30年	
二	会计账簿		
3	总账	30年	
4	明细账	30年	
5	日记账	30年	
6	固定资产卡片		固定资产报废清理后保管5年
7	其他辅助性账簿	30年	
三	财务会计报告		
8	月度、季度、半年度财务会计报告	10年	
9	年度财务会计报告	永久	

---

❶ 赵中孚. 商法通论 [M]. 北京:中国人民大学出版社,2013:106.

续表

序号	档案名称	保管期限	备注
四	其他会计资料		
10	银行存款余额调节表	10 年	
11	银行对账单	10 年	
12	纳税申报表	10 年	
13	会计档案移交清册	30 年	
14	会计档案保管清册	永久	
15	会计档案销毁清册	永久	
16	会计档案鉴定意见书	永久	

单位分立后原单位存续的，其会计档案应当由分立后的存续方统一保管，其他方可以查阅、复制与其业务相关的会计档案。

单位分立后原单位解散的，其会计档案应当经各方协商后由其中一方代管或按照国家档案管理的有关规定处置，各方可以查阅、复制与其业务相关的会计档案。

单位分立中未结清的会计事项所涉及的会计凭证，应当单独抽出由业务相关方保存，并按照规定办理交接手续。

单位因业务移交其他单位办理所涉及的会计档案，应当由原单位保管，承接业务单位可以查阅、复制与其业务相关的会计档案。对其中未结清的会计事项所涉及的会计凭证，应当单独抽出由承接业务单位保存，并按照规定办理交接手续。

单位合并后原各单位解散或者一方存续其他方解散的，原各单位的会计档案应当由合并后的单位统一保管。单位合并后原各单位仍存续的，其会计档案仍应当由原各单位保管。

各单位根据 2016 年《会计档案管理办法》仅以电子形式保存会计档案的，原则上应从一个完整会计年度的年初开始执行，以保证其年度会计档案保管形式的一致性。

我国《刑法》第 162 条规定，隐匿或者故意销毁依法保存的会计凭证、会计账簿、财务会计报告，情节严重的，处 5 年以下有期徒刑或者拘役，并处或单处 2 万元以上、20 万元以下罚金。单位犯前款罪的，对单位判处罚金，并对其直接负责的主管人员和其他直接责任人员，依照前款的规定处罚。《最高人民检察院公安部关于公安机关管辖的刑事案件立案追诉标准的规定（二）》第 8

条规定，隐匿、故意销毁的会计凭证、会计账簿、财务会计报告涉及金额在50万元以上的；或依法应当向司法机关、行政机关、有关主管部门等提供而隐匿、故意销毁或者拒不交出会计凭证、会计账簿、财务会计报告的；或存在其他情节严重的情形的，应当予以立案追诉。

【重点阅读书目】

书名	编著者	出版社	出版时间	章节
商法学	商法学编写组	高等教育出版社	2019	第2章
商法新论	陈本寒	武汉大学出版社	2014	第6章
商法	范健	高等教育出版社、北京大学出版社	2011	第6章
商法学	朱羿锟	北京大学出版社	2012	第5章
商法学	覃有土	高等教育出版社	2012	第5章
商法概论	覃有土	武汉大学出版社	2010	第4章
商法总论	樊涛、王延川	知识产权出版社	2010	第8章
商法总论	张璎	北京大学出版社	2009	第10章
商法总论	任先行	北京大学出版社	2007	第7章
商法通论	赵中孚	中国人民大学出版社	2013	第6章
商法学	赵旭东	高等教育出版社	2007	第8章
商法	赵万一	中国人民大学出版社	2003	第6章

【必读法律法规】

名称	颁布时间（年）	章节
公司法	2018	第8章
会计法	2017	全文
企业财务会计报告条例	2000	全文
会计档案管理办法	2015	全文
注册会计师法	2014	全文

续表

名称	颁布时间（年）	章节
违反注册会计师法处罚暂行办法	1998	全文
审计法	2006	全文
审计法实施条例	2010	全文

【思考题】

1. 置备商事账簿的意义何在？
2. 我国的商事账簿的种类有哪些？
3. 我国商事账簿的置备有何要求？
4. 由银广夏事件和蓝田神话的破灭看商事账簿的重要性。